Netochka Nezvanova;
Player

Fyodor Dostoevsky

Неточка Незванова;

Игрок

Федор М. Достоевский

Netochka Nezvanova; Player

ISNB: 978-1-60444-866-5

Неточка Незванова ; Игрок

© Индоевропейских Издание , 2018

ISNB: 978-1-60444-866-5

НЕТОЧКА НЕЗВАНОВА

I

Отца моего я не помню. Он умер, когда мне было два года. Мать моя вышла замуж в другой раз. Это второе замужество принесло ей много горя, хотя и было сделано по любви. Мой отчим был музыкант. Судьба его очень замечательна: это был самый странный, самый чудесный человек из всех, которых я знала. Он слишком сильно отразился в первых впечатлениях моего детства, так сильно, что эти впечатления имели влияние на всю мою жизнь. Прежде всего, чтоб был понятен рассказ мой, я приведу здесь его биографию. Всё, что я теперь буду рассказывать, узнала я потом от знаменитого скрипача Б., который был товарищем и коротким приятелем моего отчима в своей молодости.

Фамилия моего отчима была Ефимов. Он родился в селе очень богатого помещика, от одного бедного музыканта, который, после долгих странствований, поселился в имении этого помещика и нанялся в его оркестр. Помещик жил очень пышно и более всего, до страсти, любил музыку. Рассказывали про него, что он, никогда не выезжавший из своей деревни даже в Москву, однажды вдруг решился поехать за границу на какие-то воды, и поехал не более как на несколько недель, единственно для того, чтоб услышать какого-то знаменитого скрипача, который, как уведомляли газеты, собирался дать на водах три концерта. У него был порядочный оркестр музыкантов, на который он тратил почти весь доход свой. В этот оркестр мой отчим поступил кларнетистом. Ему было двадцать два года, когда он познакомился с одним странным человеком. В этом же уезде жил богатый граф, который разорился на содержание домашнего театра. Этот граф отказал от должности капельмейстеру своего оркестра, родом итальянцу, за дурное поведение. Капельмейстер был действительно дурной человек. Когда его выгнали, он совершенно унизился, стал ходить по деревенским трактирам, напивался, иногда просил милостыню, и уже никто в целой губернии не хотел дать ему места. С этим-то человеком подружился мой отчим. Связь эта была необъяснимая и странная, потому что никто не замечал, чтоб он хоть сколько-нибудь изменился в своем поведении из подражания товарищу, и даже сам помещик, который сначала запрещал ему водиться с итальянцем, смотрел потом сквозь пальцы на их дружбу. Наконец, капельмейстер умер скоропостижно. Его нашли поутру крестьяне во рву, у плотины. Нарядили следствие, и вышло, что он умер от апоплексического удара. Имущество его сохранялось у отчима, который тотчас же и представил доказательства, что имел полное право наследовать этим имуществом: покойник оставил собственноручную записку, в которой делал Ефимова своим наследником в случае своей смерти. Наследство состояло из черного фрака, тщательно сберегавшегося покойником, который всё еще надеялся достать себе место, и скрипки, довольно обыкновенной с виду. Никто не оспаривал этого наследства. Но только спустя несколько времени к помещику явился первый скрипач графского оркестра с письмом от графа. В этом письме граф просил, уговаривал Ефимова продать скрипку, оставшуюся после итальянца и которую граф очень желал приобресть для своего оркестра. Он предлагал три тысячи рублей и прибавлял, что уже несколько раз посылал за Егором Ефимовым, чтоб покончить торг лично, но что тот упорно отказывался. Граф заключал тем, что цена скрипки настоящая, что он не сбавляет ничего и в упорстве Ефимова видит для себя обидное подозрение воспользоваться при торге его простотою и незнанием, а потому и просил вразумить его.

Помещик немедленно послал за отчимом.

- Для чего ж ты не хочешь отдать скрипку? - спросил он его, - она тебе не нужна. Тебе дают три тысячи рублей, это цена настоящая, и ты делаешь неразумно, если думаешь, что тебе дадут больше. Граф тебя не станет обманывать.

Ефимов отвечал, что к графу он сам не пойдет, но если его пошлют, то на это будет воля господская; графу он скрипку не продаст, а если у него захотят взять ее насильно, то на это опять будет воля господская.

Ясное дело, что таким ответом он коснулся самой чувствительной струны в характере помещика. Дело в том, что тот всегда с гордостию говорил, что знает, как обращаться со своими музыкантами, потому что все они до одного истинные артисты и что, благодаря им, его оркестр не только лучше графского, но и не хуже столичного.

- Хорошо! - отвечал помещик. - Я уведомлю графа, что ты не хочешь продать скрипку, потому что ты не хочешь, потому что ты в полном праве продать или не продать, понимаешь? Но я сам тебя спрашиваю: зачем тебе скрипка? Твой инструмент кларнет, хоть ты и плохой кларнетист. Уступи ее мне. Я дам три тысячи. (Кто знал, что это такой инструмент!)

Ефимов усмехнулся.

- Нет, сударь, я вам ее не продам, - отвечал он, - конечно, ваша воля...

- Да разве я тебя притесняю, разве я тебе принуждаю! - закричал помещик, выведенный из себя, тем более что дело происходило при графском музыканте, который мог заключить по этой сцене очень невыгодно об участи всех музыкантов помещичьего оркестра. - Ступай же вон, неблагодарный! Чтоб я тебя не видал с этих пор. Куда бы ты делся без меня с твоим кларнетом, на котором ты и играть не умеешь? У меня же ты сыт, одет, получаешь жалованье; ты живешь на благородной ноге, ты артист, но ты этого не хочешь понимать и не чувствуешь. Ступай же вон и не раздражай меня своим присутствием!

Помещик гнал от себя всех, на кого сердился, потому что боялся за себя и за свою горячность. А ни за что бы он не захотел поступить слишком строго с "артистом", как он называл своих музыкантов.

Торг не состоялся, и, казалось, тем дело и кончилось, как вдруг, через месяц, графский скрипач затеял ужасно дело: под своею ответственностью он подал на моего отчима донос, в котором доказывал, что отчим виновен в смерти итальянца и умертвил его с корыстною целью овладеть богатым наследством. Он доказывал, что завещание было выманено насильно, и обещался представить свидетелей своему обвинению. Ни просьбы, ни увещания графа и помещика, вступившегося за моего отчима, - ничто не могло поколебать доносчика в его намерении. Ему представляли, что медицинское следствие над телом покойного капельмейстера было сделано правильно, что доносчик идет против очевидности, может быть, по личной злобе и по досаде, не успев овладеть драгоценным инструментом, который для него покупали. Музыкант сто на своем, божился, что он прав, доказывал, что апоплексический удар произошел не от пьянства, а от отравы, и требовал следствия в другой раз. С первого взгляда доказательства его показались серьезными. Разумеется, делу дали ход. Ефимова взяли, отослали в городскую тюрьму. Началось дело, которое заинтересовало всю губернию. Оно пошло очень быстро и кончилось тем, что музыкант был уличен в ложном доносе. Его приговорили к справедливому наказанию, но он до конца стоял на своем и уверял, что он прав. Наконец он сознался, что не имеет никаких доказательств, что доказательства, им представленные, выдуманы им самим, но что, выдумывая всё это, он действовал по предположению, по догадке, потому что до сей поры, когда уже было произведено другое следствие, когда уже формально была доказана невинность Ефимова, он всё еще остается в полном убеждении, что причиною смерти несчастного капельмейстера был Ефимов, хотя, может быть, он уморил его не отравой, а другим каким-нибудь образом. Но над ним не успели исполнить приговора: он внезапно заболел воспалением в мозгу, сошел с ума и умер в тюремном лазарете.

В продолжение всего этого дела помещик вел себя самым благородным образом. Он старался о моем отчиме так, как будто тот был его родной сын. Несколько раз он приезжал к нему в тюрьму утешать его, дарил ему денег, привозил к нему лучших сигар, узнав, что Ефимов любил курить, и, когда отчим оправдался, задал праздник всему оркестру. Помещик смотрел на дело Ефимова как на дело, касающееся всего оркестра, потому что хорошим поведением своих музыкантов он дорожил если не более, то по крайней мере наравне с их дарованиями. Прошел целый год, как вдруг по губернии разнесся слух, что в губернский город приехал какой-то известный скрипач, француз, и намерен дать мимоездом несколько концертов. Помещик тотчас же начал стараться каким-нибудь образом залучить его к себе в гости. Дело шло на лад; француз обещался приехать. Уже всё было готово к его приезду, позван был почти целый уезд, но вдруг всё приняло другой оборот.

В одно утро докладывают, что Ефимов исчез неизвестно куда. Начались поиски, но и след простыл. Оркестр был в чрезвычайном положении: недоставало кларнета, как вдруг, дня три спустя после исчезновения Ефимова, помещик получает от француза письмо, в котором тот надменно отказывался от приглашения, прибавляя, конечно обиняками, что впредь будет чрезвычайно осторожен в сношениях с теми господами, которые держат собственный оркестр музыкантов, что неэстетично видеть истинный талант под управлением человека, который не знает ему цены, и что, наконец, пример Ефимова, истинного артиста и лучшего скрипача, которого он только встречал в России, служит достаточным доказательством справедливости слов его.

Прочтя это письмо, помещик был в глубоком изумлении. Он был огорчен до глубины души. Как? Ефимов, тот самый Ефимов, о котором он так заботился, которому он так благодетельствовал, этот Ефимов так беспощадно, бессовестно оклеветал его в глазах европейского артиста, такого человека, мнением которого он высоко дорожил! И наконец, письмо было необъяснимо в другом отношении: уведомляли, что Ефимов артист с истинным талантом, что он скрипач, но что не умели угадать его талант и принуждали его заниматься другим инструментом. Всё это так поразило помещика, что он немедленно собрался ехать в город для свидания с французом, как вдруг получил записку от графа, в которой тот приглашал его немедленно к себе и уведомлял, что ему известно всё дело, что заезжий виртуоз теперь у него, вместе с Ефимовым, что он, будучи изумлен дерзостью и клеветой последнего, приказал задержать его и что, наконец, присутствие помещика необходимо и потому еще, что обвинение Ефимова касается даже самого графа; дело это очень важно, и нужно его разъяснить как можно скорее.

Помещик, немедленно отправившись к графу, тотчас же познакомился с французом и объяснил всю историю моего отчима, прибавив, что он не подозревал в Ефимове такого огромного таланта, что Ефимов был у него, напротив, очень плохим кларнетистом и что он только в первый раз слышит, будто оставивший его музыкант - скрипач. Он прибавил еще, что Ефимов человек вольный, пользовался полною свободою и всегда, во всякое время, мог бы оставить его, если б действительно был притеснен.

Француз был в удивлении. Позвали Ефимова, и его едва можно было узнать: он вел себя заносчиво, отвечал с насмешкою и настаивал в справедливости того, что успел наговорить французу. Всё это до крайности раздражило графа, который прямо сказал моему отчиму, что он негодяй, клеветник и достоин самого постыдного наказания.

- Не беспокойтесь, ваше сиятельство, я уже довольно с вами знаком и знаю вас хорошо, - отвечал мой отчим, - по вашей милости, я едва ушел от уголовного наказания. Знаю, по чьему наущенью Алексей Никифорыч, ваш бывший музыкант, донес на меня.

Граф был вне себя от гнева, услышав такое ужасное обвинение. Он едва мог совладеть с собою; но случившийся в зале чиновник, который заехал к графу по делу, объявил, что он не может оставить всего этого без последствий, что обидная грубость Ефимова заключает в себе злое, несправедливое обвинение, клевету и он покорнейше просит позволять арестовать его сейчас же, в графском доме. Француз изъявил полное негодование и сказал, что не понимает такой черной неблагодарности. Тогда мой отчим ответил с запальчивостью, что лучше наказание, суд и хоть опять уголовное следствие, чем то житье, которое он испытал до сих пор, состоя в помещичьем оркестре и не имея средств оставить его раньше, за своею крайнею бедностью, и с этими словами вышел из залы вместе с арестовавшими его. Его заперли в отдаленную комнату дома и пригрозили, что завтра же отправят его в город.

Около полуночи отворилась дверь в комнату арестанта. Вошел помещик. Он был в халате, в туфлях и держал в руках зажженный фонарь. Казалось, он не мог заснуть и мучительная забота заставила его в такой час оставить постель. Ефимов не спал и с изумлением взглянул на вошедшего. Тот поставил фонарь и в глубоком волнении сел против него на стул.

- Егор, - сказал он ему, - за что ты так обидел меня?

Ефимов не отвечал. Помещик повторил свой вопрос, и какое-то глубокое чувство, какая-то странная тоска звучала в словах его.

- А бог знает, за что я так обидел вас, сударь! - отвечал наконец мой отчим, махнув рукою, - знать, бес попутал меня! И сам не знаю, кто меня на всё это наталкивает! Ну, не житье мне у вас, не житье... Сам дьявол привязался ко мне!

- Егор! - начал снова помещик, - воротись ко мне; я всё позабуду, всё тебе прощу. Слушай: ты будешь первым из моих музыкантов; я положу тебе не в пример другим жалованье...

- Нет, сударь, нет, и не говорите: не жилец я у вас! Я вам говорю, что дьявол ко мне навязался. Я у вас дом зажгу, коли останусь; на меня находит, и такая тоска подчас, что лучше бы мне на свет не родиться! Теперь я и за себя отвечать не могу: уж вы лучше, сударь, оставьте меня. Это всё с тех пор, как тот дьявол побратался со мною...

- Кто? - спросил помещик.

- А вот, что издох как собака, от которой свет отступился, итальянец.

- Это он тебя, Егорушка, играть выучил?

- Да! Многому он меня научил на мою погибель. Лучше б мне никогда его не видать.

- Разве и он был мастер на скрипке, Егорушка?

- Нет, он сам мало знал, а учил хорошо. Я сам выучился; он только показывал, - и легче, чтоб у меня рука отсохла, чем эта наука. Я теперь сам не знаю, чего хочу. Вот спросите, сударь: "Егорка! чего ты хочешь? всё могу тебе дать", - а я, сударь, ведь ни слова вам в ответ не скажу, затем что сам не знаю, чего хочу. Нет, уж вы лучше, сударь, оставьте меня, в другой раз говорю. Уж я что-нибудь такое над собой сделаю, чтоб меня куда-нибудь подальше спровадили, да и дело с концом!

- Егор! - сказал помещик после минутного молчания, - я тебя так не оставлю. Коли не хочешь служить у меня, ступай; ты же человек вольный, держать тебя я не могу; но я теперь так не уйду от тебя. Сыграй мне что-нибудь, Егор, на твоей скрипке, сыграй! ради бога, сыграй! Я тебе не приказываю, пойми ты меня, я тебя не принуждаю; я тебя прошу слезно: сыграй мне, Егорушка, ради бога, то, что ты французу играл! Отведи душу! Ты упрям, и я упрям; знать, у меня тоже свой норов, Егорушка! Я тебя чувствую, почувствуй и ты, как я. Жив не могу быть, покамест ты мне не сыграешь того, по своей доброй воле и охоте, что французу играл.

- Ну, быть так! - сказал Ефимов. - Дал я, сударь, зарок никогда перед вами не играть, именно перед вами, а теперь сердце мое разрешилось. Сыграю я вам, но только в первый и последний раз, и больше, сударь, вам никогда и нигде меня не услышать, хоть бы тысячу рублей мне посулили.

Тут он взял скрипку и начал играть свои вариации на русские песни. Б. говорил, что эти вариации - его первая и лучшая пьеса на скрипке и что больше он никогда ничего не играл так хорошо и с таким вдохновением. Помещик, который и без того не мог равнодушно слышать музыку, плакал навзрыд. Когда игра кончилась, он встал со стула, вынул триста рублей, подал их моему отчиму и сказал:

- Теперь ступай, Егор. Я тебя выпущу отсюда и сам всё улажу с графом; но слушай: больше уж ты со мной не встречайся. Перед тобой дорога широкая, и коль столкнемся на ней, так и мне и тебе будет обидно. Ну, прощай!.. Подожди! еще один мой совет тебе на дорогу, только один: не пей и учись, всё учись; не зазнавайся! Говорю тебе, как бы отец твой родной сказал тебе. Смотри же, еще раз повторяю: учись и чарки не знай, а хлебнешь раз с горя (а горя-то много будет!) - пиши пропало, всё к бесу пойдет, и, может, сам где-нибудь во рву, как твой итальянец, издохнешь. Ну, теперь прощай!.. Постой, поцелуй меня!

Они поцеловались, и вслед за тем мой отчим вышел на свободу.

Едва он очутился на свободе, как тотчас же начал тем, что прокутил в ближайшем уездном городе свои триста рублей, побратавшись в то же время с самой черной, грязной компанией каких-то гуляк, и кончил тем, что, оставшись один в нищете и без всякой помощи, вынужден был вступить какой-то жалкий оркестр бродячего провинциального театра в качестве первой и, может быть, единственной скрипки. Всё это не совсем согласовалось с его первоначальными намерениями, которые состояли в том, чтоб как можно скорее идти в Петербург учиться, достать себе хорошее место и вполне образовать из себя артиста. Но житье в маленьком оркестре не сладилось. Мой отчим скоро поссорился с антрепренером странствующего театра и оставил его. Тогда он совершенно упал духом и даже решился на отчаянную меру, глубоко язвившую его гордость. Он написал письмо к известному нам помещику, изобразил ему свое положение и просил денег. Письмо было написано довольно независимо, но ответа на него не последовало. Тогда он написал другое, в котором, в самых унизительных выражениях, называя помещика своим благодетелем и величая его титулом настоящего ценителя искусств, просил его опять о вспоможении. Наконец ответ пришел. Помещик прислал сто рублей и несколько строк, писанных рукою его камердинера, в которых объявлял, чтоб впредь избавить его от всяких просьб. Получив эти деньги, отчим тотчас же хотел отправиться в Петербург, но, по расплате долгов, денег оказалось так мало, что о путешествии нельзя было и думать. Он снова остался в провинции, опять поступил в какой-то провинциальный оркестр, потом опять не ужился в нем и, переходя таким образом с одного места на другое, с вечной идеей попасть в Петербург как-нибудь в скором времени, пробыл в провинции целые шесть лет. Наконец какой-то ужас напал на него. С отчаянием заметил он, сколько потерпел его талант, беспрерывно стесняемый беспорядочною, нищенскою жизнию, и в одно утро он бросил своего антрепренера, взял свою скрипку и пришел в Петербург, почти прося милостыню. Он поселился где-то на чердаке и тут-то в первый раз сошелся с Б., который только что приехал из Германии и тоже замышлял составить себе карьеру. Они скоро подружились, и Б. с глубоким чувством вспоминает даже и теперь об этом знакомстве. Оба были молоды, оба с одинаковыми надеждами, и оба с одною и тою же целью. Но Б. еще был в первой молодости; он перенес еще мало нищеты и горя; сверх того, он был прежде всего немец и стремился к своей цели упрямо, систематически, с совершенным сознанием сил своих и почти рассчитав заранее, что из него выйдет, - тогда как товарищу его было уже тридцать лет, тогда как уже он устал, утомился, потерял всякое терпение и выбился из первых, здоровых сил своих, принужденный целые семь лет из-за куска хлеба бродяжничать по провинциальным театрам и по оркестрам помещиков. Его поддерживала только одна вечная, неподвижная идея- выбиться наконец из скверного положения, скопить денег и попасть в Петербург. Но эта идея была темная, неясная; это был какой-то неотразимый внутренний призыв, который наконец с годами потерял свою первую ясность в глазах самого Ефимова, и когда он явился в Петербург, то уже действовал почти бессознательно но, по какой-то вечной, старинной привычке вечного желания и обдумывания этого путешествия и почти уже сам не зная, что придется ему делать в столице. Энтузиазм его был какой-то судорожный, желчный, порывчатый, как будто он сам хотел обмануть себя этим энтузиазмом и увериться через него, что еще не иссякли в нем первая сила, первый жар, первое вдохновение. Этот беспрерывный восторг поразил холодного, методического Б.; он был ослеплен и приветствовал моего отчима как будущего великого музыкального гения. Иначе он не мог и представить себе будущую судьбу своего товарища. Но вскоре Б. открыл глаза и разгадал его совершенно. Он ясно увидел, что вся эта порывчатость, горячка и нетерпение - не что иное, как бессознательное отчаяние при воспоминании о пропавшем таланте; что даже, наконец, и самый талант, может быть, и в самом-то начале был вовсе не так велик, что много было ослепления, напрасной самоуверенности, первоначального самоудовлетворения и беспрерывной фантазии, беспрерывной мечты о собственном гении. "Но, - рассказывал Б., - я не мог не удивляться странной натуре моего товарища. Передо мной совершалась въявь отчаянная, лихорадочная борьба судорожно напряженной воли и внутреннего бессилия. Несчастный целые семь лет до того удовлетворялся одними мечтами о будущей славе своей, что даже не заметил, как потерял самое первоначальное в нашем искусстве, как утратил даже самый первоначальный механизм дела. А между тем в его беспорядочном воображении поминутно создавались самые колоссальные планы для будущего. Мало того, что он хотел быть первоклассным гением, одним из первых скрипачей в мире; мало того, что уже почитал; себя таким гением, - он, сверх того, думал еще сделаться композитором, не зная ничего о контрапункте. Но всего более изумляло меня, - прибавлял Б., - то, что в этом человеке, при его полном бессилии, при самых ничтожных познаниях в технике искусства, - было такое глубокое, такое ясное и, можно сказать, инстинктивное понимание искусства. Он до того сильно чувствовал его и понимал про себя, что не диво, если заблудился в собственном сознании о самом себе и принял себя, вместо глубокого, инстинктивного критика искусства, за жреца самого искусства, за гения. Порой ему удавалось на своем грубом, простом языке, чуждом всякой науки, говорить мне такие глубокие истины, что я становился в тупик и не мог понять, каким образом он угадал это всё, никогда ничего не читав, никогда ничему не учившись, и я много обязан ему, - прибавлял Б., - ему и его советам в собственном усовершенствовании. Что же касается до меня, - продолжал Б., - то я был спокоен насчет себя самого. Я тоже страстно любил свое искусство, хотя знал при самом начале моего пути, что большего мне не дано, что я буду, в собственном смысле, чернорабочий в искусстве; но зато я горжусь тем, что не зарыл, как ленивый раб, того, что мне дано было от природы, а, напротив, возрастил сторицею, и если хвалят мою отчетливость в игре, удивляются выработанности механизма, то всем этим я обязан беспрерывному, неусыпному труду, ясному сознанию сил своих, добровольному самоуничтожению и вечной вражде к заносчивости, к раннему самоудовлетворению и к лени как естественному следствию этого самоудовлетворения".

Б. в свою очередь попробовал поделиться советами со своим товарищем, которому так подчинился в самом начале, но только напрасно сердил его. Между ними последовало охлаждение. Вскоре Б. заметил, что товарищем его всё чаще и чаще начинает овладевать апатия, тоска и скука, что порывы энтузиазма его становятся реже и реже и что за всем этим последовало какое-то мрачное, дикое уныние. Наконец, Ефимов начал оставлять свою скрипку и не притрогивался иногда к ней по целым неделям. До совершенного падения было недалеко, и вскоре несчастный впал во все пороки. От чего предостерегал его помещик, то и случилось: он предался неумеренному пьянству. Б. с ужасом смотрел на него; советы его не подействовали, да и, кроме того, он боялся выговорить слово. Мало-помалу Ефимов дошел до самого крайнего цинизма: он нисколько не совестился жить на счет Б. и даже поступал так, как будто имел на то полное право. Между тем средства к жизни истощались; Б. кое-как перебивался уроками или нанимался играть на вечеринках у купцов у немцев, у бедных чиновников, которые хотя понемногу, но что-нибудь платили. Ефимов как будто не хотел и заметить нужды своего товарища: он обращался с ним сурово и по целым неделям не удостоивал его ни одним словом. Однажды Б. заметил ему самым кротким образом, что не худо бы ему было не слишком пренебрегать своей скрипкой, чтоб не отучить от себя совсем инструмента; тогда Ефимов совсем рассердился и объявил, что он нарочно не дотронется никогда до своей скрипки, как будто воображая, что кто-нибудь будет упрашивать его о том на коленях. Другой раз Б. понадобился товарищ, чтоб играть на одной вечеринке, и он пригласил Ефимова. Это приглашение привело Ефимова в ярость. Он с запальчивостью объявил, что он не уличный скрипач и не будет так подл, как Б., чтоб унижать благородное искусство, играя перед подлыми ремесленниками, которые ничего не поймут в его игре и таланте. Б. не ответил на это ни слова, но Ефимов, надумавшись об этом приглашении в отсутствие своего товарища, который ушел играть, вообразил, что всё это было только намеком на то, что он живет на счет Б., и желание дать знать, чтоб он тоже попробовал зарабатывать деньги. Когда Б. воротился, Ефимов вдруг стал укорять его за подлость его поступка и объявил, что не останется более с ним ни минуты. Он действительно исчез куда-то на два дня, но на третий явился опять, как ни в чем не бывало, и снова начал продолжать свою прежнюю жизнь.

Только прежняя свычка и дружба да еще сострадание, которое чувствовал Б. к погибшему человеку, удерживали его от намерения кончить такое безобразное житье и расстаться навсегда со своим товарищем. Наконец они расстались. Б. улыбнулось счастье: он приобрел чье-то сильное покровительство, и ему удалось дать блестящий концерт. В это время он уже был превосходный артист, и скоро его быстро возрастающая известность доставила ему место в оркестре оперного театра, где он так скоро составил себе вполне заслуженный успех. Расставаясь, он дал Ефимову денег и со слезами умолял его возвратиться на истинный путь. Б. и теперь не может вспомнить об нем без особенного чувства. Знакомство с Ефимовым было одним из самых глубоких впечатлений его молодости. Вместе они начали свое поприще, так горячо привязались друг к другу, и даже самая странность, самые грубые, резкие недостатки Ефимова привязывали к нему Б. еще сильнее. Б. понимал его; он видел его насквозь и предузнавал, чем всё это кончится. При расставанье они обнялись и оба заплакали. Тогда Ефимов, сквозь слезы и рыдания, проговорил, что он погибший, несчастнейший человек, что он давно это знал, но что теперь только усмотрел ясно свою гибель.

- У меня нет таланта! - заключил он, побледнев как мертвый.

Б. был сильно тронут.

- Послушай, Егор Петрович, - говорил он ему, - что ты над собою делаешь? Ты ведь только губишь себя своим отчаянием; у тебя нет ни терпения, ни мужества. Теперь ты говоришь в припадке уныния, что у тебя нет таланта. Неправда! У тебя есть талант, я тебя в том уверяю. У тебя он есть. Я вижу это уж по одному тому, как ты чувствуешь и понимаешь искусство. Это я докажу тебе и всею твоею жизнию. Ты же рассказывал мне о своем прежнем житье. И тогда тебя посетило бессознательно то же отчаяние. Тогда твой первый учитель, этот странный человек, о котором ты мне так много рассказывал, впервые пробудил в тебе любовь к искусству и угадал твой талант. Ты так же сильно и тяжело почувствовал это тогда, как и теперь чувствуешь. Но ты не знал сам, что с тобою делается. Тебе пе жилось в доме помещика, и ты сам не знал, чего тебе хотелось. Учитель твой умер слишком рано. Он оставил тебя только с одними неясными стремлениями и, главное, не объяснил тебе тебя же самого. Ты чувствовал, что тебе нужна другая дорога, более широкая, что тебе суждены другие цели, но ты не понимал, как это сделается, и в тоске своей возненавидел всё, что тебя окружало тогда. Твои шесть лет бедности и нищеты не погибли даром; ты учился, ты думал, ты сознавал себя и свои силы, ты понимаешь теперь искусство и своё назначение. Друг мой, нужно терпение и мужество. Тебя ждет жребий завиднее моего: ты во сто раз более художник, чем я; но дай бог тебе хоть десятую долю моего терпения. Учись и не пей, как говорил тебе твой добрый помещик, а главное - начинай сызнова, с азбуки. Что тебя мучит? бедность, нищета? Но бедность и нищета образуют художника. Они неразлучны с началом. Ты еще никому не нужен теперь, никто тебя и знать не хочет; так свет идёт. Подожди, не то еще будет, когда узнают, что в тебе есть дарование. Зависть, мелочная подлость, а пуще всего глупость налягут на тебя сильнее нищеты. Таланту нужно сочувствие, ему нужно, чтоб его понимали, а ты увидишь, какие лица обступят тебя, когда ты хоть немного достигнешь цели. Они будут ставить ни во что и с презрением смотреть на то, что в тебе выработалось тяжким трудом, лишениями, голодом, бессонными ночами. Они не ободрят, не утешат тебя, твои будущие товарищи; они не укажут тебе на то, что в тебе хорошо и истинно, но с злою радостью будут поднимать каждую ошибку твою, будут указывать тебе именно на то, что у тебя дурно, на то, в чем ты ошибаешься, и под наружным видом хладнокровия и презрения к тебе будут как праздник праздновать каждую твою ошибку (будто кто-нибудь был без ошибок!). Ты же заносчив, ты часто некстати горд и можешь оскорбить самолюбивую ничтожность, и тогда беда - ты будешь один, а их много; они тебя истерзают булавками. Даже я начинаю это испытывать. Ободрись же теперь! Ты еще совсем не так беден, ты можешь жить, не пренебрегай черной работой, руби дрова, как я рубил их на вечеринках у бедных ремесленников. Но ты нетерпелив, ты болен своим нетерпением, у тебя мало простоты, ты слишком хитришь, слишком много думаешь, много даешь работы своей голове; ты дерзок на словах и трусишь, когда придется взять в руки смычок. Ты самолюбив, и в тебе мало смелости. Смелей же, подожди, поучись, и если не надеешься на силы свои, так иди на авось; в тебе есть жар, есть чувство. Авось дойдешь до цели, а если нет, все-таки иди на авось: не потеряешь ни в каком случае, потому что выигрыш слишком велик. Тут, брат, наше авось - дело великое!

Ефимов слушал своего бывшего товарища с глубоким чувством. Но по мере того как он говорил, бледность сходила со щек его; они оживились румянцем; глаза его сверкали непривычным огнем смелости и надежды. Скоро эта благородная смелость перешла в самоуверенность, потом в обычную дерзость, и, наконец, когда Б. оканчивал свое увещание, Ефимов уже слушал его рассеянно и с нетерпением. Однако ж он горячо сжал ему руку, поблагодарил его и, скорый в своих переходах от глубокого самоуничтожения и уныния до крайней надменности и дерзости, объявил самонадеянно, чтоб друг его не беспокоился об его участи, что он знает, как устроить свою судьбу, что скоро и он надеется достать себе покровительство, даст концерт и тогда разом зазовет себе и славу и деньги. Б. пожал плечами, но не противоречил своему бывшему товарищу, и они расстались, хотя, разумеется, ненадолго. Ефимов тотчас же прожил данные ему деньги и пришел за ними в другой раз, потом в третий, потом в четвертый, потом в десятый, наконец Б. потерял терпение и не сказывался дома. С тех пор он потерял его совсем из виду.

Прошло несколько лет. Один раз Б., возвращаясь с репетиции домой, наткнулся в одном переулке, у входа в грязный трактир, на человека дурно одетого, хмельного, который назвал его по имени. Это был Ефимов. Он очень изменился, пожелтел, отек в лице; видно было, что беспутная жизнь положила на него свое клеймо неизгладимым образом. Б. обрадовался чрезвычайно и, не успев перемолвить с ним двух слов, пошел за ним в трактир, куда тот потащил его. Там, в отдаленной маленькой закопченной комнате, он разглядел поближе своего товарища. Тот был почти в лохмотьях, в худых сапогах; растрепанная манишка его была вся залита вином. Волосы на голове его начали седеть и вылезать.

- Что с тобою? Где ты теперь? - спрашивал Б.

Ефимов сконфузился, даже сробел сначала, отвечал бессвязно и отрывисто, так что Б. подумал, что он видит пред собою помешанного. Наконец Ефимов признался, что не может ничего говорить, если не дадут выпить водки, и что в трактире ему уже давно не верят. Говоря это, он краснел, хотя и постарался ободрить себя каким-то бойким жестом; но вышло что-то нахальное, выделанное, назойливое, так что всё было очень жалко и возбудило сострадание в добром Б., который увидел, что опасения его сбылись вполне. Однако ж он приказал подать водки. Ефимов изменился в лице от благодарности и до того потерялся, что со слезами на глазах готов был целовать руки своего благодетеля. За обедом Б. узнал с величайшим удивлением, что несчастный женат. Но еще более изумился он, когда тут же узнал, что жена составила всё его несчастие и горе и что женитьба убила вполне весь талант его.

- Как так? - спросил Б.

- Я, брат, уже два года как не беру в руки скрипку, - отвечал Ефимов. - Баба, кухарка, необразованная, грубая женщина. Чтоб ее!.. Только деремся, больше ничего не делаем.

- Да зачем же ты женился, коли так?

- Есть было нечего. Я познакомился с ней; у ней было рублей с тысячу: я и женился очертя голову. Она же влюбилась в меня. Сама ко мне повисла на шею. Кто ее наталкивал! Деньги прожиты, пропиты, братец, и - какой тут талант! Всё пропало!

Б. увидел, что Ефимов как будто спешил в чем-то перед ним оправдаться.

- Всё бросил, всё бросил, - прибавил он. Тут он ему объявил, что в последнее время почти достиг совершенства на скрипке, что, пожалуй, хотя Б. и из первых скрипачей в городе, а ему и в подметки не станет, если он захочет того.

- Так за чем же дело стало? - сказал удивленный Б. - Ты бы искал себе места?

- Не стоит! - сказал Ефимов, махнув рукою. - Кто из вас там хоть что-нибудь понимает! Что вы знаете? Шиш, ничего, вот что вы знаете! Плясовую какую-нибудь в балетце каком прогудеть - ваше дело. Скрипачей-то вы хороших и не видали и не слыхали. Чего вас трогать; оставайтесь себе, как хотите!

Тут Ефимов снова махнул рукой и покачнулся на стуле, потому что порядочно охмелел. Затем он стал звать к себе Б.; но тот отказался, взял его адрес и уверил, что завтра же зайдет к нему. Ефимов, который теперь уже был сыт, насмешливо поглядывал на своего бывшего товарища и в чески старался чем-нибудь уколоть его. Когда они уходили, он схватил богатую шубу Б. и подал ее, как низший высшему. Проходя мимо первой комнаты, он остановился и отрекомендовал Б. трактирщикам и публике как первую и единственную скрипку в целой столице. Одним словом, он был чрезвычайно грязен в эту минуту.

Б., однако ж, отыскал его на другое утро на чердаке, где все мы жили тогда в крайней бедности, в одной комнате. Мне было тогда четыре года, и уже два года тому, как матушка моя вышла за Ефимова. Это была несчастная женщина. Прежде она была гувернантка, была прекрасно образована, хороша собой и, по бедности, вышла замуж за старика чиновника, моего отца. Она жила с ним только год. Когда же отец мой умер скоропостижно и скудное наследство было разделено между его наследниками, матушка осталась одна со мною, с ничтожною суммою денег, которая досталась на ее долю. Идти в гувернантки опять, с малолетним ребенком на руках, было трудно. В это время, каким-то случайным образом, она встретилась с Ефимовым и действительно влюбилась в него. Она была энтузиастка, мечтательница, видела в Ефимове какого-то гения, поверила его заносчивым словам о блестящей будущности; воображению ее льстила славная участь быть опорой,

13

руководительницей гениального человека, и она вышла за него замуж. В первый же месяц исчезли все ее мечты и надежды, и перед ней осталась жалкая действительность. Ефимов, который действительно женился, может быть, из-за того, что у матушки моей была какая-нибудь тысяча рублей денег, как только они были прожиты, сложил руки и, как будто радуясь предлогу, немедленно объявил всем и каждому, что женитьба сгубила его талант, что ему нельзя было работать в душной комнате, глаз на глаз с голодным семейством, что тут не пойдут на ум песни да музыка и что, наконец, видно, ему на роду написано было такое несчастие. Кажется, он и сам потом уверился в справедливости своих жалоб и, казалось, обрадовался новой отговорке. Казалось, этот несчастный, погибший талант сам искал внешнего случая, на который бы можно было свалить все неудачи, все бедствия. Увериться же в ужасной мысли, что он уже давно и навсегда погиб для искусства, он не мог. Он судорожно боролся, как с болезненным кошмаром, с этим ужасным убеждением, и, наконец, когда действительность одолевала его, когда минутами открывались его глаза, он чувствовал, что готов был сойти с ума от ужаса. Он не мог так легко разувериться в том, что так долго составляло всю жизнь его, и до последней минуты своей думал, что минута еще не ушла. В часы сомнения он предавался пьянству, которое своим безобразным чадом прогоняло тоску его. Наконец, он, может быть, сам не знал, как необходима была ему жена в это время. Это была живая отговорка, и, действительно, мой отчим чуть не помешался на той идее, что, когда он схоронит жену, которая погубила его, всё пойдет своим чередом. Бедная матушка не понимала его. Как настоящая мечтательница, она не вынесла и первого шага в враждебной действительности: она сделалась вспыльчива, желчна, бранчива, поминутно ссорилась с мужем, который находил какое-то наслаждение мучить ее, и беспрестанно гнала его за работу. Но ослепление, неподвижная идея моего отчима, его сумасбродство сделали его почти бесчеловечным и бесчувственным. Он только смеялся и поклялся не брать в руки скрипки до самой смерти жены, что и объявил ей с жестокой откровенностью. Матушка, которая до самой смерти своей страстно любила его, несмотря ни на что, не могла выносить такой жизни, Она сделалась вечно больною, вечно страждущею, жила в беспрерывных терзаниях, и кроме всего этого горя на нее одну пала вся забота о пропитании семейства. Она начала готовить кушанье и сначала открыла у себя стол для приходящих. Но муж таскал у нее потихоньку все деньги, и она принуждена была часто отсылать вместо обеда пустую посуду тем, для которых работала. Когда Б. посетил нас, она занималась мытьем белья и перекрашиванием старого платья. Таким образом, мы все кое-как перебивались на нашем чердаке.

Нищета нашего семейства поразила Б.

- Послушай, вздор ты всё говоришь, - сказал он отчиму, - где тут убитый талант? Она же тебя кормит, а ты что тут делаешь?

- А ничего! - отвечал отчим.

Но Б. еще не знал всех бедствий матушки. Муж часто заводил к себе в дом целые ватаги разных сорванцов и буянов, и тогда чего не было!

Б. долго убеждал своего прежнего товарища; наконец, объявил ему, что если он не захочет исправиться, то ни в чем ему не поможет; сказал без околичностей, что денег ему не даст, потому что он их пропьет, и попросил наконец сыграть ему что-нибудь на скрипке, чтоб посмотреть, что можно будет для него сделать. Когда же отчим пошел за скрипкой, Б. потихоньку стал давать денег моей матери, но та не брала. В первый раз ей приходилось принимать подаяние! Тогда Б. отдал их мне, и бедная женщина залилась слезами. Отчим принес скрипку, но сначала попросил водки, сказав, что без этого не может играть. Послали за водкой. Он выпил и расходился.

- Я сыграю тебе что-нибудь из моего собственного, по дружбе, - сказал он Б. и вытащил толстую запыленную тетрадь из-под комода.

- Всё это я сам написал, - сказал он, указывая на тетрадь. - Вот ты увидишь! Это, брат, не ваши балетцы!

Б. молча просмотрел несколько страниц; потом развернул ноты, которые были при нем, и попросил отчима, оставив в стороне собственное сочинение, разыграть что-нибудь из того, что он сам принес.

Отчим немного обиделся, однако ж, боясь потерять новое покровительство, исполнил приказание Б. Тут Б. увидел, что прежний товарищ его действительно много занимался и приобрел во время их разлуки, хотя хвалился, что уже с самой женитьбы не берет в руки инструмента. Надобно было видеть радость моей бедной матери. Она глядела на мужа и снова гордилась им. Искренно обрадовавшись, добрый Б. решился пристроить отчима. Он уже тогда имел большие связи и немедленно стал просить и рекомендовать своего бедного товарища, взяв с него предварительное слово, что он будет вести себя хорошо. А покамест он одел его получше, на свой счет, и повел к некоторым известным лицам, от которых зависело то место, которое он хотел достать для него. Дело в том, что Ефимов чванился только на словах, но, кажется, с величайшею радостью принял предложение своего старого друга. Б. рассказывал, что ему становилось стыдно за всю лесть и за всё униженное поклонение, которыми отчим старался его задобрить, боясь как-нибудь потерять его благорасположение. Он понимал, что его ставят на хорошую дорогу, и даже перестал пить. Наконец ему приискали место в оркестре театра. Он выдержал испытание хорошо, потому что в один месяц прилежания и труда воротил всё, что потерял в полтора года бездействия, обещал и впредь заниматься и быть исправным и точным в своих новых обязанностях. Но положение нашего семейства совсем не улучшилось. Отчим не давал матушке ни копейки из жалованья, всё проживал сам, пропивал и проедал с новыми приятелями, которых тотчас же завел целый кружок. Он водился преимущественно с театральными служителями, хористами, фигурантами - одним словом, с таким народом, между которым мог первенствовать, и избегал людей истинно талантливых. Он успел им внушить к себе какое-то особенное уважение, тотчас же натолковал им, что он непризнанный человек, что он с великим талантом, что его сгубила жена и что, наконец, их капельмейстер ничего не смыслит в музыке. Он смеялся над всеми артистами оркестра, над выбором пьес, которые ставят на сцену, и, наконец, над самыми авторами игравшихся опер. Наконец, он начал толковать какую-то новую теорию музыки, - словом, надоел всему оркестру, пересорился с товарищами, с капельмейстером, грубил начальству, приобрел репутацию самого беспокойного, самого вздорного и вместе с тем Самого ничтожного человека и довел до того, что стал для всех невыносимым.

И действительно, было чрезвычайно странно видеть, что такой незначительный человек, такой дурной, бесполезный исполнитель и нерадивый музыкант в то же врем с такими огромными претензиями, с такою хвастливостью, чванством, с таким резким тоном.

Кончилось тем, что отчим поссорился с Б., выдумал самую скверную сплетню, самую гадкую клевету и пустил ее в ход за очевидную истину. Его выжили из оркестра после полугодовой беспорядочной службы за нерадивость в исполнении обязанности и нетрезвое поведение. Но он не покинул так скоро своего места. Скоро его увидели в прежних лохмотьях, потому что порядочное платье всё было снова продано и заложено. Он стал приходить к прежним сослуживцам, рады или не рады были они такому гостю, разносил сплетни, болтал вздор, плакался на свое житье-бытье и звал всех к себе глядеть злодейку жену его Конечно, нашлись слушатели, нашлись такие люди, которые находили удовольствие, напоив выгнанного товарища, заставлять его болтать всякий вздор. К тому же он говорил всегда остро и умно и пересыпал свою речь едкою желчью и разными циническими выходками, которые нравились известного рода слушателям. Его принимали за какого-то сумасбродного шута, которого иногда приятно заставить болтать от безделья. Любили дразнить его, говоря при нем о каком-нибудь новом заезжем скрипаче. Слыша это, Ефимов менялся в лице, робел, разузнавал, кто приехал и кто такой новый талант, и тотчас же начинал ревновать к его славе. Кажется, только с этих пор началось его настоящее систематическое помешательство - его неподвижная идея о том, что он первейший скрипач, по крайней мере в Петербурге, но что он гоним судьбою, обижен, по разным интригам не понят и находится в неизвестности. Последнее даже льстило ему, потому что есть такие характеры, которые очень любят считать себя обиженными и угнетенными, жаловаться на это вслух или утешать себя втихомолку, поклоняясь своему непризнанному величию. Всех петербургских скрипачей он знал наперечет и, по своим понятиям, ни в ком из них не находил себе соперника. Знатоки и дилетанты, которые знали несчастного сумасброда, любили заговорить при нем о каком-нибудь известном, талантливом скрипаче, чтоб заставить его говорить в свою очередь. Они любили его злость, его едкие замечания, любили дельные и умные вещи, которые он говорил, критикуя игру своих мнимых соперников. Часто не понимали его, но зато были уверены, что никто в свете не умеет так ловко и в такой бойкой карикатуре изобразить современные музыкальные знаменитости. Даже эти самые артисты, над которыми он так насмехался, немного боялись его, потому что знали его едкость, сознавались в дельности нападок его и в справедливости его суждения в том случае, когда нужно было хулить. Его как-то привыкли видеть в коридорах театра и за кулисами. Служители пропускали его беспрепятственно, как необходимое лицо, и он сделался каким-то домашним Ферситом. Такое житье продолжалось года два или три; но наконец он наскучил всем даже и в этой последней роли. Последовало формальное изгнание, и, в последние два года своей жизни, отчим как будто в воду канул, и его уже нигде не видали. Впрочем, Б. встретил его два раза, но в таком жалком виде, что сострадание еще раз взяло в нем верх над отвращением. Он позвал его, но отчим обиделся, сделал вид, будто ничего не слыхал, нахлобучил на глаза свою старую исковерканную шляпу и прошел мимо. Наконец, в какой-то большой праздник Б. доложили поутру, что пришел его поздравить прежний товарищ его, Ефимов. Б. вышел к нему. Ефимов стоял хмельной, начал кланяться чрезвычайно низко, чуть не в ноги, что-то шевелил губами и упорно не хотел идти в комнаты. Смысл его поступка был тот, что где, дескать, нам, бесталанным людям, водиться с такою знатью, как вы; что для нас, маленьких людей, довольно и лакейского места, чтоб с праздником поздравить: поклонимся и уйдем отсюда. Одним словом, всё было сально, глупо и отвратительно гадко. С этих пор Б. очень долго не видал его, ровно до самой катастрофы, которою разрешилась вся эта печальная, болезненная и чадная жизнь. Она разрешилась страшным образом. Эта катастрофа тесно связана не только с первыми впечатлениями моего детства, но даже и со всею моею жизнью. Вот каким образом случилась она... Но прежде я должна объяснить, что такое было мое детство и что такое был для меня этот человек, который так мучительно отразился в первых моих впечатлениях и который был причиною смерти моей бедной матушки.

II

Я начала себя помнить очень поздно, только с девятого года. Не знаю, каким образом всё, что было со мною до этого возраста, не оставило во мне никакого ясного впечатления, о котором бы я могла теперь вспомнить. Но с половины девятого года я помню всё отчетливо, день за днем, непрерывно, как будто всё, что ни было потом, случилось не далее как вчера. Правда, я могу как будто во сне припомнить что-то и раньше: всегда затепленную лампаду в темном углу, у старинного образа; потом как меня однажды сшибла на улице лошадь, отчего, как мне после рассказывали, я пролежала больная три месяца; еще как во время этой болезни, ночью, проснулась я подле матушки, с которою лежала вместе, как я вдруг испугалась моих болезненных сновидений, ночной тишины и скребшихся в углу мышей и дрожала от страха всю ночь, забиваясь под одеяло, но не смея будить матушку, из чего и заключаю, что ее я боялась больше всякого страха. Но с той минуты, когда я вдруг начала сознавать себя, я развилась быстро, неожиданно, и много совершенно не детских впечатлений стали для меня как-то страшно доступны. Всё прояснялось передо мной, всё чрезвычайно скоро становилось понятным. Время, с которого я начинаю себя хорошо помнить, оставило во мне резкое и грустное впечатление; это впечатление повторялось потом каждый день и росло с каждым днем; оно набросило темный странный колорит на всё время житья моего у родителей, а вместе с тем - и на всё мое детство.

Теперь мне кажется, что я очнулась вдруг, как будто от глубокого сна (хотя тогда это, разумеется, не было для меня так поразительно). Я очутилась в большой комнате с низким потолком, душной и нечистой. Стены были окрашены грязновато-серою краскою; в углу стояла огромная русская печь; окна выходили на улицу или, лучше сказать на кровлю противоположного дома и были низенькие, широкие, словно щели. Подоконники приходились так высоко от полу, что я помню, как мне нужно было подставлять стул, скамейку и потом уже кое-как добираться до окна, на котором я любила сидеть, когда никого не было дома. Из нашей квартиры было видно полгорода; мы жили под самой кровлей в шестиэтажном, огромнейшем доме. Вся наша мебель состояла из какого-то остатка клеенчатого дивана, всего в пыли и в мочалах, простого белого стола, двух стульев, матушкиной постели, шкафика с чем-то в углу, комода, который всегда стоял покачнувшись набок, и разодранных бумажных ширм.

Помню, что были сумерки; всё было в беспорядке и разбросано: щетки, какие-то тряпки, наша деревянная посуда, разбитая бутылка и, не знаю, что-то такое еще. Помню, что матушка была чрезвычайно взволнована и отчего-то плакала. Отчим сидел в углу в своем всегдашнем изодранном сюртуке. Он отвечал ей что-то с усмешкой, что рассердило ее еще более, и тогда опять полетели на пол щетки и посуда. Я заплакала, закричала и бросилась к ним обоим. Я была в ужасном испуге и крепко обняла батюшку, чтоб заслонить его собою. Бог знает отчего показалось мне, что матушка на него напрасно сердится, что он не виноват; мне хотелось просить за него прощения, вынесть за него какое угодно наказание. Я ужасно боялась матушки и предполагала, что и все так же боятся ее. Матушка сначала изумилась, потом схватила меня за руку и оттащила за ширмы. Я ушибла о кровать руку довольно больно; но испуг был сильнее боли, и я даже не поморщилась. Помню еще, что матушка начала что-то горько и горячо говорить отцу, указывая на меня (я буду и вперед в этом рассказе называть его отцом, потому что уже гораздо после узнала, что он мне не родной). Вся эта сцена продолжалась часа два, и я, дрожа от ожидания, старалась всеми силами угадать, чем всё это кончится. Наконец ссора утихла, и матушка куда-то ушла. Тут батюшка позвал меня, поцеловал, погладил по голове, посадил на колени, и я крепко, сладко прижалась к груди его. Это была, может быть, первая ласка родительская, может быть, оттого-то и я начала всё так отчетливо помнить с того времени. Я заметила тоже, что заслужила милость отца за то, что за него заступилась, и тут, кажется, в первый раз, меня поразила идея, что он много терпит и выносит горя от матушки. С тех пор эта идея осталась при мне навсегда и с каждым днем всё более и более возмущала меня.

С этой минуты началась во мне какая-то безграничная любовь к отцу, но чудна́я любовь, как будто вовсе не детская. Я бы сказала, что это было скорее какое-то сострадательное, материнское чувство, если б такое определение любви моей не было немного смешно для дитяти. Он казался мне всегда до того жалким, до того терпящим гонения, до того задавленным, до того страдальцем, что для меня было страшным, неестественным делом не любить его без памяти, не утешать его, не ласкаться к нему, не стараться об нем всеми силами. Но до сих пор не понимаю, почему именно могло войти мне в голову, что отец мой такой страдалец, такой несчастный человек в мире! Кто мне внушил это? Каким образом я, ребенок, могла хоть что-нибудь понять в его личных неудачах? А я их понимала, хотя перетолковав, переделав всё в моем воображении по-своему; но до сих пор не могу представить себе, каким образом составилось во мне такое впечатление. Может быть, матушка была слишком строга ко мне, и я привязалась к отцу как к существу, которое, по моему мнению, страдает вместе со мною, заодно.

Я уже рассказала первое пробуждение мое от младенческого сна, первое движение мое в жизни. Сердце мое было уязвлено с первого мгновения, и с непостижимою, утомляющею быстротой началось мое развитие. Я уже не могла довольствоваться одними внешними впечатлениями. Я начала думать, рассуждать, наблюдать; но это наблюдение произошло так неестественно рано, что воображение мое не могло не переделывать всего по-своему, и я вдруг очутилась в каком-то особенном мире. Всё вокруг меня стало походить на ту волшебную сказку, которую часто рассказывал мне отец и которую я не могла не принять, в то время, за чистую истину. Родились странные понятия. Я очень хорошо узнала, - но не знаю, как это сделалось, - что живу в странном семействе и что родители мои как-то вовсе не похожи на тех людей, коте мне случалось встречать в это время. "Отчего, - думала я, - отчего я вижу других людей, как-то и с виду непохожих на моих родителей? отчего я замечала смех на других лицах и отчего меня тут же поражало то, что в нашем углу никогда не смеются, никогда не радуются?" Какая сила, какая причина заставила меня, девятилетнего ребенка, так прилежно осматриваться и вслушиваться в каждое слово тех людей, которых мне случалось встречать или на нашей лестнице, или на улице, когда я повечеру, прикрыв свои лохмотья старой матушкиной кацавейкой, шла в лавочку с медными деньгами купить на несколько грошей сахару, чаю или хлеба? Я поняла, и уж не помню как, что в нашем углу - какое-то вечное, нестерпимое горе. Я ломала голову, стараясь угадать, почему это так, и не знаю, кто мне помог разгадать всё это по-своему: я обвинила матушку, признала ее за злодейку моего отца, и опять говорю: не понимаю, как такое чудовищное понятие могло составиться в моем воображении. И насколько я привязалась к отцу, настолько возненавидела мою бедную мать. До сих пор воспоминание обо всем этом глубоко и горько терзает меня. Но вот другой случай, который еще более, чем первый, способствовал моему странному сближению с отцом. Раз, в десятом часу вечера, матушка послала меня в лавочку за дрожжами, а батюшки не было дома. Возвращаясь, я упала на улице и пролила всю чашку. Первая моя мысль была о том, как рассердится матушка. Между тем я чувствовала ужасную боль в левой руке и не могла встать. Кругом меня остановились прохожие; какая-то старушка начала меня поднимать, а какой-то мальчик; пробежавший мимо, ударил меня ключом в голову. Наконец меня поставили на ноги, я подобрала черепки разбитой чашки и пошла, шатаясь, едва передвигая ноги. Вдруг я увидела батюшку. Он стоял в толпе перед богатым домом, который был против нашего. Этот дом принадлежал каким-то знатным людям и был великолепно освещен; у крыльца съехалось множество карет, и звуки музыки долетали из окон на улицу. Я схватила батюшку за полу сюртука, показала ему разбитую чашку и, заплакав, начала говорить, что боюсь идти к матушке. Я как-то была уверена, что он заступится за меня. Но почему я была уверена, кто подсказал мне, кто научил меня, что он меня любит более, чем матушка? Отчего к нему я подошла без страха? Он взял меня за руку, начал утешать, потом сказал, что хочет мне что-то показать, и приподнял меня на руках. Я ничего не могла видеть, потому что он схватил меня за ушибленную руку и мне стало ужасно больно; но я не закричала, боясь огорчить его. Он всё спрашивал, вижу ли я что-нибудь? Я всеми силами старалась отвечать в угоду ему и отвечала, что вижу красные занавесы. Когда же он хотел перенести меня на другую сторону улицы, ближе к дому, то, не знаю отчего, вдруг начала я плакать, обнимать его и проситься скорее наверх, к матушке. Я помню, что мне тяжелее были тогда ласки батюшки, и я не могла вынести того, что один из тех, кого я так хотела любить, - ласкает и любит меня и что к другой я не смела и боялась идти. Но матушка почти совсем не сердилась и отослала меня спать. Я помню, что боль в руке, усиливаясь всё более и более, нагнала на меня лихорадку. Однако ж я была как-то особенно счастлива тем, что всё так благополучно кончилось, и всю эту ночь мне снился соседний дом с красными занавесами.

И вот когда я проснулась на другой день, первою мыслию, первою заботою моею был дом с красными занавесами. Только что матушка вышла со двора, я вскарабкалась на окошко и начала смотреть на него. Уже давно этот дом поразил мое детское любопытство. Особенно я любила смотреть на него ввечеру, когда на улице зажигались огни и когда начинали блестеть каким-то кровавым, особенным блеском красные как пурпур гардины за цельными стеклами ярко освещенного дома. К крыльцу почти всегда подъезжали богатые экипажи на прекрасных, гордых лошадях, и всё завлекало мое любопытство: и крик, и суматоха у подъезда, и разноцветные фонари карет, и разряженные женщины, которые приезжали в них. Всё это в моем детском воображении принимало вид чего-то царственно-пышного и сказочно-волшебного. Теперь же, после встречи с отцом у богатого дома, дом сделался для меня вдвое чудеснее и любопытнее. Теперь в моем пораженном воображении начали рождаться какие-то чудные понятия и предположения. И я не удивляюсь, что среди таких странных людей, как отец и мать, я сама сделалась таким странным фантастическим ребенком. Меня как-то особенно поражал контраст их характеров. Меня поражало, например, то, что матушка вечно заботилась и хлопотала о нашем бедном хозяйстве, вечно попрекала отца, что она одна за всех труженица, и я невольно задавала себе вопрос: почему же батюшка совсем не помогает ей, почему же он как будто чужой живет в нашем доме? Несколько матушкиных слов дало мне об этом понятие, и я с каким-то удивлением узнала, что батюшка артист (это слово я удержала в памяти), что батюшка человек с талантом; в моем воображении тотчас же сложилось понятие, что артист - какой-то особенный человек, непохожий на других людей. Может быть, самое поведение отца навело меня на эту мысль; может быть, слышала что-нибудь, что теперь вышло из моей памяти; но как-то странно понятен был для меня смысл слов отца, когда он сказал их один раз при мне с каким-то особенным чувством. Эти слова были, что "придет время, когда и он не будет в нищете, когда он сам будет барин и богатый человек, и что, наконец, он воскреснет снова, когда умрет матушка". Помню, я сначала испугалась этих слов до крайности. Я не могла оставаться в комнате, выбежала в наши холодные сени и там, облокотясь на окно и закрыв руками лицо, зарыдала. Но потом, когда я поминутно раздумывала об этом, когда я свыклась с этим ужасным желанием отца, - фантазия вдруг пришла мне на помощь. Да и я сама не могла долго мучиться неизвестностью и должна была непременно остановиться на каком-нибудь предположении. И вот, - не знаю, как началось это всё сначала, - но под конец я остановилась на том, что, когда умрет матушка, батюшка оставит эту скучную квартиру и уйдет куда-то вместе со мною. Но куда? - я до самого последнего времени не могла себе ясно представить. Помню только, что всё, чем могла я украсить то место, куда мы пойдем с ним (а я непременно решила, что мы пойдем вместе), всё, что только могло создаться блестящего, пышного и великолепного в моей фантазии, -всё было приведено в действие в этих мечтаниях. Мне казалось, что мы тотчас же станем богаты; я не буду ходить на посылках в лавочку, что было очень тяжело для меня, потому что меня всегда обижали дети соседнего дома, когда я выходила из дому, и этого я ужасно боялась, особенно когда несла молоко или масло, зная, что если пролью, то с меня строго взыщется; потом я порешила, мечтая, что батюшка тотчас сошьет себе хорошее платье, что мы поселимся в блестящем доме, и вот теперь - этот богатый дом с красными занавесами и встреча возле него с батюшкою, который хотел мне что-то показать в нем, пришли на помощь моему воображению. И тотчас же сложилось в моих догадках, что мы переселимся именно в этот дом и будем в нем жить в каком-то вечном празднике и вечном блаженстве. С этих пор, по вечерам, я с напряженным любопытством смотрела из окна на этот волшебный для меня дом, припоминала съезд, припоминала гостей, таких нарядных, каких я никогда еще не видала; мне чудились эти звуки сладкой музыки, вылетавшие из окон; я всматривалась в тени людей, мелькавшие на занавесах окон, и всё старалась угадать, что такое там делается, - и всё казалось мне, что там рай и всегдашний праздник. Я возненавидела наше бедное жилище, лохмотья, в которых сама ходила, и когда однажды матушка закричала на меня и приказала сойти с окна, на которое я забралась по обыкновению, то мне тотчас же пришло на ум, что она хочет, чтоб я не смотрела именно на этот дом, чтоб я не думала об нем, что ей неприятно наше счастие, ч она хочет помешать ему и в этот раз... Целый вечер я внимательно и подозрительно смотрела на матушку.

И как могла родиться во мне такая ожесточенность к такому вечно страдавшему существу, как матушка? Только теперь понимаю я ее страдальческую жизнь и без боли в сердце не могу вспомнить об этой мученице. Даже и тогда, в темную эпоху моего чудного детства, в эпоху такого неестественного развития моей первой жизни, часто сжималось мое сердце от боли и жалости, - и тревога, смущение и сомнение западали в мою душу. Уже и тогда совесть восставала во мне, и часто, с мучением и страданием, я чувствовала несправедливость свою к матушке. Но мы как-то чуждались друг друга, и не помню, чтоб я хоть раз приласкалась к ней. Теперь часто самые ничтожные воспоминания язвят и потрясают мою душу. Раз, помню (конечно, что я расскажу теперь, ничтожно, мелочно, грубо, но именно такие воспоминания как-то особенно терзают меня и мучительнее всего напечатлелись в моей памяти), - раз, в один вечер, когда отца не было дома, матушка стала посылать меня в лавочку купить ей чаю и сахару. Но она всё раздумывала и всё не решалась и вслух считала медные деньги, - жалкую сумму, которою могла располагать. Она считала, я думаю, с полчаса и всё не могла окончить расчетов. К тому же в иные минуты, вероятно, от горя, она впадала в какое-то бессмыслие. Как теперь помню, она всё что-то приговаривала, считая тихо, размеренно, как будто роняя слова ненарочно; губ и щеки ее были бледны, руки всегда дрожали, и она всегда качала головою, когда рассуждала наедине.

- Нет, не нужно, - сказала она, поглядев на меня, - я лучше спать лягу. А? хочешь ты спать, Неточка?

Я молчала; тут она приподняла мою голову и посмотрела на меня так тихо, так ласково, лицо ее прояснело и озарилось такою материнскою улыбкой, что всё сердце заныло во мне и крепко забилось. К тому же она меня назвала Неточкой, что значило, что в эту минуту она особенно любит меня. Это название она изобрела сама, любовно переделав мое имя, Анна, в уменьшительное Неточка, и когда она называла меня так, то значило, что ей хотелось приласкать меня. Я была тронута; мне хотелось обнять ее, прижаться к ней и заплакать с нею вместе.

Она, бедная, долго гладила меня потом по голове, - может быть, уже машинально и позабыв, что ласкает меня, и всё приговаривала: "Дитя мое, Аннета, Неточка!" Слезы рвались из глаз моих, но я крепилась и удерживалась. Я как-то упорствовала, не выказывая перед ней моего чувства, хотя сама мучилась. Да, это не могло быть естественным ожесточением во мне. Она не могла так возбудить меня против себя единственно только строгостью своею со мною. Нет! меня испортила фантастическая, исключительная любовь моя к отцу. Иногда я просыпалась по ночам, в углу, на своей коротенькой подстилке, под холодным одеялом, и мне всегда становилось чего-то страшно. Впросонках я вспоминала о том, как еще недавно, когда я была поменьше, спала вместе с матушкой и меньше боялась проснуться ночью: стоило только прижаться к ней, зажмурить глаза и крепче обнять ее - и тотчас, бывало, заснешь. Я всё еще чувствовала, что как-то не могла не любить ее потихоньку. Я заметила потом, что и многие дети часто бывают уродливо бесчувственны и если полюбят кого, то любят исключительно. Так было и со мною.

Иногда в нашем углу наступала мертвая тишина на целые недели. Отец и мать уставали ссориться, и я жила между ними по-прежнему, всё молча, всё думая, всё тоскуя и всё чего-то добиваясь в мечтах моих. Приглядываясь к ним обоим, я поняла вполне их взаимные отношения друг к другу: я поняла эту глухую, вечную вражду их, поняла всё это горе и весь этот чад беспорядочной жизни, которая угнездилась в нашем углу, - конечно, поняла без причин и следствий, поняла настолько, насколько понять могла. Бывало, в длинные зимние вечера. забившись куда-нибудь в угол, я по целым часам жадно следила за ними, всматривалась в лицо отца и всё старалась догадаться, о чем он думает, что так занимает его. Потом меня поражала и пугала матушка. Она всё ходила, не уставая, взад и вперед по комнате по целым часам, часто даже и ночью, во время бессонницы, которою мучилась, ходила, что-то шепча про себя. как будто была одна в комнате, то разводя руками, то скрестив их у себя на груди, то ломая их в какой-то страшной, неистощимой тоске. Иногда слезы струились у ней по лицу, слезы, которых она часто и сама, может быть, не понимала, потому что по временам впадала в забытье. У ней была какая-то очень трудная болезнь, которою она совершенно пренебрегала.

Я помню, что мне всё тягостнее и тягостнее становилось мое одиночество и молчание, которого я не смела прервать. Уже целый год жила я сознательною жизнию, всё думая, мечтая и мучась потихоньку неведомыми, неясными стремлениями, которые зарождались во мне. Я дичала, как будто в лесу. Наконец батюшка первый заметил меня, подозвал к себе и спросил, зачем я так пристально гляжу на него. Не помню, что я ему отвечала: помню, что он об чем-то задумался и наконец сказал, поглядев на меня, что завтра же принесет азбуку и начнет учить меня читать. Я с нетерпением ожидала этой азбуки и промечтала всю ночь, неясно понимая, что такое эта азбука. Наконец, на другой день, отец действительно начал учить меня. Поняв с двух слов, чего от меня требовали, я выучила скоро и быстро, ибо знала, что этим угожу ему. Это было самое счастливое время моей тогдашней жизни. Когда он хвалил меня за понятливость, гладил по голове и целовал, я тотчас же начинала плакать от восторга. Мало-помалу отец полюбил меня; я уже осмеливалась заговаривать с ним, и часто мы говорили с ним целые часы, не уставая, хотя я иногда не понимала ни слова из того, что он мне говорил. Но я как-то боялась его, боялась, чтоб он не подумал, что мне с ним скучно, и потому всеми силами старалась показать ему, что всё понимаю. Сидеть со мною по вечерам обратилось у него наконец в привычку. Как только начинало смеркаться и он возвращался домой, я тотчас же подходила к нему с азбукой. Он сажал мен против себя на скамейку и после урока начинал читать какую-то книжку. Я ничего не понимала, но хохотала без умолку, думая доставить ему этим большое удовольствие. Действительно, я занимала его и ему было весело смотреть на мой смех. В это же время он однажды после урока начал мне рассказывать сказку. Это была первая сказка, которую мне пришлось слышать. Я сидела как зачарованная, горела в нетерпении, следя за рассказом, переносилась в какой-то рай, слушая его, и к концу рассказа была в полном восторге. Не то чтоб так действовала на меня сказка, - нет, но я всё брала за истину, тут же давала волю своей богатой фантазии и тотчас же смешивала с вымыслом действительность. Тотчас являлся в воображении моем и дом с красными занавесами; тут же, неизвестно каким образом, являлся как действующее лицо и отец, который сам же мне рассказывал эту сказку, и матушка мешавшая нам обоим идти неизвестно куда, наконец, - или, лучше сказать, прежде всего - я, с своими чудными мечтами, с своей фантастической головой, полной дикими, невозможными призраками, - всё это до того перемешалось в уме моем, что вскоре составило самый безобразный хаос, и я некоторое время потеряла всякий такт, всякое чутье настоящего, действительного и жила бог знает где. В это время я умирала от нетерпения заговорить с отцом о том, что ожидает нас впереди, чего такого он сам ожидает а дуда поведет меня вместе с собою, когда мы оставим наконец наш чердак. Я была уверена, с своей стороны, что все это как-то скоро совершится, но как и в каком виде всё это будет - не знала и только мучила себя, ломая над этим голову. Порой - и случалось это особенно по вечерам - мне казалось, что батюшка вот-вот тотчас мигнет мне украдкой, вызовет меня в сени; я, мимоходом, потихоньку от матушки, захвачу свою азбуку и еще нашу картину, какую-то дрянную литографию, которая с незапамятных времен висела без рамки на стене и которую я решила непременно взять с собою, и мы куда-нибудь убежим потихоньку, так что уж никогда более не воротимся домой к матушке. Однажды, когда матушки не было дома, я выбрала минуту, когда отец был особенно весел, - а это случалось с ним, когда он чуть-чуть выпьет вина, - подошла к нему и заговорила о чем-то в намерении тотчас свернуть разговор на мою заветную тему. Наконец я добилась, что он засмеялся, и я, крепко обняв его, с трепещущим сердцем, совсем испугавшись, как будто приготовлялась говорить о чем-то таинственном и страшном, начала, бессвязно и путаясь на каждом шагу, расспрашивать его: куда мы пойдем, скоро ли, что возьмем с собою, как будем жить и, наконец, пойдем ли мы в дом с красными занавесами?

- Дом? красные занавесы? что такое? О чем ты бредишь, глупая?

Тогда я, испугавшись больше прежнего, начала ему объяснять, что когда умрет матушка, то мы уже не будем больше жить на чердаке, что он куда-то поведет меня, что мы оба будем богаты и счастливы, и уверяла его, наконец, что он сам мне обещал всё это. Уверяя его, я была совершенно уверена, что действительно отец мой говорил об этом прежде, по крайней мере мне это так казалось.

- Мать? Умерла? Когда умрет мать? - повторял он, смотря на меня в изумлении, нахмуря свои густые с проседью брови и немного изменившись в лице. - Что ты это ты говоришь, бедная, глупая...

Тут он начал бранить меня и долго говорил мне, что я глупый ребенок, что я ничего не понимаю... и не помню что еще, но только он был очень огорчен.

Я не поняла ни слова из его упреков, не поняла, как больно было ему, что я вслушалась в его слова, сказанные матушке в гневе и глубокой тоске, заучила их и уже много думала о них про себя. Каков он ни был тогда, как ни было сильно его собственное сумасбродство, но всё это, естественно, должно было поразить его. Однако ж, хоть я совсем не понимала, за что он сердит, мне стало ужасно горько и грустно; я заплакала; мне показалось, что всё нас ожидавшее, было так важно, что я, глупый ребенок, не смела ни говорить, ни думать об этом. Кроме того, хоть я и не поняла его с первого слова, однако почувствовала, хотя и темным образом, что я обидела матушку. На меня напал страх и ужас, и сомнения закрались в душу. Тогда он, видя, что я плачу и мучусь, начал утешать меня, отер мне рукавом слезы и велел мне не плакать. Однако мы оба просидели несколько времени молча; он нахмурился и, казалось, о чем-то раздумывал; потом снова начал мне говорить; но как я ни напрягала внимание - всё, что он ни говорил, казалось мне чрезвычайно неясным.

26

По некоторым словам этого разговора, которые я до сих пор упомнила, заключаю, что он объяснял мне, кто он такой, какой он великий артист, как его никто не понимает и что он человек с большим талантом. Помню еще, что, спросив, поняла ли я, и, разумеется, получив ответ удовлетворительный, он заставил меня повторить, с талантом ли он? Я отвечала: "с талантом", на что он слегка усмехнулся, потому что, может быть, к концу ему самому стало смешно, что он заговорил о таком серьезном для него предмете со мною. Разговор наш прервал своим приходом Карл Федорыч и я засмеялась и развеселилась совсем, когда батюшка, указав на него, сказал мне:

- А вот так у Карла Федорыча нет ни на копейку таланта.

Этот Карл Федорович был презанимательное лицо. Я так мало видела людей в ту пору моей жизни, что никак не могла позабыть его. Как теперь представляю его себе: он был немец, по фамилии Мейер, родом из Германии и приехал в Россию с чрезвычайным желанием поступить в петербургскую балетную труппу. Но танцор он был очень плохой, так что его даже не могли принять в фигуранты и употребляли в театре для выходов. Он играл разные безмолвные роди в свите Фортинбраса или был один из тех рыцарей Вероны, которые все разом, в числе двадцати человек, поднимают кверху картонные кинжалы и кричат: "Умрем за короля!" Но. уж верно, не было ни одного актера на свете, так страстно преданного своим ролям, как этот Карл Федорыч. Самым же страшным несчастием и горем всей его жизни было то, что он не попал в балет. Балетное искусство он ставил выше всякого искусства на свете и в своем роде был столько же привязан к нему, как батюшка к скрипке. Они сошлись с батюшкой, когда еще служили в театре, и с тех пор отставной фигурант не оставлял его. Оба виделись очень часто, и оба оплакивали свой пагубный жребий и то, что они не узнаны людьми. Немец был самый чувствительный, самый нежный человек в мире и питал к моему отчиму самую пламенную, бескорыстную дружбу; но батюшка, кажется, не имел к нему никакой особенной привязанности и только терпел его в числе знакомых, за неимением кого другого. Сверх того, батюшка никак не мог понять в своей исключительности, что балетное искусство - тоже искусство, чем обижал бедного немца до слез. Зная его слабую струнку, он всегда задевал ее и смеялся над несчастным Карлом Федоровичем, когда тот горячился и выходил из себя, доказывая противное. Многое я слышала потом об этом Карле Федоровиче от Б., который называл его июренбергским щелкуном. Б. рассказал очень многое о дружбе его с отцом; между прочим, что они не раз сходились вместе и, выпив немного, начинали вместе плакать о своей судьбе, о том, что они не узнаны. Я помню эти сходки, помню тоже, что и я, смотря на обоих чудаков, тоже, бывало, расхныкаюсь, сама не зная о чем. Это случалось всегда, когда матушки не бывало дома: немец ужасно боялся ее и всегда, бывало, постоит наперед в сенях, дождется, покамест кто-нибудь выйдет, а если узнает, что матушка дома, тотчас же побежит вниз по лестнице. Он всегда приносил с собой какие-то немецкие стихи, воспламенялся, читая их вслух нам обоим, и потом декламировал их, переводя ломаным языком по-русски для нашего уразумения. Это очень веселило батюшку, а я, бывало, хохотала до слез. Но раз они оба достали какое-то русское сочинение, которое чрезвычайно воспламенило их обоих, так что потом они уже почти всегда, сходясь вместе, читали его.

Помню, что это была драма в стихах какого-то знаменитого русского сочинителя. Я так хорошо затвердила первые строки этой книги, что потом, уже через несколько лет, когда она случайно попалась мне в руки, узнала его без труда. В этой драме толковалось о несчастиях одного великого художника, какого-то Дженаро или Джакобо, который на одной странице кричал: "Я не признан!", а на другой: "Я признан!", или: "Я бесталантен!", и потом, через несколько строк: "Я с талантом!" Всё оканчивалось очень плачевно. Эта драма была, конечно, чрезвычайно пошлое сочинение; но вот чудо - она самым наивным и трагическим образом действовала на обоих читателей, которые находили в главном герое много сходства с собою. Помню, что Карл Федорович иногда до того воспламенялся, что вскакивал с места, отбегал в противоположны угол комнаты и просил батюшку и меня, которую называл "мадмуазель", неотступно, убедительно, со слезами на глазах, тут же на месте рассудить его с судьбой и с публикой. Тут он немедленно принимался танцевать и, выделывая разные па, кричал нам, чтоб мы ему немедленно сказали, что он такое - артист или нет, и что можно ли сказать противное, то есть что он без таланта? Батюшка тотчас ж развеселялся, мигал мне исподтишка, как будто предупреждая, что вот он сейчас презабавно посмеется над немцем. Мне становилось ужасно смешно, но батюшка грозил рукою, и я крепилась, задыхаясь от смеху. Я даже и теперь, при одном воспоминании, не могу не смеяться. Как теперь вижу этого бедного Карла Федоровича. Он был премаленького роста, чрезвычайно тоненький, уже седой, с горбатым красным носом, запачканным табаком, и с преуродливыми кривыми ногами; но, несмотря на то, он как будто хвалился устройством их и носил панталоны в обтяжку. Когда он останавливался, с последним прыжком, в позицию, простирая к нам руки и улыбаясь нам, как улыбаются на сцене танцовщики по окончании па, батюшка несколько мгновений хранил молчание, как бы не решаясь произнести суждение, и нарочно оставлял непризнанного танцовщика в позиции, так что тот колыхался из стороны в сторону на одной ноге, всеми силами стараясь сохранить равновесие. Наконец батюшка с пресерьезною миною взглядывал на меня, как бы приглашая быть беспристрастною свидетельницей суждения, а вместе с тем устремлялись на меня и робкие, молящие взгляды танцовщика.

- Нет, Карл Федорыч, никак не потрафишь! - говорил наконец батюшка, притворясь, что ему самому неприятно высказывать горькую истину. Тогда из груди Карла Федорыча вырывалось настоящее стенание; но вмиг он ободрялся, ускоренными жестами снова просил внимания, уверял, что танцевал не по той системе, и умолял нас рассудить еще раз. Потом он снова отбегал в другой угол и иногда прыгал так усердно, что головой касался потолка и, больно ушибался, но, как спартанец, геройски выдерживал боль, снова останавливался в позитуре, снова с улыбкою простирал к нам дрожащие руки и снова просил судьбы своей. Но батюшка был неумолим и по-прежнему угрюмо отвечал:

- Нет, Карл Федорыч, видно - судьба твоя: никак не потрафишь!

Тут уж я более не выдерживала и покатывалась со смеху, а за мною батюшка. Карл Федорыч замечал наконец насмешку, краснел от негодования и, со слезами на глазах, с глубоким, хотя и комическим чувством, но которое заставляло меня потом мучиться за него, несчастного, говорил батюшке:

- Ты виролёмный друк!

Потом он схватывал шляпу и выбегал от нас, клянясь всем на свете не приходить никогда. Но ссоры эти были непродолжительны; через несколько дней он снова являлся у нас, снова начиналось чтение знаменитой драмы, снова проливались слезы, и потом снова наивный Карл Федорыч просил нас рассудить его с людьми и с судьбою, только умоляя на этот раз уже судить серьезно, как следует истинным друзьям, а не смеяться над ним.

Раз матушка послала меня в лавочку за какой-то покупкой, и я возвращалась, бережно неся мелкую серебряную монету, которую мне сдали. Всходя на лестницу, я повстречалась с отцом, который выходил со двора. Я засмеялась ему, потому что не могла удержать своего чувства, когда его видела, и он, нагибаясь поцеловать меня, заметил в моей руке серебряную монету... Я позабыла сказать, что я так приучилась к выражению лица его, что тотчас же, с первого взгляда, узнавала почти всякое его желание. Когда он был грустен, я разрывалась от тоски. Всего же чаще и сильнее скучал он, когда у него совершенно не было денег и когда он не мог поэтому выпить ни капли вина, к которому сделал привычку. Но в эту минуту, когда я с ним повстречалась на лестнице, мне показалось, что в нем происходит что-то особенное. Помутившиеся глаза его блуждали; с первого раза он не заметил меня; но когда он увидел в моих руках блеснувшую монету, то вдруг покраснел, потом побледнел, протянул было руку, чтоб взять у меня деньги, и тотчас же отдернул ее назад. Очевидно, в нем происходила борьба. Наконец он как будто осилил себя, приказал мне идти наверх, сошел несколько ступеней вниз, но вдруг остановился и торопливо кликнул меня.

Он был очень смущен.

- Послушай, Неточка, - сказал он, - дай мне эти деньги, я тебе их назад принесу. А? ты ведь дашь их папе? ты ведь добренькая, Неточка?

Я как будто предчувствовала это. Но в первое мгновение мысль о том, как рассердится матушка, робость и более всего инстинктивный стыд за себя и за отца удерживали меня отдать деньги. Он мигом заметил это и поспешно сказал:

- Ну, не нужно, не нужно!..

- Нет, нет, папа, возьми; я скажу, что потеряла, что у меня отняли соседские дети.

- Ну, хорошо, хорошо; ведь я знал, что ты умная девочка, - сказал он, улыбаясь дрожащими губами и не скрывая более своего восторга, когда почувствовал деньги в руках. - Ты добрая девочка, ты ангельчик мой! Вот дай тебе я ручку поцелую!

Тут он схватил мою руку и хотел поцеловать, но я быстро отдернула ее. Какая-то жалость овладела мною, и стыд всё больше начинал меня мучить. Я побежала наверх в каком-то испуге, бросив отца и не простившись с ним. Когда я вошла в комнату, щеки мои разгорелись и сердце билось от какого-то томительного и мне неведомого доселе ощущения. Однако я смело сказала матушке, что уронила деньги в снег и не могла их сыскать. Я ожидала по крайней мере побои, но этого не случилось. Матушка действительно была сначала вне себя от огорчения, потому что мы были ужасно бедны. Она закричала на меня, но тотчас же как будто одумалась и перестала бранить меня, заметив только, что я неловкая, нерадивая девочка и что я, видно, мало люблю ее, когда так худо смотрю за ее добром. Это замечание огорчило меня более, нежели когда бы я вынесла побои. Но матушка уже знала меня. Она уже заметила мою чувствительность, доходившую часто до болезненной раздражительности, и горькими упреками в нелюбви думала сильнее поразить меня и заставить быть осторожнее на будущее время.

В сумерки, когда должно было воротиться батюшке, я, по обыкновению, дожидалась его в сенях. В этот раз я была в большом смущении. Чувства мои были возмущены чем-то болезненно терзавшим совесть мою. Наконец отец воротился, и я очень обрадовалась его приходу, как будто думала, что от этого мне станет легче. Он был уже навеселе, но, увидев меня, тотчас же принял таинственный, смущенный вид и, отведя меня в угол, робко взглядывая на нашу дверь, вынул из кармана купленный им пряник и начал шепотом наказывать мне, чтоб я более никогда не смела брать денег и таить их от матушки, что это дурно и стыдно и очень нехорошо; теперь это сделалось потому, что деньги очень понадобились папе, но он отдаст, и я могу сказать потом, что нашла деньги, а у мамы брать стыдно, и чтоб я вперед отнюдь не думала, а он мне за это, если я вперед буду слушаться, еще пряников купит; наконец, он даже прибавил, чтоб я пожалела маму, что мама такая больная, бедная, что она одна на нас всех работает. Я слушала в страхе, дрожа всем телом, и слезы теснились из глаз моих. Я была так поражена, что не могла слова сказать, не могла двинуться с места. Наконец он вошел в комнату, приказал мне не плакать и не рассказывать ничего об этом матушке. Я заметила, что он и сам был ужасно смущен. Весь вечер была я в каком-то ужасе и первый раз не смела глядеть на отца и не подходила к нему. Он тоже видимо избегал моих взглядов. Матушка ходила взад и вперед по комнате и говорила что-то про себя, как бы в забытьи, по своему обыкновению. В этот день ей было хуже и с ней сделался какой-то припадок. Наконец, от внутреннего страдания, у меня началась лихорадка. Когда настала ночь, я не могла заснуть. Болезненные сновидения мучили меня. Наконец я не могла вынести и начала горько плакать. Рыдания мои разбудили матушку; она окликнула меня и спросила, что со мною. Я не отвечала, но еще горче заплакала. Тогда она засветила свечку, подошла ко мне и начала меня успокоивать, думая, что я испугалась чего-нибудь во сне. "Эх ты, глупенькая девушка! - сказала она, - до сих пор еще плачешь, когда тебе что-нибудь приснится. Ну, полно же!" И тут она поцеловала меня, сказав, чтоб я шла спать к ней. Но я не хотела, я не смела обнять ее и идти к ней. Я терзалась в невообразимых мучениях. Мне хотелось ей всё рассказать. Я уже было начала, но мысль о батюшке и его запрете остановила меня. "Экая ты бедненькая, Неточка! - сказала матушка, укладывая меня на постель укутывая своим старым салопом, ибо заметила, что я вся дрожу в лихорадочном ознобе, - ты, верно, будешь такая же больная, как я!" Тут она так грустно посмотрела на меня, что я не могла вынести ее взгляда, зажмурилась и отворотилась. Не помню, как я заснула, но еще впросонках долго слышала, как бедная матушка уговаривала меня на грядущий сон. Никогда еще я не выносила более тяжкой муки. Сердце у меня стеснялось до боли. На другой день поутру мне стало легче. Я заговорила с батюшкой, напоминая о вчерашнем, ибо догадывалась заранее, что это будет ему очень приятно. Он тотчас же развеселился, потому что и сам всё хмурился, когда глядел на меня. Теперь же какая-то радость, какое-то почти детское довольство овладело им при моем веселом виде. Скоро матушка пошла со двора, и он уже более не удерживался. Он начал меня целовать так, что я была в каком-то истерическом восторге, смеялась и плакала вместе. Наконец, он сказал, что хочет показать мне что-то очень хорошее и что я буду очень рада видеть, за то, что я такая умненькая и добренькая девочка. Тут он расстегнул жилетку и вынул ключ, который у него висел на шее, на черном снурке. Потом, таинственно взглядывая на меня, как будто желая прочитать в глазах моих всё удовольствие, которое я, по его мнению, должна была ощущать, отворил сундук и бережно вынул из него странной формы черный ящик, которого я до сих пор никогда у него не видала. Он взял этот ящик с какою-то робостью и весь изменился: смех исчез с лица его, которое вдруг приняло какое-то торжественное выражение. Наконец, он отворил таинственный ящик ключиком и вынул из него какую-то вещь, которой я до тех пор никогда не видывала, - вещь. на взгляд, очень странной формы. Он бережно и с благоговением взял ее в руки и сказал, что это его скрипка, его инструмент. Тут он начал мне что-то много говорить тихим, торжественным голосом но я не понимала его и только удержала в памяти уже известное мне выражение, - что он артист, что он с талантом, - что потом он когда-нибудь будет играть на скрипке и что, наконец, мы все будем богаты и добьемся какого-то большого счастия. Слезы навернулись на глазах его и потекли по щекам. Я была очень растрогана. Наконец, он поцеловал скрипку и дал ее поцеловать мне. Видя, что мне хочется осмотреть ее ближе, он повел меня к матушкиной постели и дал мне скрипку в руки; но я видела, как он весь дрожал от страха, чтоб я как-нибудь не разбила ее. Я взяла скрипку в руки и дотронулась до струн, которые издали слабый звук.

- Это музыка! - сказала я, поглядев на батюшку.

- Да, да, музыка, - повторил он, радостно потирая руки, -ты умное дитя, ты доброе дитя! - Но, несмотря на похвалы и восторг его, я видела, что он боялся за свою скрипку, и меня тоже взял страх, - я поскорей отдала ее. Скрипка с теми же предосторожностями была уложена в ящик, ящик был заперт и положен в сундук; батюшка же, погладив меня снова по голове, обещал мне всякий раз показывать скрипку, когда я буду, как и теперь, умна, добра и послушна. Таким образом, скрипка разогнала наше общее горе. Только вечером батюшка, уходя со двора, шепнул мне, чтоб я помнила, что он мне вчера говорил.

Таким образом я росла в нашем углу, и мало-помалу любовь моя, - нет, лучше я скажу страсть, потому что не знаю такого сильного слова, которое бы могло передать вполне мое неудержимое, мучительное для меня самой чувство к отцу, - дошла даже до какой-то болезненной раздражительности. У меня было только одно наслаждение - думать и мечтать о нем; только одна воля - делать всё, что могло доставить ему хоть

32

малейшее удовольствие. Сколько раз, бывало, я дожидалась его прихода на лестнице, часто дрожа и посинев от холода, только для того, чтоб хоть одним мгновением раньше узнать о его прибытии и поскорее взглянуть на него. Я была как безумная от радости, когда он, бывало, хоть немножко приласкает меня. А между тем часто мне было до боли мучительно, что я так упорно холодна с бедной матушкой; были минуты, когда я надрывалась от тоски и жалости, глядя на нее. В их вечной вражде я не могла быть равнодушной и должна была выбирать между ними, должна была взять чью-нибудь сторону, и взяла сторону этого полусумасшедшего человека, единственно оттого, что он был так жалок, унижен в глазах моих и в самом начале так непостижимо поразил мою фантазию. Но, кто рассудит? - может быть, я привязалась к нему именно оттого, что он был очень странен, даже с виду, и не так серьезен и угрюм, как матушка, что он был почти сумасшедший, что часто в нем проявлялось какое-то фиглярство, какие-то детские замашки и что, наконец, я меньше боялась его и даже меньше уважала его, чем матушку. Он как-то был мне более ровня. Мало-помалу я чувствовала, что даже верх на моей стороне, что я понемногу подчиняла его себе, что я уже была необходима ему. Я внутренно гордилась этим, внутренно торжествовала и, понимая свою необходимо для него, даже иногда с ним кокетничала. Действительно, эта чудная привязанность моя походила несколько на роман... Но этому роману суждено было продолжаться недолго: я вскоре лишилась отца и матери. Их жизнь разрешилась страшной катастрофой, которая тяжело и мучительно запечатлелась в моем воспоминании. Вот как это случилось.

III

В это время весь Петербург был взволнован чрезвычайною новостью. Разнесся слух о приезде знаменитого С-ца. Всё, что было музыкального в Петербурге, зашевелилось. Певцы, артисты, поэты, художники, меломаны и даже те, которые никогда не были меломанами и с скромною гордостью уверяли, что ни одной ноты не смыслят в музыке, бросились с жадным увлечением за билетами. Зала не могла вместить и десятой доли энтузиастов, имевших возможность дать двадцать пять рублей за вход; но европейское имя С-ца, его увенчанная лаврами старость, неувядаемая свежесть таланта, слухи, что в последнее время он уже редко брал в руки смычок в угоду публике, уверение, что он уже в последний раз объезжает Европу и потом совсем перестанет играть, произвели свой эффект. Одним словом, впечатление было полное и глубокое.

Я уже говорила, что приезд каждого нового скрипача, каждой хоть сколько-нибудь прославленной знаменитости производил на моего отчима самое неприятное действие. Он всегда из первых спешил услышать приезжего артиста, чтоб поскорее узнать всю степень его искусства. Часто он бывал даже болен от похвал, которые раздавались кругом его новоприбывшему, и только тогда успокоивался, когда мог отыскать недостатки в игре нового скрипача и с едкостью распространить свое мнение всюду, где мог. Бедный помешанный человек считал во всем мире только один талант, только одного артиста, и этот артист был, конечно, он сам. Но молва о приезде С-ца, гения музыкального, произвела на него какое-то потрясающее действие. Нужно заметить, что в последние десять лет Петербург не слыхал ни одного знаменитого дарования, хотя бы даже и неравносильного с С-цом; следственно, отец мой и не имел понятия об игре первоклассных артистов в Европе.

Мне рассказывали, что, при первых слухах о приезде С-ца, отца моего тотчас же увидели снова за кулисами театра. Говорили, что он явился чрезвычайно взволнованный и с беспокойством осведомлялся о С-це и предстоящем концерте. Его долго уже не видали за кулисами, и появление его произвело даже эффект. Кто-то захотел подразнить его и с вызывающим видом сказал: "Теперь вы, батюшка, Егор Петрович, услышите не балетную музыку, а такую, от которой вам, уж верно, житья не будет на свете!" Говорят, что он побледнел, услышав эту насмешку; однако отвечал, истерически улыбаясь: "Посмотрим; славны бубны за горами; ведь С-ц только разве в Париже был, так это французы про него накричали, а уж известно, что такое французы!" и т. д. Кругом раздался хохот; бедняк обиделся, но, сдержав себя, прибавил, что, впрочем, он не говорит ничего, а что вот увидим, посмотрим, что до послезавтра недолго и что скоро все чудеса разрешатся.

Б. рассказывает, что в этот же вечер, перед сумерками, он встретился с князем Х-м, известным дилетантом, человеком глубоко понимавшим и любившим искусство. Они шли вместе, толкуя о новоприбывшем артисте, как вдруг, на повороте одной улицы, Б. увидел моего отца, который стоял перед окном магазина и пристально всматривался в афишку, на которой крупными литерами объявлено было о концерте С-ца и которая лежала на окне магазина.

- Видите ли вы этого человека? - сказал Б., указывая на моего отца.

- Кто такой? - спросил князь.

- Вы о нем уже слышали. Это тот самый Ефимов, о котором я с вами не раз говорил и которому вы даже оказали когда-то покровительство.

- Ах, это любопытно! - сказал князь. - Вы о нем много наговорили. Сказывают, он очень занимателен. Я бы желал его слышать.

- Это не стоит, - отвечал Б., - да и тяжело. Я не знаю, как вам, а мне он всегда надрывает сердце. Его жизнь - страшная, безобразная трагедия. Я его глубоко чувствую, и как ни грязен он, но во мне все-таки не заглохла к нему симпатия. Вы говорите, князь, что он должен быть любопытен. Это правда, но он производит слишком тяжелое впечатление. Во-первых, он сумасшедший; во-вторых, на этом сумасшедшем три преступления, потому что, кроме себя, он загубил еще два существования: своей жены и дочери. Я его знаю: он умер бы на месте, если б уверился в своем преступлении. Но весь ужас в том, что вот уже восемь лет, как он почти уверен в нем, и восемь лет борется со своею совестью, чтоб сознаться в том не почти, а вполне.

- Вы говорили, он беден? - сказал князь.

- Да; но бедность теперь для него почти счастие, потому что она его отговорка. Он может теперь уверять всех, что ему мешает только бедность и что, будь он богат, у него было бы время, не было бы заботы и тотчас увидели бы, какой он артист. Он женился в странной надежде, что тысяча рублей, которые были у его жены, помогут ему стать на ноги. Он поступил как фантазер, как поэт, да так он и всегда поступал в жизни. Знаете ли, что он говорит целые восемь лет без умолку? Он утверждает, что виновница его бедствий - жена, что она мешает ему. Он сложил руки и не хочет работать. А отнимите у него жену - и он будет самое несчастное существо в мире. Вот уже несколько лет, как он не брал в руки скрипки, - знаете ли почему? Потому что каждый раз, как он берет в руки смычок, он сам внутренне принужден убедиться, что он ничто, нуль, а не артист. Теперь же, когда смычок лежит в стороне, у него есть хотя отдаленная надежда, что это неправда. Он мечтатель; он думает, что вдруг, каким-то чудом, за один раз, станет знаменитейшим человеком мире. Его девиз: aut Caesar, aut nihil[1], как будто Цезарем можно сделаться так, вдруг, в один миг. Его жажда - слава. А если такое чувство сделается главным и единственным двигателем артиста, то этот артист уж не артист, потому что он уже потерял главный художественный инстинкт, то есть любовь к искусству, единственно потому, что оно искусство, а не что другое, не слава. Но С-ц, напротив: когда он берет смычок, для него не существует ничего в мире, кроме его музыки. После смычка первое дело у него деньги, а уж третье, кажется, слава. Но он об ней мало заботился... Знаете ли, что теперь занимает этого несчастного? - прибавил Б., указывая на Ефимова. - Его занимает самая глупая, самая ничтожнейшая, самая жалкая и самая смешная забота в мире, то есть: выше ли он С-ца, или С-ц выше его, - больше ничего, потому что он все-таки уверен, что он первый

---

[1] или цезарь, или ничто (лат.).

35

музыкант во всем мире. Уверьте его, что он не артист, и я вам говорю, что он умрет на месте как пораженный громом, потому что страшно расставаться с неподвижной идеей, которой отдал на жертву всю жизнь и которой основание все-таки глубоко и серьезно, ибо призвание его вначале было истинное.

- А любопытно, что будет с ним, когда он услышит С-ца, - заметил князь.

- Да, - сказал Б. задумчиво. - Но нет: он очнется тотчас же; его сумасшествие сильнее истины, и он тут же выдумает какую-нибудь отговорку.

- Вы думаете? - заметил князь.

В это время они поравнялись с отцом. Он было хотел пройти незамеченным, но Б. остановил его и заговорил с ним. Б. спросил, будет ли он у С-ца. Отец отвечал равнодушно, что не знает, что у него есть одно дело поважнее концертов и всех заезжих виртуозов, но, впрочем, посмотрит, увидит, и если выдастся свободный часок, отчего же нет? когда-нибудь сходит. Тут он быстро и беспокойно посмотрел на Б. и на князя и недоверчиво улыбнулся, потом схватился за шляпу, кивнул головой и прошел мимо, отговорившись, что некогда.

Но я уже за день знала о заботе отца. Я не знала, что именно его мучит, но видела, что он был в страшном беспокойстве; даже матушка это заметила. Она была в это время как-то очень больна и едва передвигала ноги. Отец поминутно то входил домой, то выходил из дома. Утром пришли к нему трое или четверо гостей, старых его товарищей, чему я очень изумилась, потому что, кроме Карла Федорыча, посторонних людей у нас почти никогда не видала и с нами все раззнакомились с тех пор, как батюшка совсем оставил театр. Наконец, прибежал, запыхавшись, Карл Федорыч и принес афишку. Я внимательно прислушивалась и приглядывалась, и всё это меня беспокоило так, как будто я одна была виновата во всей этой тревоге и в беспокойстве, которое читала на лице батюшки. Мне очень хотелось понять то, о чем они говорят, и я в первый раз услышала имя С-ца. Потом я поняла, что нужно по крайней мере пятнадцать рублей, чтоб увидеть этого С-ца. Помню тоже, что батюшка как-то не удержался и, махнув рукою, сказал, что знает он эти чуда заморские, таланты неслыханные, знает и С-ца, что это всё жиды, за русскими деньгами лезут, потому что русские спроста всякому вздору верят, а уж и подавно тому, о чем француз прокричал. Я уже понимала, что значило слово: нет таланта. Гости стали смеяться и вскоре ушли все, оставя батюшку совершенно не в духе. Я поняла, что он за что-то сердит на этого С-ца и, чтоб подслужиться к нему и рассеять тоску его, подошла к столу, взяла афишку, начала разбирать ее и вслух прочла имя С-ца.

Потом, засмеявшись и посмотрев на батюшку, который задумчиво сидел на стуле, сказала: "Это, верно, такой же, как и Карл Федорыч: он, верно, тоже никак не потрафит". Батюшка вздрогнул, как будто испугавшись, вырвал из рук моих афишку, закричал и затопал ногами, схватил шляпу и вышел было из комнаты, но тотчас же воротился, вызвал меня в сени, поцеловал и с каким-то беспокойством, с каким-то затаенным страхом начал мне говорить, что я умное, что я доброе дитя, что я, верно, не захочу огорчить его, что он ждет от меня какой-то большой услуги, но чего именно, он не сказал. К тому же мне было тяжело его слушать; я видела, что слова его и ласки были неискренни, и всё это как-то потрясло меня. Я мучительно начала за него беспокоиться.

На другой день, за обедом, - это было уже накануне концерта - батюшка был совсем как убитый. Он ужасно переменился и беспрерывно взглядывал на меня и на матушку. Наконец, я изумилась, когда он даже заговорил чем-то с матушкой, - я изумилась, потому что он с ней почти никогда не говорил. После обеда он стал что-то особенно за мной ухаживать; поминутно, под разными предлогами, вызывал меня в сени и, оглядываясь кругом, как будто боясь, чтоб его не застали, всё гладил он меня по голове, всё целовал меня, всё говорил мне, что я доброе дитя, что я послушное дитя, что, верно, я люблю своего папу и что, верно, сделаю то, о чем он меня попросит. Всё это довело меня до невыносимой тоски. Наконец, когда он в десятый раз вызвал меня на лестницу, дело объяснилось. С тоскливым, измученным видом, беспокойно оглядываясь по сторонам, он спросил меня: знаю ли я, где лежат у матушки те двадцать пять рублей, которые она вчера поутру принесла? Я обмерла от испуга, услышав такой вопрос. Но в эту минуту кто-то зашумел на лестнице, и батюшка, испугавшись, бросил меня и побежал со двора. Он воротился уже ввечеру, смущенный, грустный, озабоченный, сед молчаливо на стул и начал с какою-то робостью на меня поглядывать. На меня напал какой-то страх, и я намеренно избегала его взглядов. Наконец матушка, которая весь день пролежала в постели, подозвала меня, дала мне медных денег и послала в лавочку купить ей чаю и сахару. Чай пили у нас очень редко: матушка дозволяла себе эту, по нашим средствам, прихоть только тогда, когда чувствовала себя нездоровой и в лихорадке. Я взяла деньги и, вышед в сени, тотчас же пустилась бежать, как будто боясь, чтоб меня не догнали. Но то, что я предчувствовала, случилось: батюшка догнал меня уже на улице и воротил назад на лестницу.

- Неточка! - начал он дрожащим голосом, - голубчик мой! Послушай: дай-ка мне эти деньги, а я завтра же...

- Папочка! папочка! - закричала я, бросаясь на колени и умоляя его, - папочка! не могу! нельзя! Маме нужно чай кушать... Нельзя у мамы брать, никак нельзя! Я другой раз унесу...

37

- Так ты не хочешь? ты не хочешь? - шептал он мне в каком-то исступлении, - так ты, стало быть, не хочешь любить меня? Ну, хорошо же! теперь я тебя брошу. Оставайся с мамой, а я от вас уйду и тебя с собой не возьму. Слышишь ли ты, злая девчонка? слышишь ли ты?

- Папочка! - закричала я в полном ужасе, - возьми деньги, на! Что мне делать теперь? - говорила я, ломая руки и ухватившись за полы его сюртука, - мамочка плакать будет, мамочка опять бранить меня будет!

Он, кажется, не ожидал такого сопротивления, но деньги взял; наконец, не будучи в силах вынести мои жалобы и рыдания, оставил меня на лестнице и сбежал вниз. Я пошла наверх, но силы оставили меня у дверей нашей квартиры; я не смела войти, не могла войти; всё, насколько было во мне сердца, было возмущено и потрясено. Я закрыла лицо руками и бросилась на окно, как тогда, когда в первый раз услышала от отца его желание смерти матушки. Я была в каком-то забытьи, в оцепенении и вздрагивала, прислушиваясь к малейшему шороху на лестнице. Наконец я услышала, что кто-то поспешно всходил наверх. Это был он; я отличила его походку.

- Ты здесь? - сказал он шепотом.

Я бросилась к нему.

- На! - закричал он, всовывая мне в руки деньги; - на! возьми их назад! Я тебе теперь не отец, слышишь ли ты? Я не хочу быть теперь твоим папой! Ты любишь маму больше меня! так и ступай к маме! А я тебя знать не хочу! - Сказав это, он оттолкнул меня и опять побежал по лестнице. Я, плача, бросилась догонять его.

- Папочка! добренький папочка! я буду слушаться! - кричала я, - я тебя люблю больше мамы! Возьми деньги назад, возьми!

Но он уже не слыхал меня; он исчез. Весь этот вечер я была как убитая и дрожала в лихорадочном ознобе. Помню, что матушка что-то мне говорила, подзывала меня к себе; я была как без памяти, ничего не слыхала и не видала. Наконец всё разрешилось припадком: я начала плакать, кричать; матушка испугалась и не знала, что делать. Она взяла меня к себе на постель, и я не помнила, как заснула, обхватив ее шею, вздрагивая и пугаясь чего-то каждую минуту. Так прошла целая ночь. Наутро я проснулась очень поздно, когда матушки уже не было дома. Она в это время всегда уходила за своими делами. У батюшки кто-то был посторонний, и они оба о чем-то громко разговаривали. Я насилу дождалась, пока ушел гость, и, когда мы остались одни, бросилась к отцу и, рыдая, стала просить, чтоб он простил меня за вчерашнее.

- А будешь ли ты умным дитятей, как прежде? - сурово спросил он меня.

- Буду, папочка, буду! - отвечала я. - Я скажу тебе, где у мамы деньги лежат. Они у ней в этом ящике, в шкатулке, вчера лежали.

- Лежали? Где? - закричал он, встрепенувшись, встал со стула. - Где они лежали?

- Они заперты, папаша! - говорила я. - Подожди: вечером, когда мама пошлет менять, потому что медные деньги, я видела, все вышли.

- Мне нужно пятнадцать рублей, Неточка! Слышишь ли? Только пятнадцать рублей! Достань мне сегодня; я тебе завтра же всё принесу. А я тебе сейчас пойду леденцов куплю, орехов куплю... куклу тоже тебе куплю... и завтра тоже... и каждый день гостинцев буду приносить, если будешь умная девочка!

- Не нужно, папа, не нужно! я не хочу гостинцев; я не буду их есть; я тебе их назад отдам! - закричала я, разрываясь от слез, потому что всё сердце изныло у меня в одно мгновение. Я почувствовала в эту минуту, что ему не жалко меня и что он не любит меня, потому что не видит, как я его люблю, и думает, что я за гостинцы готова служить ему. В эту минуту я, ребенок, понимала его насквозь и уже чувствовала, что меня навсегда уязвило это сознание, что я уже не могла любить его, что я потеряла моего прежнего папочку. Он же был в каком-то восторге от моих обещаний; он видел, что я готова была решиться на все для него, что я всё для него сделаю, и бог видит, как много было это "всё" для меня тогда. Я понимала, что значили эти деньги для бедной матушки; знала, что она могла заболеть от огорчения, потеряв их, и во мне мучительно кричало раскаяние. Но он ничего не видал; он меня считал трехлетним ребенком, тогда как я всё понимала. Восторг его не знал пределов; он целовал меня, уговаривал, чтоб я не плакала, сулил мне, что сегодня же мы уйдем куда-то от матушки, - вероятно, льстя моей всегдашней фантазии, - и, наконец, вынув из кармана афишу, начал уверять меня, что этот человек, к которому он идет сегодня, ему враг, смертельный враг его, но что врагам его не удастся. Он решительно сам походил на ребенка, заговорив со мною о врагах своих. Заметив же, что я не улыбаюсь, как бывало, когда он говорил со мной, и слушаю его молча, взял шляпу и вышел из комнаты, потому что куда-то спешил; но, уходя, еще раз поцеловал меня и кивнул мне головою с усмешкою, словно не уверенный во мне и как будто стараясь, чтоб я не раздумала.

Я уже сказала, что он был как помешанный; но еще и накануне было это видно. Деньги ему нужны были для билета в концерт, который для него должен был решить всё. Он как будто заранее предчувствовал, что этот концерт должен был разрешить всю судьбу его, но он так потерялся, что накануне хотел отнять у меня медные деньги, как будто мог за них достать себе билет. Странности его еще сильнее обнаруживались за обедом. Он решительно не мог усидеть на месте и не притрогивался ни к какому кушанью, поминутно вставал с места и опять садился, словно одумавшись; то хватался за шляпу, как будто сбираясь куда-то идти, то вдруг делался как-то странно рассеянным, всё что-то шептал про себя, потом вдруг взглядывал на меня, мигал мне глазами, делал мне какие-то знаки, как будто в нетерпении поскорей добиться денег и как будто сердясь, что я до сих пор не взяла их у матушки. Даже матушка заметила все эти странности и глядела на него с изумлением. Я же была точно приговоренная к смерти. Кончился обед; я забилась в угол и, дрожа как в лихорадке, считала каждую минуту до того времени, когда матушка обыкновенно посылала меня за покупками. В жизнь свою я не проводила более мучительных часов; они навеки останутся в моем воспоминании. Чего я не перечувствовала в эти мгновения! Есть минуты, в которые переживаешь сознанием гораздо более, чем в целые годы. Я чувствовала, что делаю дурной поступок: он же сам помог моим добрым инстинктам, когда в первый раз малодушно натолкнул меня на зло и, испугавшись его, объяснил мне, что я поступила очень дурно. Неужели же он не мог понять, как трудно обмануть натуру, жадную к с знанию впечатлений и уже прочувствовавшую, осмыслившую много злого и доброго? Я ведь понимала, что, видно, была ужасная крайность, которая заставила его решиться другой раз натолкнуть меня на порок и пожертвовать, таким образом, моим бедным, беззащитным детством, рискнуть еще раз поколебать мою неустоявшую совесть. И теперь, забившись в угол, я раздумывала про себя зачем же он обещал награду за то, что уже я решилась сделать своей собственной волей? Новые ощущения, новые стремления, доселе неведомые, новые вопросы толпою восставали во мне, и я мучилась этими вопросами. Потом я вдруг начинала думать о матушке; я представляла себе горесть ее при потере последнего трудового. Наконец матушка положила работу, которую делала через силу. и подозвала меня. Я задрожала и пошла к ней. Она вынула из комода деньги и, давая мне. сказала: "Ступай, Неточка; только, ради бога, чтоб тебя не обсчитали, как намедни, да не потеряй как-нибудь". Я с умоляющим видом взглянула на отца, но он кивал головою, ободрительно улыбался мне и потирал руки от нетерпения. Часы пробили шесть, а концерт назначен был в семь часов. Он тоже многое вынес в этом ожидании.

Я остановилась на лестнице, поджидая его. Он был так взволнован и нетерпелив, что без всякой предосторожности тотчас же выбежал вслед за мной. Я отдала ему деньги; на лестнице было темно, и я не могла видеть лица его; но я чувствовала, что он весь дрожал, принимая деньги. Я стояла, как будто остолбенев и не двигаясь с места; наконец очнулась, когда он стал посылать меня наверх вынести ему его шляпу. Он не хотел и входить.

- Папа! разве... ты не пойдешь вместе со мною? - спросила я

прерывающимся голосом, думая о последней надежде моей - его заступничестве.

- Нет... ты уже поди одна... а? Подожди, подожди! - закричал он, спохватившись, - подожди, вот я тебе гостинцу сейчас принесу; а ты только сходи сперва да принеси сюда мою шляпу.

Как будто ледяная рука сжала вдруг мое сердце. Я вскрикнула, оттолкнула его и бросилась наверх. Когда я вошла в комнату, на мне лица не было, и если б теперь я захотела сказать, что у меня отняли деньги, то матушка поверила бы мне. Но я ничего не могла говорить в эту минуту. В припадке судорожного отчаяния бросилась я поперек матушкиной постели и закрыла лицо руками. Через минуту дверь робко скрипнула и вошел батюшка. Он пришел за своей шляпой.

- Где деньги? - закричала вдруг матушка, разом догадавшись, что произошло что-нибудь необыкновенное. - Где деньги? говори! говори! - Тут она схватила меня с постели и поставила среди комнаты.

Я молчала, опустя глаза в землю; я едва понимала, что со мною делается и что со мной делают.

- Где деньги? - закричала она опять, бросая меня и вдруг повернувшись к батюшке, который хватался за шляпу. - Где деньги? - повторила она. - А! она тебе отдала их? Безбожник! губитель мой! злодей мой! Так ты ее тоже губишь! Ребенка! ее, ее?! Нет же! ты так не уйдешь!

И в один миг она бросилась к дверям, заперла их изнутри и взяла ключ к себе.

- Говори! признавайся! - начала она мне голосом, едва слышным от волнения, - признавайся во всем! Говори же, говори! или... я не знаю, что я с тобой сделаю!

Она схватила мои руки и ломала их, допрашивая меня. Она была в исступлении. В это мгновение я поклялась молчать и не сказать ни слова про батюшку, но робко подняла на него в последний раз глаза... Один его взгляд, одно его слово, что-нибудь такое, чего я ожидала и о чем молила про себя, - и я была бы счастлива, несмотря ни на какие мучения, ни на какую пытку... Но, боже мой! бесчувственным, угрожающим жестом он приказывал мне молчать, будто я могла бояться чьей-нибудь другой угрозы в эту минуту. Мне сдавило горло, захватило дух, подкосило ноги, и я упала без чувств на пол... Со мной повторился вчерашний нервный припадок.

Я очнулась, когда вдруг раздался стук в дверь нашей квартиры. Матушка отперла, и я увидела человека в ливрее, который, войдя в комнату и с удивлением озираясь кругом на всех нас, спросил музыканта Ефимова. Отчим назвался. Тогда лакей подал записку и уведомил, что он от Б., который в эту минуту находился у князя. В пакете лежал пригласительный билет к С-цу.

41

Появление лакея в богатой ливрее, назвавшего имя князя, своего господина, который посылал нарочного к бедному музыканту Ефимову, - всё это произвело на миг сильное впечатление на матушку. Я сказала в самом начале рассказа о ее характере, что бедная женщина всё еще любила отца. И теперь, несмотря на целые восемь лет беспрерывной тоски и страданий, ее сердце всё еще не изменилось: она всё еще могла любить его! Бог знает, может быть, она вдруг увидела теперь перемену в судьбе его. На нее даже и тень какой-нибудь надежды имела влияние. Почему знать, - может быть, она тоже была несколько заражена непоколебимою самоуверенностью своего сумасбродного мужа! Да и невозможно, чтоб эта самоуверенность на нее, слабую женщину, не имела хоть какого-нибудь влияния, и на внимании князя она вмиг могла построить для него тысячу планов. В один миг она готова была опять обратиться к нему, она могла простить ему за всю жизнь свою, даже взвесив его последнее преступление - пожертвование ее единственным дитятей, в порыве заново вспыхнувшего энтузиазма, в порыве новой надежды низвесть это преступление до простого проступка, до малодушия, вынужденного нищенством, грязною жизнию, отчаянным положением. В ней всё было увлечение, и в этот миг у ней уже были снова готовы прощение и сострадание без конца для своего погибшего мужа.

Отец засуетился; его тоже поразила внимательность князя и Б. Он прямо обратился к матушке, что-то шепнул ей, и она вышла из комнаты. Она воротилась чрез две минуты, принеся размененные деньги, и батюшка тотчас же дал рубль серебром посланному, который ушел с вежливым поклоном. Между тем матушка, выходившая на минуту, принесла утюг, достала лучшую мужнину манишку и начала ее гладить. Она сама повязала ему на шею белый батистовый галстух, сохранявшийся на всякий случай с незапамятных пор в его гардеробе вместе с черным, хотя уже и очень поношенным фраком, который был сшит еще при поступлении его в должность при театре. Кончив туалет, отец взял шляпу, но, выходя, попросил стакан воды; он был бледен и в изнеможении присел на стул. Воду подала уже я; может быть, неприязненное чувство снова прокралось в сердце матушки и охладило ее первое увлечение.

Батюшка вышел; мы остались одни. Я забилась в угол и долго молча смотрела на матушку. Я никогда не видала ее в таком волнении: губы ее дрожали, бледные щеки вдруг разгорелись, и она по временам вздрагивала всеми членами. Наконец тоска ее начала изливаться в жалобах, в глухих рыданиях и сетованиях.

- Это я, - это всё я виновата, несчастная! - говорила она сама с собою. - Что ж с нею будет? что ж с нею будет, когда я умру? - продолжала она, остановясь посреди комнаты, словно пораженная молнией от одной этой мысли,. - Неточка! дитя мое! бедная ты моя! несчастная! - сказала она, взяв меня за руки и судорожно обнимая меня. - На кого ты останешься, когда и при жизни-то я не могу воспитать тебя, ходить и глядеть за тобою? Ох, ты не понимаешь меня! Понимаешь ли? запомнишь ли, что я теперь говорила, Неточка? будешь ли помнить вперед?

- Буду, буду, маменька! - говорила я, складывая руки и умоляя ее.

Она долго, крепко держала меня в объятиях, как будто трепеща одной мысли, что разлучится со мною. Сердце мое разрывалось.

- Мамочка! мама! - сказала я, всхлипывая, - за что ты... за что ты не любишь папу? - И рыдания не дали мне досказать.

Стенание вырвалось из груди ее. Потом, в новой, ужасной тоске, она стала ходить взад и вперед по комнате.

- Бедная, бедная моя! А я и не заметила, как она выросла; она знает, всё знает! Боже мой! какое впечатление, какой пример! - И она опять ломала руки в отчаянии.

Потом она подходила ко мне и с безумною любовью целовала меня, целовала мои руки, обливала их слезами, умоляла о прощении Я никогда не видывала таких страданий Наконец она как будто измучилась и впала в забытье Так прошел целый час Потом она встала, утомленная и усталая, и сказала мне, чтоб я легла спать. Я ушла в свой угол, завернулась в одеяло, но заснуть не могла. Меня мучила она, мучил и батюшка. Я с нетерпением ждала его возвращения. Какой-то ужас овладевал мною при мысли о нем. Через полчаса матушка взяла свечку и подошла ко мне посмотреть, заснула ли я. Чтоб успокоить ее, я зажмурила глаза и притворилась, что сплю. Оглядев меня, она тихонько подошла к шкафу, отворила его и налила себе стакан вина. Она выпила его и легла спать, оставив зажженную свечку на столе и дверь отпертою, как всегда делалось на случай позднего прихода батюшки.

Я лежала как будто в забытьи, но сон не смыкал глаз моих. Едва я заводила их, как тотчас же просыпалась и вздрагивала от каких-то ужасных видений. Тоска моя возрастала всё более и более. Мне хотелось кричать, но крик замирал в груди моей. Наконец, уже поздно ночью, я услышала, как отворилась наша дверь. Не помню, сколько прошло времени, но когда я вдруг совсем открыла глаза, я увидела батюшку. Мне показалось, что он был страшно бледен. Он сидел на стуле возле самой двери и как будто о чем-то задумался. В комнате была мертвая тишина. Оплывшая сальная свечка грустно освещала наше жилище.

Я долго смотрела, но батюшка всё еще не двигался с места; он сидел неподвижно, всё в том же положении, опустив голову и судорожно опершись руками о колени. Я несколько раз пыталась окликнуть его, но не могла. Оцепенение мое продолжалось. Наконец он вдруг очнулся, поднял голову и встал со стула. Он стоял несколько мин посреди комнаты, как будто решаясь на что-нибудь; потом вдруг подошел к постели матушки, прислушался и, уверившись, что она спит, отправился к сундуку, в котором лежала его скрипка. Он отпер сундук, вынул черный футляр и поставил на стол; потом снова огляделся кругом; взгляд его был мутный и беглый, - такой, какого я у него никогда еще не замечала.

Он было взялся за скрипку, но, тотчас же оставив ее, воротился и запер двери. Потом, заметив отворенный шкаф, тихонько подошел к нему, увидел стакан и вино, налил и выпил. Тут он в третий раз взялся за скрипку, но в третий раз оставил ее и подошел к постели матушки. Цепенея от страха, я ждала, что будет.

Он что-то очень долго прислушивался, потом вдруг откинул одеяло с лица и начал ощупывать его рукою. Я вздрогнула. Он нагнулся еще раз и почти приложил к ней голову; но когда он приподнялся в последний то как будто улыбка мелькнула на его страшно побледневшем лице. Он тихо и бережно накрыл одеялом спящую, закрыл ей голову, ноги... и я начала дрожать от неведомого страха: мне стало страшно за матушку, мне стало страшно за ее глубокий сон, и с беспокойством вглядывалась я в эту неподвижную линию, которая угловато обрисовала на одеяле члены ее тела... Как молния, пробежала страшная мысль в уме моем.

Кончив все приготовления, он снова подошел к шкафу и выпил остатки вина. Он весь дрожал, подходя к столу. Его узнать нельзя было - так он был бледен. Тут он опять взял скрипку. Я видела эту скрипку и знала, что она такое, но теперь ожидала чего-то ужасного, страшного, чудесного... и вздрогнула от первых ее звуков. Батюшка начал играть. Но звуки шли как-то прерывисто; он поминутно останавливался, как будто припоминал что-то; наконец с растерзанным, мучительным видом положил свой смычок и как-то странно поглядел на постель. Там его что-то всё беспокоило. Он опять пошел к постели... Я не пропускала ни одного движения его и, замирая от ужасного чувства, следила за ним.

Вдруг он поспешно начал чего-то искать под руками - и опять та же страшная мысль, как молния, обожгла меня. Мне пришло в голову: отчего же так крепко спит матушка? отчего же она не проснулась, когда он рукою ощупывал ее лицо? Наконец я увидела, что он стаскивал всё, что мог найти из нашего платья, взял салоп матушкин, свой старый сюртук, халат, даже мое платье, которое я скинула, так что закрыл матушку совершенно и спрятал под набросанной грудой; она лежала всё неподвижно, не шевелясь ни одним членом.

Она спала глубоким сном!

Он как будто вздохнул свободнее, когда кончил свою работу. В этот раз уже ничто не мешало ему, но всё еще что-то его беспокоило. Он переставил свечу и стал лицом к дверям, чтоб даже и не поглядеть на постель. Наконец он взял скрипку и с каким-то отчаянным жестом ударил смычком... Музыка началась.

Но это была не музыка... Я помню всё отчетливо, до последнего мгновения; помню всё, что поразило тогда мое внимание. Нет, это была не такая музыка, которую мне потом удавалось слышать! Это были не звуки скрипки, а как будто чей-то ужасный голос загремел в первый раз в нашем темном жилище. Или неправильны, болезненны были мои впечатления, или чувства мои были потрясены всем, чему я была свидетельницей, подготовлены были на впечатления страшные, неисходимо мучительные, - но я твердо уверена, что слышала стоны, крик человеческий, плач; целое отчаяние выливалось в этих звуках, и наконец, когда загремел ужасный финальный аккорд, в котором было всё, что есть ужасного в плаче, мучительного в муках и тоскливого в безнадежной тоске, - всё это как будто соединилось разом... я не могла выдержать, - я задрожала, слезы брызнули из глаз моих, и, с страшным, отчаянным криком бросившись к батюшке, я обхватила его руками. Он вскрикнул и опустил свою скрипку.

С минуту стоял он как потерянный. Наконец глаза его запрыгали и забегали по сторонам; он как будто искал чего-то, вдруг схватил скрипку, взмахнул ею надо мною еще минута, и он, может быть, убил бы меня на месте.

- Папочка! - закричала я ему, - папочка!

Он задрожал как лист, когда услышал мой голос, отступил на два шага.

- Ах! так еще ты осталась! Так еще не всё кончилось! Так еще ты осталась со мной! - закричал он, подняв меня за плеча на воздух.

- Папочка! - закричала я снова, - не пугай меня, ради бога! мне страшно! ай!

Мой плач поразил его. Он тихо опустил меня на пол и с минуту безмолвно смотрел на меня, как будто узнавая и припоминая что-то. Наконец, вдруг, как будто что-нибудь перевернуло его, как будто его поразила какая-то ужасная мысль, - из помутившихся глаз его брызнули слезы; он нагнулся ко мне и начал пристально смотреть мне в лицо.

- Папочка! - говорила я ему, терзаясь от страха, - не смотри так, папочка! Уйдем отсюда! уйдем скорее! уйдем, убежим!

- Да, убежим, убежим! пора! пойдем, Неточка! скорее, скорее! - И он засуетился, как будто только теперь догадался, что ему делать. Торопливо озирался он кругом и, увидя на полу матушкин платок, поднял его и положил в карман, потом увидел чепчик-и его тоже поднял и спрятал на себе, как будто снаряжаясь в дальнюю дорогу и захватывая всё, что было ему нужно.

Я мигом надела свое платье и, тоже торопясь, начала захватывать всё, что мне казалось нужным для дороги.

- Всё ли, всё ли? - спрашивал отец, - всё ли готово? скорей! скорей!

Я наскоро навязала узел, накинула на голову платок, и уже мы оба стали было выходить, когда мне вдруг пришло в голову, что надо взять и картинку, которая висела на стене. Батюшка тотчас же согласился с этим. Теперь он был тих, говорил шепотом и только торопил меня поскорее идти. Картина висела очень высоко; мы вдвоем принесли стул, потом приладили на него скамейку и, взгромоздившись на нее, наконец, после долгих трудов, сняли. Тогда всё было готово к нашему путешествию. Он взял меня за руку, и мы было уже пошли, но вдруг батюшка остановил меня. Он долго тер себе лоб, как будто вспоминая что-то, что еще не было сделано. Наконец он как будто нашел, что ему было надо, отыскал ключи, которые лежали у матушки под подушкой, и торопливо начал искать чего-то в комоде. Наконец он воротился ко мне и принес несколько денег, отысканных в ящике.

- Вот, на, возьми это, береги, - прошептал он мне, - не теряй же, помни, помни!

Он мне положил сначала деньги в руку, потом взял их опять и сунул мне за пазуху. Помню, что я вздрогнула, когда к моему телу прикоснулось это серебро, и я как будто только теперь поняла, что такое деньги. Теперь мы опять были готовы, но он вдруг опять остановил меня.

- Неточка! - сказал он мне, как будто размышляя с усилием, - деточка моя, я позабыл... что такое?.. Что это надо?.. Я не помню... Да, да, нашел, вспомнил!.. Поди сюда, Неточка!

Он подвел меня к углу, где был образ, и сказал, чтоб я стала на колени.

- Молись, дитя мое, помолись! тебе лучше будет!.. Да, право, будет лучше, - шептал он мне, указывая на образ и как-то странно смотря на меня. - Помолись, помолись! - говорил он каким-то просящим, умоляющим голосом.

Я бросилась на колени, сложила руки и, полная ужаса, отчаяния, которое уже совсем овладело мною, упала на пол и пролежала несколько минут как бездыханная. Я напрягала все свои мысли, все свои чувства в молитве, но страх преодолевал меня. Я приподнялась, измученная тоскою. Я уже не хотела идти с ним, боялась его; мне хотелось остаться. Наконец то, что томило и мучило меня, вырвалось из груди моей.

- Папа, - сказала я, обливаясь слезами, - а мама?.. Что с мамой? где она? где моя мама?..

Я не могла продолжать и залилась слезами.

Он тоже со слезами смотрел на меня. Наконец он взял меня за руку, подвел к постели, разметал набросанную груду платья и открыл одеяло. Боже мой! Она лежала мертвая, уже похолодевшая и посиневшая. Я как бесчувственная бросилась на нее и обняла ее труп. Отец поставил меня на колени.

- Поклонись ей, дитя! - сказал он, - простись с нею...

Я поклонилась. Отец поклонился вместе со мною... Он был ужасно бледен; губы его двигались и что-то шептали.

- Это не я, Неточка, не я, - говорил он мне, указывая дрожащею рукою на труп. - Слышишь, не я; я не виноват в этом. Помни, Неточка!

- Папа, пойдем, - прошептала я в страхе. - Пора!

- Да, теперь пора, давно пора! - сказал он, схватив меня крепко за руку и торопясь выйти из комнаты. - Ну, теперь в путь! слава богу, слава богу, теперь всё кончено!

Мы сошли с лестницы; полусонный дворник отворил нам ворота, подозрительно поглядывая на нас, и батюшка, словно боясь его вопроса, выбежал из ворот первый, так что я едва догнала его. Мы прошли нашу улицу и вышли на набережную канала. За ночь на камнях мостовой выпал снег и шел теперь мелкими хлопьями. Было холодно; я дрогла до костей и бежала за батюшкой, судорожно уцепившись за полы его фрака. Скрипка была у него под мышкой, и он поминутно останавливался, чтоб придержать под мышкой футляр.

Мы шли с четверть часа; наконец он повернул по скату тротуара на самую канаву и сел на последней тумбе. В двух шагах от нас была прорубь. Кругом не было ни души. Боже! как теперь помню я то страшное ощущение, которое вдруг овладело мною! Наконец совершилось всё, о чем я мечтала уже целый год. Мы ушли из нашего бедного жилища... Но того ли я ожидала, о том ли я мечтала, то ли создалось в моей детской фантазии, когда я загадывала о счастии того, которого я так не детски любила? Всего более мучила меня в это мгновение матушка. "Зачем мы ее оставили, - думала я, - одну? покинули ее тело, как ненужную вещь?" И помню, что это более всего меня терзало и мучило.

- Папочка! - начала я, не в силах будучи выдержать мучительной заботы своей, - папочка!

- Что такое? - сказал он сурово.

- Зачем мы, папочка, оставили там маму? Зачем мы бросили ее? - спросила я заплакав. - Папочка! воротимся домой! Позовем к ней кого-нибудь.

- Да, да! - закричал он вдруг, встрепенувшись и приподымаясь с тумбы, как будто что-то новое пришло ему в голову, разрешавшее все сомнения его. - Да, Неточка, так нельзя; нужно пойти к маме; ей там холодно! Поди к ней, Неточка, поди; там не темно, там есть свечка; не бойся, позови к ней кого-нибудь и потом приходи ко мне; под одна, а я тебя здесь подожду... Я ведь никуда не уйду.

Я тотчас же пошла, но едва только взошла на тротуар, как вдруг будто что-то кольнуло меня в сердце... Я обернулась и увидела, что он уже сбежал с другой стороны и бежит от меня, оставив меня одну, покидая меня в эту минуту! Я закричала сколько во мне было силы и в страшном испуге бросилась догонять его. Я задыхалась: он бежал всё скорее и скорее... я его уже теряла из виду. На дороге мне попалась его шляпа, которую он потерял в бегстве; я подняла ее и пустилась снова бежать. Дух во мне замирал, и ноги подкашивались. Я чувствовала, как что-то безобразное совершалось со мною: мне всё казалось, что это сон, и порой во мне рождалось такое же ощущение, как и во сне, когда мне снилось, что я бегу от кого-нибудь, но что ноги мои подкашиваются, погоня настигает меня и я падаю без чувств. Мучительное ощущение разрывало меня: мне было жалко его, сердце мое ныло и болело, когда я представляла, как он бежит, без шинели, без шляпы, от меня, от своего любимого дитяти... Мне хотелось догнать его только для того, чтоб еще раз крепко поцеловать, сказать ему, чтоб он меня не боялся, уверить, успокоить, что я не побегу за ним, коли он не хочет того, а ворочусь одна к матушке. Я разглядела наконец, что он поворотил в какую-то улицу. Добежав до нее и тоже повернув за ним, я еще различала его впереди себя... Тут силы меня оставили: я начала плакать, кричать. Помню, что на побеге я столкнулась с двумя прохожими, которые остановились посреди тротуара и с изумлением смотрели на нас обоих.

- Папочка! папочка! - закричала я в последний раз, но вдруг поскользнулась на тротуаре и упала у ворот дома. Я почувствовала, как всё лицо мое облилось кровью. Мгновение спустя я лишилась чувств...

Очнулась я на теплой, мягкой постели и увидела возле себя приветливые, ласковые лица, которые с радостию встретили мое пробуждение. Я разглядела старушку, с очками на носу, высокого господина, который смотрел на меня с глубоким состраданием; потом прекрасную молодую даму и, наконец, седого старика, который держал меня за руку и смотрел на часы. Я пробудилась для новой жизни. Один из тех, которых я встретила во время бегства, был князь Х-ий, и я упала у ворот его дома. Когда, после долгих изысканий, узнали, кто я такова, князь, который послал моему отцу билет в концерт С-ца, пораженный странностью случая, решился принять меня в свой дом воспитать со своими детьми. Стали отыскивать, что сделалось с батюшкой, и узнали, что он был задержан кем-то уже вне города в припадке исступленного помешательства. Его свезли в больницу, где он и умер через два дня.

Он умер, потому что такая смерть его была необходимостью,

естественным следствием всей его жизни. Он должен был так умереть, когда всё, поддерживавшее его в жизни, разом рухнуло, рассеялось как призрак, как бесплотная, пустая мечта. Он умер, когда исчезла последняя надежда его, когда в одно мгновение разрешилось перед ним самим и вошло в ясное сознание всё, чем обманывал он себя и поддерживал всю свою жизнь. Истина ослепила его своим нестерпимым блеском, и что было ложь, стало ложью и для него самого. В последний час свой он услышал чудного гения, который рассказал ему его же самого и осудил его навсегда. С последним звуком, слетевшим со струн скрипки гениального С-ца, перед ним разрешилась вся тайна искусства, и гений, вечно юный, могучий и истинный, раздавил его своею истинностью. Казалось, всё, что только в таинственных, неосязаемых мучениях тяготило его во всю жизнь, всё, что до сих пор только грезилось ему и мучило его только в сновидениях, неощутительно, неуловимо, что хотя сказывалось ему по временам, но отчего он с ужасом бежал, заслонясь ложью всей своей жизни, всё, что предчувствовал он, но чего боялся доселе, - всё это вдруг, разом засияло перед ним, открылось глазам его, которые упрямо не хотели признать до сих пор свет за свет, тьму за тьму. Но истина была невыносима для глаз его, прозревших в первый раз во всё, что было, что есть и в то, что ожидает его; она ослепила и сожгла его разум. Она ударила в него вдруг неизбежно, как молния. Совершилось вдруг то, что он ожидал всю жизнь с замиранием и трепетом. Казалось, всю жизнь секира висела над его головой, всю жизнь он ждал каждое мгновение в невыразимых мучениях, что она ударит в него, и - наконец секира ударила! Удар был смертелен. Он хотел бежать от суда над собою, но бежать было некуда: последняя надежда исчезла, последняя отговорка пропала. Та, которой жизнь Тяготела над ним столько лет, которая не давала ему жить, та, со смертию которой, по своему ослепленному верованию, он должен был вдруг, разом воскреснуть, - умерла. Наконец он был один, его не стесняло ничто: он был наконец свободен! В последний раз, в судорожном отчаянии, хотел он судить себя сам, осудить неумолимо и строго, как беспристрастный, бескорыстный судья; но ослабевший смычок его мог только слабо повторить последнюю музыкальную фразу гения... В это мгновение безумие, сторожившее его уже десять лет, неизбежно поразило его.

IV

Я выздоравливала медленно; но когда уже совсем встала с постели, ум мой всё еще был в каком-то оцепенении, и долгое время я не могла понять, что именно случилось со мною. Были мгновения, когда мне казалось, что я вижу сон, и, помню, мне хотелось, чтобы всё случившееся и впрямь обратилось в сон! Засыпая на ночь, я надеялась, что вдруг как-нибудь проснусь опять в нашей бедной комнате и увижу отца и мать... Но наконец передо мной прояснело мое положение, и я мало-помалу поняла, что осталась одна совершенно и живу у чужих людей. Тогда в первый раз почувствовала я, что я сирота.

Я начала жадно присматриваться ко всему новому, так внезапно меня окружившему. Сначала мне всё казалось странным и чудным, всё меня смущало: и новые лица, и новые обычаи, и комнаты старого княжеского дома - как теперь вижу, большие, высокие, богатые, но такие угрюмые, мрачные, что, помню, я серьезно боялась пуститься через какую-нибудь длинную-длинную залу, в которой, мне казалось, совсем пропаду. Болезнь моя еще не прошла, и впечатления мои были мрачные, тягостные, совершенно под лад этого торжественно-угрюмого жилища. К тому же какая-то, еще неясная мне самой, тоска всё более и более нарастала в моем маленьком сердце. С недоумением останавливалась я перед какой-нибудь картиной, зеркалом, камином затейливой работы или статуей, которая как будто нарочно спряталась в глубокую нишу, чтоб оттуда лучше подсмотреть за мной и как-нибудь испугать меня, останавливалась и потом вдруг забывала, зачем я остановилась, чего хочу, о чем начала думать, и только когда очнусь, бывало, страх и смятение нападали на меня и крепко билось мое сердце.

Из тех, кто изредка приходили навестить меня, когда я еще лежала больная, кроме старичка доктора, всего более поразило меня лицо одного мужчины, уже довольно пожилого, такого серьезного, но такого доброго, смотревшего на меня с таким глубоким состраданием! Его лицо я полюбила более всех других. Мне очень хотелось заговорить с ним, но я боялась: он был с виду всегда очень уныл, говорил отрывисто, мало, и никогда улыбка не являлась на губах его. Это был сам князь Х-ий, нашедший меня и призревший в своем доме. Когда я стала выздоравливать, посещения его становились реже и реже. Наконец, в последний раз, он принес мне конфетов, какую-то детскую книжку с картинками, поцеловал меня, перекрестил и просил, чтоб я была веселее. Утешая меня, он прибавил, что скоро у меня будет подруга, такая же девочка, как и я, его дочь Катя, которая теперь в Москве. Потом, поговорив что-то с пожилой француженкой, нянькой детей его, и с ухаживавшей за мной девушкой, он указал им на меня, вышел, и с тех пор я ровно три недели не видала его. Князь жил в своем доме чрезвычайно уединенно. Большую половину дома занимала княгиня; она тоже не видалась с князем иногда по целым неделям. Впоследствии я заметила, что даже все домашние мало говорили об нем, как будто его и не было в доме. Все его уважали, и даже, видно было, любили его, а между тем смотрели на него как на какого-то чудного и странного человека. Казалось, и он сам понимал, что он очень странен, как-то непохож на других, и потому старался как можно реже казаться всем на глаза... В свое время мне придется очень много и гораздо подробнее говорить о нем.

В одно утро меня одели в чистое тонкое белье, надели на меня черное шерстяное платье, с белыми плерезами, на которое я посмотрела с каким-то унылым недоумением, причесали мне голову и повели с верхних комнат вниз, в комнаты княгини. Я остановилась как вкопанная, когда меня привели к ней: никогда я еще не видала кругом себя такого богатства и великолепия. Но это впечатление было мгновенное и я побледнела, когда услышала голос княгини, которая велела подвести меня ближе. Я, и одеваясь, думала, что готовлюсь на какое-то мучение, хотя бог знает отчего вселилась в меня подобная мысль. Вообще я вступила в новую жизнь с какою-то странною недоверчивостью ко всему меня окружавшему. Но княгиня была со мной очень приветлива и поцеловала меня. Я взглянула на нее посмелее. Это была та самая прекрасная дама, которую я видела, когда очнулась после своего беспамятства. Но я вся дрожала, когда целовала ее руку, и никак не могла собраться с силами ответить что-нибудь на ее вопросы. Она приказала мне сесть возле себя на низеньком табурете. Кажется, это место уже предназначено было для меня заранее. Видно было, что княгиня и не желала ничего более, как привязаться ко мне всею душою, обласкать меня и вполне заменить мне мать. Но я никак не могла понять, что попала в случай, и ничего не выиграла в ее мнении. Мне дали прекрасную книжку с картинками и приказали рассматривать. Сама княгиня писала к кому-то письмо, изредка оставляла перо и опять со мной заговаривала; но я сбивалась, путалась и ничего не сказала путного. Одним словом, хотя моя история была очень необыкновенная и в ней большую часть играла судьба, разные, положим, даже таинственные пути, и вообще было много интересного, неизъяснимого, даже чего-то фантастического, но я сама выходила, как будто назло всей этой мелодраматической обстановке, самым обыкновенным ребенком, запуганным, как будто забитым и даже глупеньким. Особенно последнее княгине вовсе не нравилось, и я, кажется, довольно скоро ей совсем надоела, в чем виню одну себя, разумеется. Часу в третьем начались визиты. и княгиня стала ко мне вдруг внимательнее и ласковее. На расспросы приезжавших обо мне она отвечала, что это чрезвычайно интересная история, и потом начинала рассказывать по-французски. Во время ее рассказов на меня глядели, качали головами, восклицали. Один молодой человек навел на меня лорнет, один пахучий седой старичок хотел было поцеловать меня, а я бледнела, краснела и сидела потупив глаза, боясь шевельнуться, дрожа всеми членами. Сердце ныло и болело во мне. Я уносилась в прошедшее, на наш чердак, вспоминала отца, наши длинные, молчаливые вечера, матушку, и когда вспоминала о матушке - в глазах моих накипали слезы, мне сдавливало горло и я так хотела убежать, исчезнуть, остаться одной...

Потом, когда кончились визиты, лицо княгини стало приметно суровее. Она уже смотрела на меня угрюмее, говорила отрывистее, и в особенности меня пугали ее пронзительные черные глаза, иногда целую четверть часа устремленные на меня, и крепко сжатые тонкие губы. Вечером меня отвели наверх. Я заснула в лихорадке, просыпалась ночью, тоскуя и плача от болезненных сновидений; а наутро началась та же история, и меня опять повели к княгине. Наконец ей как будто самой наскучило рассказывать своим гостям мои приключения, а гостям соболезновать обо мне. К тому же я была такой обыкновенный ребенок "без всякой наивности", как, помню, выразилась сама княгиня, говоря глаз на глаз с одной пожилой дамой, которая спросила: "Неужели ей не скучно со мной?" - и вот, в один вечер, меня увели совсем, с тем чтоб не приводить уж более. Таким образом кончилось мое фаворитство; впрочем, мне позволено было ходить везде и всюду, сколько мне было угодно. Я же не могла сидеть на одном месте от глубокой, болезненной тоски своей и рада-рада была, когда уйду наконец от всех вниз, в большие комнаты. Помню, что мне очень хотелось разговориться с домашними; но я так боялась рассердить их, что предпочитала оставаться одной. Моим любимым препровождением времени было забиться куда-нибудь в угол, где неприметнее. стать за какую-нибудь мебель и там тотчас же начать припоминать и соображать обо всем, что случилось со мною. Но, чудное дело? я как будто забыла окончание того, что со мною случилось у родителей, и всю эту ужасную историю. Передо мной мелькали одни картины, выставлялись факты. Я, правда, всё помнила - и ночь, и скрипку, и батюшку, помнила, как доставала ему деньги; но осмыслить, выяснить себе все эти происшествия как-то не могла... Только тяжеле мне становилось на сердце, и когда я доходила воспоминанием до той минуты, когда молилась возле мертвой матушки, то мороз вдруг пробегал по моим членам; я дрожала, слегка вскрикивала, и потом так тяжело становилось дышать, так ныла вся грудь моя, так колотилось сердце, что в испуге выбегала я из угла. Впрочем, я неправду сказала, говоря, что меня оставляли одну: за мной неусыпно и усердно присматривали и с точностию исполняли приказания князя, который велел дать мне полную свободу, не стеснять ничем, но ни на минуту не терять меня из виду. Я замечала, что по временам кто-нибудь из домашних и из прислуги заглядывал в ту комнату, в которой я находилась, и опять уходил, не сказав мне ни слова. Меня очень удивляла и отчасти беспокоила такая внимательность. Я не могла понять, для чего это делается. Мне всё казалось, что меня для чего-то берегут и что-нибудь хотят потом со мной сделать. Помню, я всё старалась зайти куда-нибудь подальше, чтоб в случае нужды знать, куда спрятаться. Раз я забрела на парадную лестницу. Она была вся из мрамора, широкая, устланная коврами, уставленная цветами и прекрасными вазами. На каждой площадке безмолвно сидело по два высоких человека, чрезвычайно пестро одетых, в перчатках и в самых белых галстухах. Я посмотрела на них в недоумении и никак не могла взять в толк, зачем они тут сидят, молчат и только смотрят друг на друга, а ничего не делают.

Эти уединенные прогулки нравились мне более и более. К тому же была другая причина, по которой я убегала сверху; Наверху жила старая тетка князя, почти безвыходно и безвыездно. Эта старушка резко отразилась в моем воспоминании. Она была чуть ли не важнейшим лицом в доме. В сношениях с нею все наблюдали какой-то торжественный этикет, и даже сама княгиня, которая смотрела так гордо и самовластно, ровно два раза в неделю, по положенным дням, должна была всходить наверх и делать личный визит своей тетке. Она обыкновенно приходила утром; начинался сухой разговор, зачастую прерываемый торжественным молчанием, в продолжение которого старушка или шептала молитвы, или перебирала четки. Визит кончался не прежде, как того хотела сама тетушка, которая вставала с места, целовала княгиню в губы и тем давала знать, что свидание кончилось. Прежде княгиня должна была каждый день посещать свою родственницу; но впоследствии, по желанию старушки, последовало облегчение, и княгиня только обязана была в остальные пять дней недели каждое утро присылать узнать о ее здоровье. Вообще житье престарелой княжны было почти келейное. Она была девушка и, когда ей минуло тридцать пять лет, заключилась в монастырь, где и выжила лет семнадцать. но не постриглась; потом оставила монастырь и приехала в Москву, чтоб жить с сестрою, вдовой, графиней Л., здоровье которой становилось с каждым годом хуже, и примириться со второй сестрой, тоже княжной Х-ю, с которой с лишком двадцать лет была в ссоре. Но старушки, говорят, ни одного дня не провели в согласии, тысячу раз хотели разъехаться и не могли этого сделать, потому что наконец заметили, как каждая из них необходима двум остальным для предохранения от скуки и от припадков старости. Но, несмотря на непривлекательность их житья-бытья и самую торжественную скуку, господствовавшую в их московском тереме, весь город поставлял долгом не прерывать своих визитов трем затворницам. На них смотрели как на хранительниц всех аристократических заветов и преданий, как на живую летопись коренного боярства. Графиня оставила после себя много прекрасных воспоминаний и была превосходная женщина. Заезжие из Петербурга делали к ним свои первые визиты. Кто принимался в их доме, того принимали везде. Но графиня умерла, и сестры разъехались: старшая, княжна Х-я, осталась в Москве, наследовав свою часть после графини, умершей бездетною, а младшая, монастырка, переселилась к племяннику, князю Х-му, в Петербург. Зато двое детей князя, княжна Катя и Александр, остались гостить в Москве у бабушки, для развлечения и утешения ее в одиночестве. Княгиня, страстно любившая своих детей, не смела слова пикнуть, расставаясь на всё время положенного траура. Я забыла сказать, что траур еще продолжался во всем доме князя, когда я поселилась в нем; но срок истекал в коротком времени.

Старушка княжна одевалась вся в черное, всегда в платье из простой шерстяной материи, и носила накрахмаленные, собранные в мелкие складки белые воротнички, которые придавали ей вид богаделенки. Она не покидала четок, торжественно выезжала к обедне, постилась по всем дням, принимала визиты разных духовных лиц и степенных людей, читала священные книги и вообще вела жизнь самую монашескую. Тишина наверху была страшная; невозможно было скрипнуть дверью: старушка была чутка, как пятнадцатилетняя девушка, и тотчас же посылала исследовать причину стука или даже простого скрипа. Все говорили шепотом, все ходили на цыпочках, и бедная француженка, тоже старушка, принуждена была наконец отказаться от любимой своей обуви - башмаков с каблуками. Каблуки были изгнаны. Две недели спустя после моего появления старушка княжна прислала обо мне спросить: кто я такая, что я, как попала в дом и проч. Ее немедленно и почтительно удовлетворили. Тогда прислан был второй нарочный, к француженке, с запросом, отчего княжна до сих пор не видала меня? Тотчас же поднялась суматоха: мне начали чесать голову, умывать лицо, руки, которые и без того были очень чисты, учили меня подходить, кланяться, глядеть веселее и приветливее, говорить, - одним словом, меня всю затормошили. Потом отправилась посланница уже с нашей стороны с предложением: не пожелают ли видеть сиротку? Последовал ответ отрицательный, но назначен был срок на завтра после обедни. Я не спала всю ночь, и рассказывали потом, что я всю ночь бредила, подходила к княжне и в чем-то просила у нее прощения. Наконец последовало мое представление. Я увидела маленькую, худощавую старушку, сидевшую в огромных креслах. Она закивала мне головою и надела очки, чтоб разглядеть меня ближе. Помню, что я ей совсем не понравилась. Замечено было, что я совсем дикая, не умею ни присесть, ни поцеловать руки. Начались расспросы, и я едва отвечала; но когда дошло дело до отца и матушки, я заплакала. Старушке было очень неприятно, что я расчувствовалась; впрочем, она начала утешать меня и велела возложить мои надежды на бога; потом спросила, когда я была последний раз в церкви, и так как я едва поняла ее вопрос, потому что моим воспитанием очень неглижировали, то княжна пришла в ужас. Послали за княгиней. Последовал совет, и положено было отвезти меня в церковь в первое же воскресенье. До тех пор княжна обещала молиться за меня, но приказала меня вывесть, потому что я, по ее словам, оставила в ней очень тягостное впечатление. Ничего мудреного, так и должно было быть. Но уж видно было, что я совсем не понравилась; в тот же день прислали сказать, что я слишком резвлюсь и что меня слышно на весь дом, тогда как я сидела весь день не шелохнувшись: ясно, что старушке так показалось. Однако и назавтра последовало то же замечание. Случись же, что я в это время уронила чашку и разбила ее. Француженка и все девушки пришли в отчаяние, и меня в ту же минуту переселили в самую отдаленную комнату, куда все последовали за мной в припадке глубокого ужаса.

Но я уж не знаю, чем кончилось потом это дело. Вот почему я рада была уходить вниз и бродить одна по большим комнатам, зная, что уж там никого не обеспокою.

Помню, я раз сидела в одной зале внизу. Я закрыла Руками лицо, наклонила голову и так просидела не помню сколько часов. Я всё думала, думала; мой несозревший ум не в силах был разрешить всей тоски моей, и всё тяжелее, тошней становилось у меня в душе. Вдруг надо мной раздался чей-то тихий голос:

- Что с тобой, моя бедная?

Я подняла голову: это был князь; его лицо выражало глубокое участие и сострадание; но я поглядела на него с таким убитым, с таким несчастным видом, что слеза набежала в больших голубых глазах его.

- Бедная сиротка! - проговорил он, погладив меня по голове.

- Нет, нет, не сиротка! нет! - проговорила я, и стон вырвался из груди моей, и всё поднялось и взволновалось во мне. Я встала с места, схватила его руку и, целуя обливая слезами, повторяла умоляющим голосом:

- Нет, нет, не сиротка! нет!

- Дитя мое, что с тобой, моя милая, бедная Неточка что с тобой?

- Где моя мама? где моя мама? - закричала я, громко рыдая, не в силах более скрывать тоску свою и в бессилии упав перед ним на колени, - где моя мама? голубчик мой, скажи, где моя мама?

- Прости меня, дитя мое!.. Ах, бедная моя, я напомнил ей... Что я наделал! Поди, пойдем со мной, Неточка, пойдем со мною.

Он схватил меня за руку и быстро повел за собою. Он был потрясен до глубины души. Наконец мы пришли в одну комнату, которой еще я не видала.

Это была образная. Были сумерки. Лампады ярко сверкали своими огнями на золотых ризах и драгоценных каменьях образов. Из-под блестящих окладов тускло выглядывали лики святых. Всё здесь так не походило на другие комнаты, так было таинственно и угрюмо, что была поражена и какой-то испуг овладел моим сердцем. К тому же я была так болезненно настроена! Князь торопливо поставил меня на колени перед образом божией матери и сам стал возле меня...

- Молись, дитя, помолись; будем оба молиться! - сказал он тихим, порывистым голосом.

Но молиться я не могла; я была поражена, даже испугана; я вспомнила слова отца в ту последнюю ночь, у тела моей матери, и со мной сделался нервный припадок. Я слегла в постель больная, и в этот вторичный период моей болезни едва не умерла; вот как был этот случай.

В одно утро чье-то знакомое имя раздалось в ушах моих. Я услышала имя С-ца. Кто-то из домашних произнес его возле моей постели. Я вздрогнула; воспоминания нахлынули ко мне, и, припоминая, мечтая и мучась, я пролежала уж не помню сколько часов в настоящем бреду. Проснулась я уже очень поздно; кругом меня было темно; ночник погас, и девушки, которая сидела в моей комнате, не было. Вдруг я услышала звуки отдаленной музыки. Порой звуки затихали совершенно, порой раздавались слышнее и слышнее, как будто приближались. Не помню, какое чувство овладело мною, какое намерение вдруг родилось в моей больной голове. Я встала с постели и, не знаю, где сыскала я сил, наскоро оделась в мой траур и пошла ощупью из комнаты. Ни в другой, ни в третьей комнате я не встретила ни души. Наконец я пробралась в коридор. Звуки становились всё слышнее и слышнее. На средине коридора была лестница вниз; этим путем я всегда сходила в большие комнаты. Лестница была ярко освещена; внизу ходили; я притаилась в углу, чтоб меня не видали, и, только что стало возможно, спустилась вниз, во второй коридор. Музыка гремела из смежной залы; там было шумно, говорливо, как будто собрались тысячи людей. Одна из дверей в залу, прямо из коридора, была завешена огромными двойными портьерами из пунцового бархата. Я подняла первую из них и стала между обоими занавесами. Сердце мое билось так, что я едва могла стоять на ногах. Но через несколько минут, осилив свое волнение, я осмелилась наконец отвернуть немного, с края, второй занавес... Боже мой! эта огромная мрачная зала, в которую я так боялась входить, сверкала теперь тысячью огней. Как будто море света хлынуло на меня, и глаза мои, привыкшие к темноте, были в первое мгновение ослеплены до боли. Ароматический воздух, как горячий ветер, пахнул мне в лицо. Бездна людей ходили взад и вперед; казалось, все с радостными, веселыми лицами. Женщины были в таких богатых, в таких светлых платьях; всюду я встречала сверкающий от удовольствия взгляд. Я стояла как зачарованная. Мне казалось, что я всё это видела когда-то, где-то, во сне... Мне припомнились сумерки, я припомнила наш чердак, высокое окошко, улицу глубоко внизу с сверкающими фонарями, окна противоположного дома с красными гардинами, кареты, столпившиеся у подъезда, топот и храп гордых коней, крики, шум, тени в окнах и слабую, отдаленную музыку... Так вот, вот где был этот рай! -пронеслось в моей голове, - вот куда я хотела идти с бедным отцом... Стало быть, это была не мечта!.. Да, я видела всё так и прежде в моих мечтах, в сновидениях! Разгоряченная болезнию фантазия вспыхнула в моей голове, и слезы какого-то необъяснимого восторга хлынули из глаз моих. Я искала глазами отца: "Он должен быть здесь, он здесь", - думала я, и сердце мое билось от ожидания... дух во мне занимался. Но музыка умолкла, раздался гул, и по всей зале пронесся какой-то шепот. Я жадно всматривалась в мелькавшие передо мной лица, старалась узнать кого-то. Вдруг какое-то необыкновенное волнение обнаружилось в зале. Я увидела на возвышении высокого худощавого старика. Его бледное лицо улыбалось, он угловато сгибался и кланялся на все стороны; в руках его была скрипка. Наступило глубокое молчание, как будто все эти люди затаили дух. Все лица были устремлены на старика,. всё ожидало. Он взял скрипку и дотронулся смычком до струн. Началась музыка, и я чувствовала, как что-то вдруг сдавило мое сердце. В неистощимой тоске, затаив дыхание, я вслушивалась в эти звуки: что-то знакомое раздавалось в ушах моих, как будто я где-то слышала это; какое-то предчувствие жило в этих звуках, предчувствие чего-то ужасного, страшного, что разрешалось и в моем сердце. Наконец, скрипка зазвенела сильнее; быстрее и пронзительнее раздавались звуки. Вот послышался как будто чей-то отчаянный вопль, жалобный плач, как будто чья-то мольба вотще раздалась во всей этой толпе и заныла, замолкла в отчаянии. Всё знакомее и знакомее сказывалось что-то моему сердцу. Но сердце отказывалось верить. Я стиснула зубы, чтоб не застонать от боли, я уцепилась за занавесы, чтоб не упасть... Порой я закрывала глаза и вдруг открывала их, ожидая, что это сон, что я проснусь в какую-то страшную, мне знакомую минуту, и мне снилась та последняя ночь, я слышала те же звуки. Открыв глаза, я хотела увериться, жадно смотрела в толпу, - нет, это были другие люди, другие лица... Мне показалось, что все, как и я, ожидали чего-то, все, как и я, мучились глубокой тоской; казалось, что они все хотели крикнуть этим страшным стонам и воплям, чтоб они замолчали, не терзали их душ, но вопли и стоны лились всё тоскливее, жалобнее, продолжительнее. Вдруг раздался последний, страшный, долгий крик, и всё во мне потряслось... Сомненья нет! это тот самый, тот крик! Я узнала его, я уже слышала его, он, так же как и тогда, в ту ночь, пронзил мне душу. "Отец! отец! - пронеслось, как молния, в голове моей. - Он здесь, это он, он зовет меня, это его скрипка!" Как будто стон вырвался из всей этой толпы, и страшные рукоплескания потрясли залу. Отчаянный, пронзительный плач вырвался из груди моей. Я не вытерпела более, откинула занавес и бросилась в залу.

- Папа, папа! это ты! где ты? - закричала я, почти не помня себя.

Не знаю, как добежала я до высокого старика: мне давали дорогу, расступались передо мной. Я бросилась к нему с мучительным криком; я думала, что обнимаю отца... Вдруг увидела, что меня схватывают чьи-то длинные, костлявые руки и подымают на воздух. Чьи-то черные глаза устремились на меня и, казалось, хотели сжечь меня своим огнем. Я смотрела на старика: "Нет! это был не отец; это его убийца!" - мелькнуло в уме моем. Какое-то исступление овладело мной, и вдруг мне показалось, что надо мной раздался его хохот, что этот хохот отдался в зале дружным, всеобщим криком; я лишилась чувств.

V

Это был второй и последний период моей болезни.

Вновь открыв глаза, я увидела склонившееся надо мною лицо ребенка, девочки одних лет со мною, и первым движением моим было протянуть к ней руки. С первого взгляда на нее, - каким-то счастьем, будто сладким предчувствием наполнилась вся душа моя. Представьте себе идеально прелестное личико, поражающую, сверкающую красоту, одну из таких, перед которыми вдруг останавливаешься как пронзенный, в сладостном смущении, вздрогнув от восторга, и которой благодарен за то, что она есть, за то, что на нее упал ваш взгляд, за то, что она прошла возле вас. Это была дочь князя, Катя, которая только что воротилась из Москвы. Она улыбнулась моему движению, и слабые нервы мои заныли от сладостного восторга.

Княжна позвала отца, который был в двух шагах и говорил с доктором.

- Ну, слава богу! слава богу, - сказал князь, взяв меня за руку, и лицо его засияло неподдельным чувством. - Рад, рад, очень рад, - продолжал он скороговоркой, по всегдашней привычке. - А вот, Катя, моя девочка:

познакомьтесь, - вот тебе и подруга. Выздоравливай скорее, Неточка. Злая этакая, как она меня напугала!..

Выздоровление мое пошло очень скоро. Через несколько дней я уже ходила. Каждое утро Катя подходила к моей постели, всегда с улыбкой, со смехом, который не сходил с ее губ. Ее появления ждала я как счастья; мне так хотелось поцеловать ее! Но шаловливая девочка приходила едва на несколько минут; посидеть смирно она не могла. Вечно двигаться, бегать, скакать, шуметь и греметь на весь дом было в ней непременной потребностью. И потому она же с первого раза объявила мне, что ей ужасно скучно сидеть у меня и что потому она будет приходить очень редко, да и то затем, что ей жалко меня, - так уж нечего делать, нельзя не прийти; а что вот когда я выздоровею, так у нас пойдет лучше. И каждое утро первым словом ее было:

- Ну, выздоровела?

И так как я всё еще была худа и бледна и улыбка как-то боязливо проглядывала на моем грустном лице, то княжна тотчас же хмурила брови, качала головой и в досаде топала ножкой.

- А ведь я ж тебе сказала вчера, чтоб ты была лучше! Что? тебе, верно, есть не дают?

- Да, мало, - отвечала я робко, потому что уже робела перед ней. Мне из всех сил хотелось ей как можно понравиться, а потому я боялась за каждое свое слово, за каждое движение. Появление ее всегда более и более приводило меня в восторг. Я не спускала с нее глаз, и когда она уйдет, бывало, я всё еще смотрю как зачарованная в ту сторону, где она стояла. Она мне стала сниться во сне. А наяву, когда ее не было, я сочиняла целые разговоры с ней, была ее другом, шалила, проказила, плакала вместе с ней, когда нас журили за что-нибудь, - одним словом, мечтала об ней, как влюбленная. Мне ужасно хотелось выздороветь и поскорей пополнеть, как она мне советовала.

Когда, бывало, Катя вбежит ко мне утром и с первого слова крикнет: "Не выздоровела? опять такая же худая!", - то я трусила, как виноватая. Но ничего не могло быть серьезнее удивления Кати, что я не могу поправиться в одни сутки; так что она, наконец, начинала и в самом деле сердиться.

- Ну, так хочешь, я тебе сегодня пирог принесу? - сказала она мне однажды. - Кушай, от этого скоро растолстеешь.

- Принеси, - отвечала я в восторге, что увижу ее еще раз.

Осведомившись о моем здоровье, княжна садилась обыкновенно против меня на стул и начинала рассматривать меня своими черными глазами. И сначала, как знакомилась со мной, она поминутно так осматривала меня с головы до ног с самым наивным удивлением. Но наш разговор не клеился. Я робела перед Катей и перед ее крутыми выходками, тогда как умирала от желания говорить с ней.

- Что ж ты молчишь? - начала Катя после некоторого молчания.

- Что делает папа? - спросила я, обрадовавшись, что есть фраза, с которой можно начинать разговор каждый раз.

- Ничего. Папе хорошо. Я сегодня выпила две чашки чаю, а не одну. А ты сколько?

- Одну.

Опять молчание.

- Сегодня Фальстаф меня хотел укусить.

- Это собака?

- Да, собака. Ты разве не видала?

- Нет, видела.

- А почему ж ты спросила?

И так как я не знала, что отвечать, то княжна опять посмотрела на меня с удивлением.

- Что? тебе весело, когда я с тобой говорю?

- Да, очень весело; приходи чаще.

- Мне так и сказали, что тебе будет весело, когда я буду к тебе приходить, да ты вставай скорее; уж я тебе сегодня принесу пирог... Да что ты всё молчишь?

- Так.

- Ты всё думаешь, верно?

- Да, много думаю.

- А мне говорят, что я много говорю и мало думаю. Разве говорить худо?

- Нет. Я рада, когда ты говоришь.

- Гм, спрошу у мадам Леотар, она всё знает. А о чем ты думаешь?

- Я о тебе думаю, - отвечала я помолчав.

- Это тебе весело?

- Да.

- Стало быть, ты меня любишь?

- Да.

- А я тебя еще не люблю. Ты такая худая! Вот я тебе пирог принесу. Ну, прощай!

И княжна, поцеловав меня почти на лету, исчезла из комнаты.

Но после обеда действительно явился пирог. Она вбежала как исступленная, хохоча от радости, что принес таки мне кушанье, которое мне запрещали.

- Ешь больше, ешь хорошенько, это мой пирог, я сама не ела. Ну, прощай! - И только я ее и видела.

Другой раз она вдруг влетела ко мне, тоже не в урочный час, после обеда; черные локоны ее были словно вихрем разметаны, щечки горели как пурпур, глаза сверкали; значит, что она уже бегала и прыгала час или два.

- Ты умеешь в воланы играть? - закричала она запыхавшись, скороговоркой, торопясь куда-то.

- Нет, - отвечала я, ужасно жалея, что не могу сказать: да!

- Экая! Ну, выздоровеешь, выучу. Я только за тем. Я теперь играю с мадам Леотар. Прощай; меня ждут.

Наконец я совсем встала с постели, хотя всё еще была слаба и бессильна. Первая идея моя была уж не разлучаться более с Катей. Что-то неудержимо влекло меня к ней. Я едва могла на нее насмотреться, и это удивило Катю. Влечение к ней было так сильно, я шла вперед в новом чувстве моем так горячо, что она не могла этого не заметить, и сначала ей показалось это неслыханной странностью. Помню, что раз, во время какой-то игры, я не выдержала, бросилась ей на шею и начала ее целовать. Она высвободилась из моих объятий, схватила меня за руки и, нахмурив брови, как будто я чем ее обидела, спросила меня:

- Что ты? зачем ты меня целуешь?

Я смутилась, как виноватая, вздрогнула от ее быстрого вопроса и не отвечала ни слова, княжна вскинула плечиками, в знак неразрешенного недоуменья (жест, обратившийся у ней в привычку), пресерьезно сжала свои пухленькие губки, бросила игру и уселась в угол на диване, откуда рассматривала меня очень долго и о чем-то про себя раздумывала, как будто разрешая новый вопрос, внезапно возникший в уме ее. Это тоже была ее привычка во всех затруднительных случаях. В свою очередь и я очень долго не могла привыкнуть к этим резким, крутым проявлениям ее характера.

Сначала я обвиняла себя и подумала, что во мне действительно очень много странного. Но хотя это было и верно, а все-таки я мучилась недоумением: отчего я не могу с первого раза подружиться к Катей и понравиться ей раз навсегда. Неудачи мои оскорбляли меня до боли, и я готова была плакать от каждого скорого слова Кати, от каждого недоверчивого взгляда ее. Но горе мое усиливалось не по дням, а по часам, потому что с Катей всякое дело шло очень быстро. Через несколько дней я заметила, что она совсем невзлюбила меня и даже начинала чувствовать ко мне отвращение. Всё в этой девочке делалось скоро, резко, - иной бы сказал - грубо, если б в этих быстрых как молния движениях характера прямого, наивно-откровенного не было истинной, благородной грации. Началось тем, что она почувствовала ко мне сначала сомнение, а потом даже презрение, кажется, сначала за то, что я решительно не умела играть ни в какую игру. Княжна любила резвиться, бегать, была сильна, жива, ловка: я - совершенно напротив. Я была слаба еще от болезни, тиха, задумчива; игра не веселила меня; одним словом, во мне решительно недоставало способностей понравиться Кате. Кроме того, я не могла вынести, когда мною чем-нибудь недовольны: тотчас же становилась грустна, упадала духом, так что уж и сил недоставало загладить свою ошибку и переделать в свою пользу невыгодное обо мне впечатление, - одним словом, погибала вполне. Этого Катя никак не могла понять. Сначала она даже пугалась меня, рассматривала меня с удивлением, по своему обыкновению, после того как, бывало, целый час бьется со мной, показывая, как играют в воланы, и не добьется толку. А так как я тотчас же становилась грустна, так что слезы готовы были хлынуть из глаз моих, то она, подумав надо мной раза три и не добившись толку ни от меня, ни от размышлений своих, бросала меня наконец совершенно и начинала играть одна, уж более не приглашая меня, даже не говоря со мной в целые дни ни слова. Это меня так поражало, что я едва выносила ее пренебрежение. Новое одиночество стало для меня чуть ли не тяжеле прежнего, и я опять начала грустить, задумываться, и опять черные мысли облегли мое сердце.

Мадам Леотар, надзиравшая за нами, заметила наконец эту перемену в наших сношениях. И так как прежде всего я бросилась ей на глаза и мое вынужденное одиночество поразило ее, то она и обратилась прямо к княжне, журя ее за то, что она не умеет обходиться со мною. Княжна нахмурила бровки, вскинула плечиками и объявила, что ей со мной нечего делать, что я не умею играть, что я о чем-то всё думаю и что лучше она подождет брата Сашу, который приедет из Москвы, и тогда им обоим будет гораздо веселее.

Но мадам Леотар не удовольствовалась таким ответом и заметила ей, что она меня оставляет одну, тогда как я еще больна, что я не могу быть такой же веселой и резвой, как Катя, что это, впрочем, и лучше, потому что Катя слишком резва, что она то-то сделала, это-то сделала, что третьего дня ее чуть было бульдог не заел, - одним словом, мадам Леотар побранила ее не жалея; кончила же тем, что послала ее ко мне с приказанием помириться немедленно.

Катя слушала мадам Леотар с большим вниманием, как будто действительно поняла что-то новое и справедливое в резонах ее. Бросив обруч, который она гоняла по зале, она подошла ко мне и, серьезно посмотрев на меня, спросила с удивлением:

- Вы разве хотите играть?

- Нет, - отвечала я, испугавшись за себя и за Катю, когда ее бранила мадам Леотар.

- Чего ж вы хотите?

- Я посижу; мне тяжело бегать; а только вы не сердитесь на меня, Катя, потому что я вас очень люблю.

- Ну, так я и буду играть одна, - тихо и с расстановкой отвечала Катя, как бы с удивлением замечая, что, выходит, она не виновата. - Ну, прощайте, я на вас не буду сердиться.

- Прощайте, - отвечала я, привстав и подавая ей руку.

- Может быть, вы хотите поцеловаться? - спросила она, немного подумав, вероятно припомнив нашу недавнюю сцену и желая сделать мне как можно более приятного, чтоб поскорее и согласно кончить со мною.

- Как вы хотите, - отвечала я с робкой надеждой.

Она подошла ко мне и пресерьезно, не улыбнувшись, поцеловала меня. Таким образом кончив всё, что от нее требовали, даже сделав больше, чем было нужно, чтоб доставить полное удовольствие бедной девочке, к которой ее посылали, она побежала от меня довольная и веселая, и скоро по всем комнатам снова раздавался ее смех и крик, до тех пор пока, утомленная, едва переводя дух, бросилась она на диван отдыхать и собираться с свежими силами. Во весь вечер посматривала она на меня подозрительно: вероятно, я казалась ей очень чудной и странной. Видно было, что ей хотелось о чем-то заговорить со мной, разъяснить себе какое-то недоуменье, возникшее насчет меня; но в этот раз, я не знаю почему, она удержалась. Обыкновенно по утрам начинались уроки Кати. Мадам Леотар учила ее французскому языку. Всё ученье состояло в повторении грамматики и в чтении Лафонтена. Ее не учили слишком многому, потому что едва добились от нее согласия просидеть в день за книгой два часа времени. На этот уговор она наконец согласилась по просьбе отца, по приказанью матери и исполняла его очень совестливо, потому что сама дала слово. У ней были редкие способности; она понимала быстро и скоро. Но и тут в ней были маленькие странности: если она не понимала чего, то тотчас же начинала думать об этом сама и терпеть не могла идти за объяснениями, - она как-то стыдилась этого. Рассказывали, что она по целым дням иногда билась над каким-нибудь вопросом, который не могла решить, сердилась, что не могла одолеть его сама, без чужой помощи, и только в последних случаях, уже совсем выбившись из сил, приходила к мадам Леотар с просьбою помочь ей разрешить вопрос, который ей не давался. То же было в каждом ее поступке. Она уж много думала, хотя это вовсе не казалось так с первого взгляда. Но вместе с тем она была не по летам наивна: иной раз ей случалось спросить какую-нибудь совершенную глупость; другой раз в ее ответах являлись самая дальновидная тонкость и хитрость.

Так как я тоже могла наконец чем-нибудь заниматься, то мадам Леотар, проэкзаменовав меня в моих познаниях и найдя, что я читаю

63

очень хорошо, пишу очень худо, признала за немедленную и крайнюю необходимость учить меня по-французски.

Я не возражала, и мы в одно утро засели, вместе с Катей, за учебный стол. Случись же, что в этот раз Катя, как нарочно, была чрезвычайно тупа и до крайности рассеянна, так что мадам Леотар не узнавала ее. Я же, почти в один сеанс, знала уже всю французскую азбуку, как можно желая угодить мадам Леотар своим прилежанием. К концу урока мадам Леотар совсем рассердилась на Катю.

- Смотрите на нее, - сказала она, указывая на меня, - больной ребенок, учится в первый раз и вдесятеро больше вас сделала. Вам это не стыдно?

- Она знает больше меня?-спросила в изумлении Катя. - Да она еще азбуку учит!

- Вы во сколько времени азбуку выучили?

- В три урока.

- А она в один. Стало быть, она втрое скорее вас понимает и мигом вас перегонит. Так ли?

Катя подумала немного и вдруг покраснела как полымя, уверясь, что замечание мадам Леотар справедливо. Покраснеть, сгореть от стыда - было ее первым движением почти при каждой неудаче, в досаде ли, от гордости ли, когда ее уличали за шалости, - одним словом, почти во всех случаях. В этот раз почти слезы выступили на глазах ее, но она смолчала и только так посмотрела на меня, как будто желала сжечь меня взглядом. Я тотчас догадалась, в чем дело. Бедняжка была горда и самолюбива до крайности. Когда мы пошли от мадам Леотар, я было заговорила, чтоб рассеять поскорей ее досаду и показать, что я вовсе не виновата в словах француженки, но Катя промолчала, как будто не слыхала меня.

Через час она вошла в ту комнату, где я сидела за книгой, всё раздумывая о Кате, пораженная и испуганная тем, что она опять не хочет со мной говорить. Она посмотрела на меня исподлобья, уселась, по обыкновению на диване и полчаса не спускала с меня глаз. Наконец я не выдержала и взглянула на нее вопросительно.

- Вы умеете танцевать? - спросила Катя.

- Нет, не умею.

- А я умею.

Молчание.

- А на фортепьяно играете?

- Тоже нет.

- А я играю. Этому очень трудно выучиться.

Я смолчала,

- Мадам Леотар говорит, что вы умнее меня.

- Мадам Леотар на вас рассердилась, - отвечала я.

- А разве папа будет тоже сердиться?

- Не знаю, - отвечала я.

Опять молчание; княжна в нетерпении била по полу своей маленькой ножкой.

- Так вы надо мной будете смеяться, оттого что лучше меня понимаете? - спросила она наконец, не выдержав более своей досады.

- Ох, нет, нет! - закричала я и вскочила с места, чтоб броситься к ней и обнять ее.

- И вам не стыдно так думать и спрашивать об этом, княжна? - раздался вдруг голос мадам Леотар, которая уже пять минут наблюдала за нами и слышала наш говор. - Стыдитесь! вы стали завидовать бедному ребенку и хвалиться перед ней, что умеете танцевать и играть на фортепьяно. Стыдно; я всё расскажу князю.

Щеки княжны загорелись как зарево.

- Это дурное чувство. Вы ее обидели своими вопросами. Родители ее были бедные люди и не могли ей нанять учителей; она сама училась, потому что у ней хорошее, доброе сердце. Вы бы должны были любить ее, а вы хотите с ней ссориться. Стыдитесь, стыдитесь! Ведь она - сиротка. У ней нет никого. Еще бы вы похвалились перед ней, что вы княжна, а она нет. Я вас оставляю одну. Подумайте о том, что я вам говорила, исправьтесь.

Княжна думала ровно два дня! Два дня не было слышно ее смеха и крика. Проснувшись ночью, я подслушала, что она даже во сне продолжает рассуждать с мадам Леотар. Она даже похудела немного в эти два дня, и румянец не так живо играл на ее светленьком личике. Наконец, на третий день, мы обе сошлись внизу, в больших комнатах. Княжна шла от матери, но, увидев меня, остановилась и села недалеко, напротив. Я со страхом ожидала, что будет, дрожала всеми членами.

- Неточка, за что меня бранили за вас? - спросила она наконец.

- Это не за меня, Катенька, - отвечала я, спеша оправдаться.

- А мадам Леотар говорит, что я вас обидела.

- Нет, Катенька, нет, вы меня не обидели.

Княжна вскинула плечиками в знак недоуменья.

- Отчего ж вы всё плачете? - спросила она после некоторого молчания.

- Я не буду плакать, если вы хотите, - отвечала я сквозь слезы.

Она опять пожала плечами.

- Вы и прежде всё плакали?

Я не отвечала.

- Зачем вы у нас живете? - спросила вдруг княжна помолчав.

Я посмотрела на нее в изумлении, и как будто что-то кольнуло меня в сердце.

- Оттого, что я сиротка, - ответила я наконец, собравшись с духом.

- У вас были папа и мама?

- Были.

- Что они, вас не любили?

- Нет... любили, - отвечала я через силу.

- Они были бедные?

- Да.

- Очень бедные?

- Да.

- Они вас ничему не учили?

- Читать учили.

- У вас были игрушки?

- Нет.

- Пирожное было?

- Нет.

- У вас было сколько комнат?

- Одна.

- Одна комната?

- Одна.

- А слуги были?

- Нет, не было слуг.

- А кто ж вам служил?

- Я сама покупать ходила.

Вопросы княжны всё больше и больше растравляли мне сердце. И воспоминания, и мое одиночество, и удивление княжны - всё это поражало, обижало мое сердце, которое обливалось кровью. Я вся дрожала от волнения и задыхалась от слез.

- Вы, стало быть, рады, что у нас живете?

Я молчала.

- У вас было платье хорошее?

- Нет.

- Дурное?

- Да.

- Я видела ваше платье, мне его показывали.

- Зачем же вы меня спрашиваете? - сказала я, вся задрожав от какого-то нового, неведомого для меня смущения и подымаясь с места. - Зачем же вы меня спрашиваете? - продолжала я, покраснев от негодования. - Зачем вы надо мной смеетесь?

Княжна вспыхнула и тоже встала с места, но мигом преодолела свое волнение.

- Нет... я не смеюсь, - отвечала она. - Я только хотела знать, правда ли, что папа и мама у вас были бедны?

- Зачем вы спрашиваете меня про папу и маму? - сказала я, заплакав от душевной боли. - Зачем вы так про них спрашиваете? Что они вам сделали, Катя?

Катя стояла в смущении и не знала, что отвечать. В эту минуту вошел князь.

- Что с тобой? Неточка? - спросил он, взглянув на меня и увидев мои слезы, - что с тобой? - продолжал он, взглянув на Катю, которая была красна как огонь, - о чем вы говорили? За что вы поссорились? Неточка, за что вы поссорились?

Но я не могла отвечать. Я схватила руку князя и со слезами целовала ее.

- Катя, не лги. Что здесь было?

Катя лгать не умела.

- Я сказала, что видела, какое у нее было дурное платье, когда еще она жила с папой и мамой.

- Кто тебе показывал? Кто смел показать?

- Я сама видела, - отвечала Катя решительно.

- Ну, хорошо! Ты не скажешь на других, я тебя знаю. Что ж дальше?

- А она заплакала и сказала: зачем я смеюсь над папой и над мамой.

- Стало быть, ты смеялась над ними?

Хоть Катя и не смеялась, но, знать, в ней было такое намерение, когда я с первого разу так поняла. Она не отвечала ни слова: значит, тоже соглашалась в проступке.

- Сейчас же подойди к ней и проси у нее прощения, - сказал князь, указав на меня.

Княжна стояла бледная как платок и не двигаясь с места.

- Ну! - сказал князь.

- Я не хочу, - проговорила наконец Катя вполголоса и с самым решительным видом.

- Катя!

- Нет, не хочу, не хочу! - закричала она вдруг, засверкав глазками и затопав ногами. - Не хочу, папа, прощения просить. Я не люблю ее. Я не буду с нею вместе жить... Я не виновата, что она целый день плачет. Не хочу, не хочу!

- Пойдем со мной, - сказал князь, схватил ее за руку и повел к себе в кабинет. - Неточка, ступай наверх.

Я хотела броситься к князю, хотела просить за Катю, но князь строго повторил свое приказание, и я пошла наверх, похолодев от испуга как мертвая. Придя в нашу комнату, я упала на диван и закрыла руками голову. Я считала минуты, ждала Катю с нетерпением, хотела броситься к ногам ее. Наконец она воротилась, не сказав мне ни слова, прошла мимо меня и села в угол. Глаза ее были красны, Щеки опухли от слез. Вся решимость моя исчезла. Я смотрела на нее в страхе и от страха не могла двинуть места.

Я всеми силами обвиняла себя, всеми силами старалась доказать себе, что я во всем виновата. Тысячу раз хотела я подойти к Кате и тысячу раз останавливалась, не зная, как она меня примет. Так прошел день, другой. К вечеру другого дня Катя сделалась веселей и погнала было свой обруч по комнатам, но скоро бросила свою забаву и села одна в угол. Перед тем как ложиться спать, она вдруг оборотилась было ко мне, даже сделала ко мне два шага, и губки ее раскрылись сказать мне что-то такое, но она остановилась, воротилась и легла в постель. За тем днем прошел еще день, и удивленная мадам Леотар начала наконец допрашивать Катю: что с ней сделалось? не больна ли она, что вдруг затихла? Катя отвечала что-то, взялась было за волан, но только что отворотилась мадам Леотар, - покраснела и заплакала. Она выбежала из комнаты, чтоб я не видала ее. И наконец всё разрешилось: ровно через три дня после нашей ссоры она вдруг после обеда вошла в мою комнату и робко приблизилась ко мне.

- Папа приказал, чтоб я у вас прощенья просила, - проговорила она, - вы меня простите?

Я быстро схватила Катю за обе руки и, задыхаясь от волнения, сказала:
- Да! да!

- Папа приказал поцеловаться с вами, - вы меня поцелуете?

В ответ я начала целовать ее руки, обливая их слезами. Взглянув на Катю, я увидала в ней какое-то необыкновенное движение. Губки ее слегка потрогивались, подбородок вздрагивал, глазки повлажнели, но она мигом преодолела свое волнение, и улыбка на миг проглянула на губах ее.

- Пойду скажу папе, что я вас поцеловала и просила прощения, - сказал она потихоньку, как бы размышляя сама с собою. - Я уже его три дня не видала; он не велел и входить к себе без того, - прибавила она помолчав.

И, проговорив это, она робко и задумчиво сошла вниз, как будто еще не уверилась: каков будет прием отца.

Но через час наверху раздался крик, шум, смех, лай Фальстафа, что-то опрокинулось и разбилось, несколько книг полетело на пол, обруч загудел и запрыгал по всем комнатам, - одним словом, я узнала, что Катя помирилась с отцом, и сердце мое задрожало от радости.

Но ко мне она не подходила и видимо избегала разговоров со мною. Взамен того я имела честь в высшей степени возбудить ее любопытство. Садилась она напротив меня, чтоб удобнее меня рассмотреть, всё чаще и чаще. Наблюдения ее надо мной делались наивнее; одним словом, избалованная, самовластная девочка, которую все баловали и лелеяли в доме, как сокровище, не могла понять, каким образом я уже несколько раз встречалась на ее пути, когда она вовсе не хотела встречать меня. Но это было прекрасное, доброе маленькое сердце, которое всегда умело сыскать себе добрую дорогу уже одним инстинктом. Всего более влияния имел на нее отец, которого она обожала. Мать безумно любила ее, но была с нею ужасно строга, и у ней переняла Катя упрямство, гордость и твердость характера, но переносила на себе все прихоти матери, доходившие даже до нравственной тирании. Княгиня как-то странно понимала, что такое воспитание, и воспитание Кати было странным контрастом беспутного баловства и неумолимой строгости. Что вчера позволялось, то вдруг, без всякой причины, запрещалось сегодня, и чувство справедливости оскорблялось в ребенке... Но впереди еще эта история. Замечу только, что ребенок уже умел определить свои отношения к матери и отцу. С последним она была как есть, вся наружу, без утайки, открыта. С матерью, совершенно напротив, - замкнута, недоверчива и беспрекословно послушна. Но послушание ее было не по искренности и убеждению, а по необходимой системе. Я объяснюсь впоследствии. Впрочем, к особенной чести моей Кати скажу, что она поняла наконец свою мать, и когда подчинилась ей, то уже вполне осмыслив всю безграничность любви ее, доходившей иногда до болезненного исступления, - и княжна великодушно ввела в свой расчет последнее обстоятельство. Увы! этот расчет мало помог потом ее горячей головке!

Но я почти не понимала, что со мной делается. Всё во мне волновалось от какого-то нового, необъяснимого ощущения, и я не преувеличу, если скажу, что страдала, терзалась от этого нового чувства. Короче - и пусть простят мне мое слово - я была влюблена в мою Катю. Да, это была любовь, настоящая любовь, любовь со слезами и радостями, любовь страстная. Что влекло меня к ней? отчего родилась такая любовь? Она началась с первого взгляда на нее, когда все чувства мои были сладко поражены видом прелестного как ангел ребенка. Всё в ней было прекрасно; ни один из пороков ее не родился вместе с нею, - все были привиты и все находились в состоянии борьбы. Всюду видно было прекрасное начало, принявшее на время ложную форму; но всё в ней, начиная с этой борьбы, сияло отрадною надеждой, всё предвещало прекрасное будущее. Все любовались ею, все любили ее, не я одна. Когда, бывало, нас выводили часа в три гулять, все прохожие останавливались как пораженные, едва только взглядывали на нее, и нередко крик изумления раздавался вслед счастливому ребенку. Она родилась на счастие, она должна была родиться для счастия - вот было первое впечатление при встрече с нею. Может быть, во мне первый раз поражено было эстетическое чувство, чувство изящного, первый раз сказалось оно, пробужденное красотой, и - вот вся причина зарождения любви моей.

Главным пороком княжны или, лучше сказать, главным началом ее характера, которое неудержимо старалось воплотиться в свою натуральную форму и, естественно, находилось в состоянии уклоненном, в состоянии борьбы, - была гордость. Эта гордость доходила до наивных мелочей и впадала в самолюбие до того, что, например, противоречие, каково бы оно ни было, не обижало, не сердило ее, но только удивляло. Она не могла постигнуть, как может быть что-нибудь иначе, нежели как бы она захотела. Но чувство справедливости всегда брало верх в ее сердце. Если убеждалась она, что она несправедлива, то тотчас же подчинялась приговору безропотно и неколебимо. И если до сих пор в отношениях со мною изменяла она себе, то я объясняю всё это непостижимой антипатией ко мне, помутившей на время стройность и гармонию всего ее существа; так и должно было быть: она слишком страстно шла в своих увлечениях, и всегда только пример, опыт выводил ее на истинный путь. Результаты всех ее начинаний были прекрасны и истинны, но покупались беспрерывными уклонениями и заблуждениями.

Катя очень скоро удовлетворила свои наблюдения надо мною и наконец решилась оставить меня в покое. Она сделала так, как будто меня и не было в доме; мне - ни слова лишнего, даже почти необходимого; я устранена от игр и устранена не насильно, но так ловко, как будто бы я сама на то согласилась. Уроки шли своим чередом, и если меня ставили ей в пример за понятливость и тихость характера, то я уже не имела чести оскорблять ее самолюбия, которое было чрезвычайно щекотливо, до того, что его мог оскорбить даже бульдог наш, сэр Джон Фальстаф. Фальстаф был хладнокровен и флегматик, но зол как тигр, когда его раздражали, зол даже до отрицания власти хозяина. Еще черта: он решительно никого не любил; но самым сильным, натуральным врагом его была, бесспорно, старушка княжна... Но эта история еще впереди. Самолюбивая Катя всеми средствами старалась победить нелюбезность Фальстафа; ей было неприятно, что есть хоть одно животное в доме, единственное, которое не признает ее авторитета, ее силы, не склоняется переднею, не любит ее. И вот княжна порешила атаковать Фальстафа сама. Ей хотелось над всеми повелевать и властвовать; как же мог Фальстаф избежать своей участи? Но непреклонный бульдог не сдавался.

Раз, после обеда, когда мы обе сидели внизу, в большой зале, бульдог расположился среди комнаты и лениво наслаждался своим послеобеденным кейфом. В эту самую минуту княжне вздумалось завоевать его в свою власть. И вот она бросила свою игру и на цыпочках, лаская и приголубливая Фальстафа самыми нежными именами, приветливо маня его рукой, начала осторожно приближаться к нему. Но Фальстаф еще издали оскалил свои страшные зубы; княжна остановилась.

Всё намерение ее состояло в том, чтоб, подойдя к Фальстафу, погладить его, чего он решительно не позволял никому, кроме княгини, у которой был фаворитом, и заставить его идти за собой: подвиг трудный, сопряженный с серьезной опасностью, потому что Фальстаф никак не затруднился бы отгрызть у ней руку или растерзать ее, если б нашел это нужным. Он был силен как медведь, и я с беспокойством, со страхом следила издали за проделками Кати. Но ее нелегко было переубедить с первого раза, и даже зубы Фальстафа, которые он пренеучтиво показывал, были решительно недостаточным к тому средством. Убедясь, что подойти нельзя с первого раза, княжна в недоумении обошла кругом своего неприятеля. Фальстаф не двинулся с места. Катя сделала второй круг. значительно уменьшив его поперечник, потом третий, но когда дошла до того места, которое казалось Фальстафу заветной чертой, он снова оскалил зубы. Княжна топнула ножкой, отошла в досаде и раздумье и уселась на диван.

Минут через десять она выдумала новое обольщение, тотчас же вышла и воротилась с запасом кренделей, пирожков, - одним словом, переменила оружие. Но Фальстаф был хладнокровен, потому, вероятно, что был слишком сыт. Он даже и не взглянул на кусок кренделя, который ему бросили; когда же княжна снова очутилась у заветной черты, которую Фальстаф считал своей границей, последовала оппозиция, в этот раз позначительнее первой. Фальстаф поднял голову, оскалил зубы, слегка заворчал и сделал легкое движение, как будто собирался рвануться с места. Княжна покраснела от гнева, бросила пирожки и снова уселась на место.

Она сидела вся в решительном волнении. Ее ножка била ковер, щечки краснели как зарево, а в глазах даже выступили слезы досады. Случись же, что она взглянула на меня, - вся кровь бросилась ей в голову. Она решительно но вскочила с места и самою твердою поступью пошла прямо к страшной собаке.

Может быть, в этот раз изумление подействовало на Фальстафа слишком сильно. Он пустил врага за черту и только уже в двух шагах приветствовал безрассудную Катю самым зловещим рычанием. Катя остановилась было на минуту, но только на минуту, и решительно ступила вперед. Я обомлела от испуга. Княжна была воодушевлена, как я еще никогда ее не видала; глаза ее блистали победой, торжеством. С нее можно было рисовать чудную картинку. Она смело вынесла грозный взгляд взбешенного бульдога и не дрогнула перед его страшною пастью; он привстал. Из мохнатой груди его раздалось ужасное рыкание; еще минута, и он бы растерзал ее. Но княжна гордо положила на него свою маленькую ручку и три раза с торжеством погладила его по спине.

Мгновение бульдог был в нерешимости. Это мгновение было самое ужасное; но вдруг он тяжело поднялся с места, потянулся и, вероятно, взяв в соображение, что с детьми не стоило связываться, преспокойно вышел из комнаты. Княжна с торжеством стала на завоеванном месте и бросила на меня неизъяснимый взгляд, взгляд пресыщенный, упоенный победою. Но я была бледна как платок; она замети улыбнулась. Однако смертная бледность уже покрыв ее щеки. Она едва могла дойти до дивана и упала на него чуть не в обмороке.

Но влечение мое к ней уже не знало пределов. С этого дня, как я вытерпела за нее столько страха, я уже не могла владеть собою. Я изнывала в тоске, тысячу раз готова была броситься к ней на шею, но страх приковывал меня, без движения, на месте. Помню, я старалась убегать ее, чтоб она не видала моего волнения, но когда она нечаянно входила в ту комнату, в которую я спрячусь, я вздрагивала и сердце начинало стучать так, что голова кружилась. Мне кажется, моя проказница это заметила и дня два была сама в каком-то смущении. Но скоро она привыкла и к этому порядку вещей. Так прошел целый месяц, который я весь прострадала втихомолку. Чувства мои обладают какою-то необъяснимою растяжимостью, если можно так выразиться; моя натура терпелива до последней степени, так что взрыв, внезапное проявление чувств бывает только уж в крайности. Нужно знать, что во всё это время мы сказали с Катей не более пяти слов; но я мало-помалу заметила, по некоторым неуловимым признакам, что всё это происходило в ней не от забвения, не от равнодушия ко мне, а от какого-то намеренного уклонения, как будто она дала себе слово держать меня в известных пределах. Но я уже не спала по ночам, а днем не могла скрыть своего смущения даже от мадам Леотар. Любовь моя к Кате доходила даже до странностей. Один раз я украдкою взяла у ней платок, в другой раз ленточку, которую она вплетала в волосы, и по целым ночам целовала их, обливаясь слезами. Сначала меня мучило до обиды равнодушие Кати; но теперь всё во мне помутилось, и я сама не могла дать себе отчета в своих ощущениях. Таким образом, новые впечатления мало-помалу вытесняли старые, и воспоминания о моем грустном прошедшем потеряли свою болезненную силу и сменились во мне новой жизнью.

Помню, я иногда просыпалась ночью, вставала с постели и на цыпочках подходила к княжне. Я заглядывалась по целым часам на спящую Катю при слабом свете ночной нашей лампы; иногда садилась к ней на кровать, нагибалась к лицу ее, и на меня веяло ее горячим дыханием. Тихонько, дрожа от страха, целовала я ее ручки, плечики, волосы, ножку, если ножка выглядывала из-под одеяла. Мало-помалу я заметила, - так как я уже не спускала с нее глаз целый месяц, - что Катя

72

становится со дня на день задумчивее; характер ее стал терять свою ровность: иногда целый день не слышишь ее шума, другой раз подымается такой гам, какого еще никогда не было. Она стала раздражительна, взыскательна, краснела и сердилась очень часто и даже со мной доходила до маленьких жестокостей: то вдруг не захочет обедать возле меня, близко сидеть от меня, как будто чувствует ко мне отвращение; то вдруг уходит к матери и сидит там по целым дням, может быть, зная, что я иссыхаю без нее с тоски; то вдруг начнет смотреть на меня по целым часам, так что я не знаю, куда деваться от убийственного смущения, краснею, бледнею, а между тем не смею выйти из комнаты. Два раза уже Катя жаловалась на лихорадку, тогда как прежде не помнили за ней никакой болезни. Наконец вдруг в одно утро последовало особое распоряжение: по непременному желанию княжны, она переселилась вниз, к маменьке, которая чуть не умерла от страха, когда Катя пожаловалась на лихорадку. Нужно сказать, что княгиня была очень недовольна мною и всю перемену в Кате, которую и она замечала, приписывала мне и влиянию моего угрюмого характера, как она выражалась, на характер своей дочери. Она уже давно разлучила бы нас, но откладывала до времени, зная, что придется выдержать серьезный спор с князем, который хотя и уступал ей во всем, но иногда становился неуступчив и упрям до непоколебимости. Она же понимала князя вполне.

Я была поражена переселением княжны и целую неделю провела в самом болезненном напряжении духа. Я мучилась тоскою, ломая голову над причинами отвращения Кати ко мне. Грусть разрывала мою душу, и чувство справедливости и негодования начало восставать в моем оскорбленном сердце. Какая-то гордость вдруг родилась во мне, и когда мы сходились с Катей в тот час, когда нас уводили гулять, я смотрела на нее так независимо, так серьезно, так непохоже на прежнее, что это даже поразило ее. Конечно, такие перемены происходили во мне только порывами потом сердце опять начинало болеть сильнее и сильнее, и я становилась еще слабее, еще малодушнее, чем прежде. Наконец в одно утро, к величайшему моему недоумению и радостному смущению, княжна воротилась наверх. Сначала она с безумным смехом бросилась на шею к мадам Леотар и объявила, что опять к нам переезжает, потом кивнула и мне головой, выпросила позволение ничему не учиться в это утро и всё утро прорезвилась и пробегала. Я никогда не видала ее живее и радостнее. Но к вечеру она сделалась тиха, задумчива и снова какая-то грусть отенила ее прелестное личико. Когда княгиня пришла вечером посмотреть на нее, я видела, что Катя делает неестественные усилия казаться веселою. Но, вслед за уходом матери, оставшись одна, она вдруг ударилась в слезы. Я была поражена. Княжна заметила мое внимание и вышла. Одним словом, в ней приготовлялся какой-то неожиданный кризис. Княгиня советовалась с докторами, каждый день призывала к себе мадам Леотар для самых мелких расспросов о Кате; велено было наблюдать за каждым движением ее. Одна только я предчувствовала истину, и сильно забилось мое сердце надеждою.

Словом, маленький роман разрешался и приходил к концу. На третий день после возвращения Кати к нам наверх я заметила, что она всё утро глядит на меня такими чудными глазками, такими долгими взглядами... Несколько раз я встречала эти взгляды, и каждый раз мы обе краснели и потуплялись, как будто стыдились друг друга. Наконец княжна засмеялась и пошла от меня прочь. Ударило три часа, и нас стали одевать для прогулки. Вдруг Катя подошла ко мне.

- У вас башмак развязался, - сказала она мне, - давайте я завяжу.

Я было нагнулась сама, покраснев как вишня оттого, что наконец-то Катя заговорила со мной.

- Давай! - сказала она мне нетерпеливо и засмеявшись. Туг она нагнулась, взяла насильно мою ногу, поставила к себе на колено и завязала. Я задыхалась; я не знала, что делать от какого-то сладостного испуга. Кончив завязывать башмак, она встала и оглядела меня с ног до головы.

- Вот и горло открыто, - сказала она, дотронувшись пальчиком до обнаженного тела на моей шее. - Да уж давай я сама завяжу.

Я не противоречила. Она развязала мой шейный платочек и повязала по-своему.

- А то можно кашель нажить, - сказала она, прелукаво улыбнувшись и сверкнув на меня своими черными влажными глазками.

Я была вне себя; я не знала, что со мной делается и что сделалось с Катей. Но, слава богу, скоро кончилась наша прогулка, а то я бы не выдержала и бросилась бы целовать ее на улице. Всходя на лестницу, мне удалось, однако ж, поцеловать ее украдкой в плечо. Она заметила, вздрогнула, но не сказала ни слова. Вечером ее нарядили и повели вниз. У княгини были гости. Но в этот вечер в доме произошла страшная суматоха.

С Катей сделался нервный припадок. Княгиня была вне себя от испуга. Приехал доктор и не знал, что сказать. Разумеется, всё свалили на детские болезни, на возраст Кати, но я подумала иное. Наутро Катя явилась к нам такая же, как всегда, румяная, веселая, с неистощимым здоровьем, но с такими причудами и капризами, каких с ней никогда не бывало.

Во-первых, она всё утро не слушалась мадам Леотар Потом вдруг ей захотелось идти к старушке княжне. Против обыкновения, старушка, которая терпеть не могла свою племянницу, была с нею в постоянной ссоре и не хотела видеть ее, - на этот раз как-то разрешила принять ее. Сначала всё пошло хорошо, и первый час они жили согласно. Плутовка Катя вздумала просить прощения за все свои проступки, за резвость, за крик, за то, что княжне она не давала покою. Княжна торжественно и со слезами простила ее. Но шалунье вздумалось зайти далеко. Ей пришло на ум рассказать такие шалости, которые были еще только в одних замыслах и проектах. Катя прикинулась смиренницей, постницей и вполне раскаивающейся; одним словом, ханжа была в восторге и много льстила ее самолюбию предстоявшая победа над Катей - сокровищем, идолом всего дома, которая умела заставить даже свою мать исполнять свои прихоти.

И вот проказница призналась, во-первых, что у нее было намерение приклеить к платью княжны визитную карточку; потом засадить Фальстафа к ней под кровать; потом сломать ее очки, унесть все ее книги и принесть вместо них от мамы французских романов; потом достать хлопушек и разбросать по полу; потом спрятать ей в карман колоду карт и т. д. и т. д. Одним словом, шли шалости одна хуже другой. Старуха выходила из себя, бледнела, краснела от злости; наконец Катя не выдержала, захохотала и убежала от тетки. Старуха немедленно послала за княгиней. Началось целое дело, и княгиня два часа, со слезами на глазах, умоляла свою родственницу простить Катю и позволить ее не наказывать, взяв в соображение, что она больна. Княжна слушать не хотела сначала; она объявила, что завтра же выедет из дому, и смягчилась тогда только, когда княгиня дала слово, что отложит наказание до выздоровления дочери, а потом удовлетворит справедливому негодованию престарелой княжны. Однако ж Катя выдержала строгий выговор. Ее увели вниз, к княгине.

Но проказница вырвалась-таки после обеда. Пробираясь вниз, сама я встретила ее уже на лестнице. Она приотворила дверь и звала Фальстафа. Я мигом догадалась, что она замышляет страшное мщение. Дело было вот в чем.

Не было врага у старушки княжны непримиримее Фальстафа. Он не ласкался ни к кому, не любил никого, но был спесив, горд и амбициозен до крайности. Он не любил никого, но видимо требовал от всех должного уважения. Все и питали его к нему. примешивая к уважению надлежащий страх. Но вдруг, с приездом старушки княжны, всё переменилось: Фальстафа страшно обидели, - именно: ему был формально запрещен вход наверх.

Сначала Фальстаф был вне себя от оскорбления и целую неделю скреб лапами дверь, которою оканчивалась лестница, ведущая сверху в нижнюю комнату; но скоро он догадался о причине изгнания, и в первое же воскресенье, когда старушка княжна выходила в церковь, Фальстаф с визгом и лаем бросился на бедную. Насилу спасли ее от лютого мщенья оскорбленного пса, ибо он выгнан был по приказанию княжны, которая объявила, что не может видеть его. С тех пор вход наверх запрещен был Фальстафу самым строжайшим образом, и когда княжна сходила вниз, то его угоняли в самую отдаленную комнату. Строжайшая ответственность лежала на слугах. Но мстительное животное нашло-таки средство раза три ворваться наверх. Лишь только он врывался на лестницу, как мигом бежал через всю анфиладу комнат до самой опочивальни старушки. Ничто не могло удержать его. По счастию, дверь к старушке была всегда заперта, и Фальстаф ограничивался тем, что завывал перед нею ужасно, до тех пор пока не прибегали люди и не сгоняли его вниз. Княжна же, во всё время визита неукротимого бульдога, кричала, как будто бы ее уж съели, и серьезно каждый раз делалась больна от страха. Несколько раз она предлагала свой ultimatum княгине и даже доходила до того, что раз, забывшись, сказала, что или она, или Фальстаф выйдут из дома, но княгиня не согласилась на разлуку с Фальстафом.

Княгиня мало кого любила, но Фальстафа, после детей, более всех на свете, и вот почему. Однажды, лет шесть назад, князь воротился с прогулки, приведя за собою щенка грязного, больного, самой жалкой наружности, но который, однако ж, был бульдог самой чистой крови. Князь как-то спас его от смерти. Но так как новый жилец вел себя примерно неучтиво и грубо, то, по настоянию княгини, был Удален на задний двор И посажен на веревку. Князь не прекословил. Два года спустя, когда весь дом жил на даче, маленький Саша, младший брат Кати, упал в Неву. Княгиня вскрикнула, и первым движением ее было кинуться в воду за сыном. Ее насилу спасли от верной смерти. Между тем ребенка уносило быстро течением, и только одежда его всплывала наверх. Наскоро стали отвязывать лодку, но спасение было бы чудом. Вдруг огромный, исполинский бульдог бросается в воду наперерез утопающему мальчику, схватывает его в зубы и победоносно выплывает с ним на берег. Княгиня бросилась целовать грязную, мокрую собаку. Но Фальстаф, который еще носил тогда прозаическое и в высшей степени плебейское наименование Фриксы, терпеть не мог ничьих ласк и отвечал на объятия и поцелуи княгини тем, что прокусил ей плечо во сколько хватило зубов. Княгиня всю жизнь страдала от этой раны, но благодарность ее была беспредельна. Фальстаф был взят во внутренние покои, вычищен, вымыт и получил серебряный ошейник высокой отделки. Он поселился в кабинете княгини, на великолепной медвежьей шкуре, и скоро княгиня дошла до того, что могла его гладить, не опасаясь немедленного и скорого наказания. Узнав, что любимца ее зовут Фриксой, она пришла в ужас, и немедленно стали приискивать новое имя, по возможности древнее. Но имена Гектор, Цербер и проч. были уже слишком опошлены; требовалось название, вполне приличное фавориту дома, Наконец князь, взяв в соображение феноменальную прожорливость Фриксы, предложил назвать бульдога Фальстафом. Кличка была принята с восторгом и осталась навсегда за бульдогом. Фальстаф повел себя хорошо: как истый англичанин, был молчалив, угрюм и ни на кого не бросался первый, только требовал, чтоб почтительно обходили его место на медвежьей шкуре и вообще оказывали должное уважение. Иногда на него находил как будто родимец, как будто сплин одолевал его, и в эти минуты Фальстаф с горестию припоминал, что враг его, непримиримый его враг, посягнувший на его права, был еще не наказан. Тогда он потихоньку пробирался к лестнице, ведущей наверх, и, найдя, по обыкновению, дверь всегда запертою, ложился где-нибудь неподалеку, прятался в угол и коварно поджидал, когда кто-нибудь оплошает и оставит дверь наверх отпертою. Иногда мстительное животное выжидало по три дня. Но отданы были строгие приказания наблюдать за дверью, и вот уже два месяца Фальстаф не являлся наверх.

- Фальстаф! Фальстаф! - звала княжна, отворив дверь и приветливо заманивая Фальстафа к нам на лестницу.

В это время Фальстаф, почуяв, что дверь отворяют, уже приготовился скакнуть за свой Рубикон. Но призыв княжны показался ему так невозможным, что он некоторое время решительно отказывался верить ушам своим. Он был лукав как кошка, и чтоб не показать вида, что заметил оплошность отворявшего дверь, подошел к окну, положил на подоконник свои могучие лапы и начал рассматривать противоположное здание, - словом, вел себя как совершенно посторонний человек, который шел прогуливаться и остановился на минуту полюбоваться прекрасной архитектурой соседнего здания. Между тем в сладостном ожидании билось и нежилось его сердце. Каково же было его изумление, радость, исступление радости, когда дверь отворили перед ним всю настежь и, мало того, еще звали, приглашали, умоляли его вступить наверх и немедленно удовлетворить свое справедливое мщение! Он, взвизгнув от радости, оскалил зубы и, страшный, победоносный, бросился наверх как стрела.

Напор его был так силен, что встретившийся на его дороге стул, задетый им на лету, отскочил на сажень и перевернулся на месте. Фальстаф летел как ядро, вырвавшееся из пушки. Мадам Леотар вскрикнула от ужаса, но Фальстаф уж домчался до заветной двери, ударился в нее обеими лапами, однако ж не отворил ее и завыл как погибший. В ответ ему раздался страшный крик престарелой девы. Но уже со всех сторон бежали целые легионы врагов, целый дом переселился наверх, и Фальстаф, свирепый Фальстаф, с намордником, ловко наброшенным на его пасть, спутанный по всем четырем ногам, бесславно воротился с поля битвы, влекомый вниз на аркане.

Послан был посол за княгиней.

В этот раз княгиня не расположена была прощать и миловать; но кого наказывать? Она догадалась с первого раза, мигом; ее глаза упали на Катю... Так и есть: Катя стоит бледная, дрожа от страха. Она только теперь догадалась, бедненькая, о последствиях своей шалости. Подозрение могло упасть на слуг, на невинных, и Катя уже готова была сказать всю правду.

- Ты виновата? - строго спросила княгиня.

Я видела смертельную бледность Кати и, ступив вперед, твердым голосом произнесла:

- Я пустила Фальстафа... нечаянно, - прибавила я, потому что вся моя храбрость исчезла перед грозным взглядом княгини.

- Мадам Леотар, накажите примерно! - сказала княгиня и вышла из комнаты.

Я взглянула на Катю: она стояла как ошеломленная; руки ее повисли по бокам; побледневшее личико глядело в землю.

Единственное наказание, употреблявшееся для детей князя, было заключение в пустую комнату. Просидеть в пустой комнате часа два - ничего. Но когда ребенка сажали насильно, против его воли, и объявляли, что он лишен свободы, то наказание было довольно значительно. Обыкновенно сажали Катю или брата ее на два часа. Меня посадили на четыре, взяв в соображение всю чудовищность моего преступления. Изнывая от радости, вступила я в свою темницу. Я думала о княжне. Я знала, что победила. Но, вместо четырех часов, я просидела до четырех утра. Вот как это случилось.

Через два часа после моего заключения мадам Леотар узнала, что приехала ее дочь из Москвы, вдруг заболела и желает ее видеть. Мадам Леотар уехала, позабыв обо мне. Девушка, ходившая за нами, вероятно, предположила, что я уже выпущена. Катя была отозвана вниз и принуждена была просидеть у матери до одиннадцати часов вечера. Воротясь, она чрезвычайно изумилась, что меня нет на постели. Девушка раздела ее, уложила, но княжна имела свои причины не спрашивать обо мне. Она легла, поджидая меня, зная наверно, что я арестована на четыре часа, и полагая, что меня приведет наша няня. Но Настя забыла про меня совершенно, тем более что я раздевалась всегда сама. Таким образом, я осталась ночевать под арестом.

В четыре часа ночи услышала я, что стучат и ломятся в мою комнату. Я спала, улегшись кое-как на полу, проснулась и закричала от страха, но тотчас же отличил голос Кати, который раздавался громче всех, потом голос мадам Леотар, потом испуганной Насти, потом ключницы. Наконец отворили дверь, и мадам Леотар обняла меня со слезами на глазах, прося простить ее за то, что она обо мне позабыла. Я бросилась к ней на шею, вся в слезах. Я продрогла от холода, и все кости болели у меня от лежанья на голом полу. Я искала глазами Катю, но она побежала в нашу спальню, прыгнула в постель, и когда я вошла, она уже спала или притворялась спящею. Поджидая меня с вечера, она невзначай заснула и проспала до четырех часов утра. Когда же проснулась, подняла шум, целый содом, разбудила воротившуюся мадам Леотар, няню, всех девушек и освободила меня.

Наутро все в доме узнали о моем приключении; даже княгиня сказала, что со мной поступили слишком строго. Что же касается до князя, то в этот день я его видела, в первый раз в жизни, рассерженным Он вошел наверх в десять часов утра в сильном волнении.

- Помилуйте, - начал он к мадам Леотар, - что вы делаете? Как вы поступили с бедным ребенком? Это варварство, чистое варварство, скифство! Больной, слабый ребенок, такая мечтательная, пугливая девочка, фантазерка, и посадить ее в темную комнату, на целую ночь! Но это значит губить ее! Разве вы не знаете ее истории? Это варварство, это бесчеловечно, я вам говорю, сударыня! И как можно такое наказание? кто изобрел, кто мог изобресть такое наказание?

Бедная мадам Леотар, со слезами на глазах, в смущении начала объяснять ему всё дело, сказала, что она забыла обо мне, что к ней приехала дочь, но что наказание само в себе хорошее, если продолжается недолго, и что даже Жан-Жак Руссо говорит нечто подобное.

- Жан-Жак Руссо, сударыня! Но Жан-Жак не мог говорить этого: Жан-Жак не авторитет, Жан-Жак Руссо не смел говорить о воспитании, не имел права на то. Жан-Жак Руссо отказался от собственных детей, сударыня! Жан-Жак дурной человек, сударыня!

- Жан-Жак Руссо! Жан-Жак дурной человек! Князь! князь! что вы говорите?

И мадам Леотар вся вспыхнула.

Мадам Леотар была чудесная женщина и прежде всего не любила обижаться; но затронуть кого-нибудь из любимцев ее, потревожить классическую тень Корнеля, Расина, оскорбить Вольтера, назвать Жан-Жака Руссо дурным человеком, назвать его варваром, - боже мой! Слезы выступили из глаз мадам Леотар; старушка дрожала от волнения.

- Вы забываетесь, князь! - проговорила она наконец вне себя от волнения.

Князь тотчас же спохватился и попросил прощения, потом подошел ко мне, поцеловал меня с глубоким чувством, перекрестил и вышел из комнаты.

- Pauvre prince![2] - сказала мадам Леотар, расчувствовавшись в свою очередь. Потом мы сели за классный стол.

Но княжна училась очень рассеянно. Перед тем как идти к обеду, она подошла ко мне, вся разгоревшись, со смехом на губах, остановилась против меня, схватила меня за плечи и сказала торопливо, как будто чего-то стыдясь:

- Что? насиделась вчера за меня? После обеда пойдем играть в залу.

Кто-то прошел мимо нас, и княжна мигом отвернулась от меня.

После обеда, в сумерки, мы обе сошли вниз в большую залу, схватившись за руки. Княжна была в глубоком волнении и тяжело переводила дух. Я была радостна и счастлива, как никогда не бывала.

- Хочешь в мяч играть? - сказала она мне. - Становись здесь!

Она поставила меня в одном углу залы, но сама, вместо того чтоб отойти и бросить мне мяч, остановилась в трех шагах от меня, взглянула на меня, покраснела и упала на диван, закрыв лицо обеими руками. Я сделала движение к ней; она думала, что я хочу уйти.

- Не ходи, Неточка, побудь со мной, - сказала она, - это сейчас пройдет.

Но мигом она вскочила с места и, вся раскрасневшись, вся в слезах, бросилась мне на шею. Щеки ее были влажны, губки вспухли, как вишенки, локоны рассыпались в беспорядке. Она целовала меня как безумная, целовала мне лицо, глаза, губы, шею, руки; она рыдала как в истерике; я крепко прижалась к ней, и мы сладко, радостно обнялись, как друзья, Как любовники, которые свиделись после долгой разлуки. Сердце Кати билось так сильно, что я слышала каждый удар.

Но в соседней комнате раздался голос. Звали Катю к княгине.

- Ах, Неточка! Ну! до вечера, до ночи! Ступай теперь наверх, жди меня.

Она поцеловала меня последний раз тихо, неслышно, крепко и бросилась от меня на зов Насти. Я прибежала наверх как воскресшая, бросилась на диван, спрятала в подушки голову и зарыдала от восторга. Сердце колотилось, как будто грудь хотело пробить. Не помню, как дожила я до ночи. Наконец пробило одиннадцать, и я легла спать. Княжна воротилась только в двенадцать часов; она издали улыбнулась мне, но не сказала ни слова. Настя стала ее раздевать и как будто нарочно медлила.

- Скорее, скорее, Настя! - бормотала Катя.

---

[2] Бедный князь! (франц.)

- Что это вы, княжна, верно, бежали по лестнице, что у вас так сердце колотится?.. - спросила Настя.

- Ах, боже мой, Настя! какая скучная! Скорее, скорее! - И княжна в досаде ударила ножкой об пол.

- Ух, какое сердечко! - сказала Настя, поцеловав ножку княжны, которую разувала.

Наконец всё было кончено, княжна легла, и Настя вышла из комнаты. Вмиг Катя вскочила с постели и бросилась ко мне. Я вскрикнула, встречая ее.

- Пойдем ко мне, ложись ко мне! - заговорила она, подняв меня с постели. Мгновенье спустя я была в ее постели, мы обнялись и жадно прижались друг к другу. Княжна зацеловала меня в пух.

- А ведь я помню, как ты меня ночью целовала! - сказала она, покраснев как мак.

Я рыдала.

- Неточка! - прошептала Катя сквозь слезы, - ангел ты мой, я ведь тебя так давно, так давно уж люблю! Знаешь, с которых пор?

- Когда?

- Как папа приказал у тебя прощения просить, тогда как ты за своего папу заступилась, Неточка... Си-ро-точка ты моя! - протянула она, снова осыпая меня поцелуями. Она плакала и смеялась вместе.

- Ах, Катя!

- Ну, что? ну, что?

- Зачем мы так долго... так долго... - и я не договорила. Мы обнялись и минуты три не говорили ни слова.

- Послушай, ты что, думала про меня? - спросила княжна.

- Ах, как много думала, Катя! всё думала, и день и ночь думала.

- И ночью про меня говорила, я слышала.

- Неужели?

- Плакала сколько раз.

- Видишь! Что ж ты всё была такая гордая?

- Я ведь была глупа, Неточка. Это на меня так придет, и кончено. Я всё зла была на тебя.

- За что?

- За то, что сама дурная была. Прежде за то, что ты лучше меня; потом за то, что тебя папа больше любит. А папа добрый человек, Неточка! да?

- Ах, да! - отвечала я со слезами, вспомнив про князя.

- Хороший человек, - серьезно сказала Катя, - да что мне с ним делать? он всё такой... Ну, а потом стала у тебя прощенья просить и чуть не заплакала, и за это опять рассердилась.

- А я-то видела, а я-то видела, что ты плакать хотела.

- Ну, молчи ты, дурочка, плакса такая сама! - крикнула на меня Катя, зажав мне рот рукою. - Слушай, мне очень хотелось любить тебя, а потом вдруг ненавидеть захочется, и так ненавижу, так ненавижу!..

- За что же?

- Да уж я сердита на тебя была. Не знаю за что! А потом я и увидела, что ты без меня жить не можешь, и думаю: вот уж замучу я ее, скверную!

- Ах, Катя!

- Душка моя! - сказала Катя, целуя мне руку. - Ну, а потом я с тобой говорить не хотела, никак не хотела. А помнишь, Фальстафку я гладила?

- Ах ты, бесстрашная!

- Как я тру...си...ла-то, - протянула княжна. - Ты знаешь ли, почему я к нему пошла?

- Почему?

- Да ты смотрела. Когда увидела, что ты смотришь... ах! будь что будет, да и пошла. Испугала я тебя, а? Боялась ты за меня?

- Ужасть!

- Я видела. А уж я-то как рада была, что Фальстафка ушел! Господи, как я трусила потом, как он ушел, чу...до...вище этакое!

И княжна захохотала нервическим смехом; потом вдруг приподняла свою горячую голову и начала пристально глядеть на меня. Слезинки, как жемчужинки, дрожали на ее длинных ресницах.

- Ну, что в тебе есть, что я тебя так полюбила? Ишь, бледненькая, волосы белокуренькие, сама глупенькая, плакса такая, глаза голубенькие, си...ро...точка ты моя!!!

И Катя нагнулась опять без счету целовать меня. Несколько капель ее слез упали на мои щеки. Она была глубоко растрогана.

- Ведь как любила-то тебя, а всё думаю - нет да нет! не скажу ей! И ведь как упрямилась! Чего я боялась, чего я стыдилась тебя! Ведь смотри, как нам теперь хорошо!

- Катя! больно мне как! - сказала я, вся в исступлении от радости. - Душу ломит!

- Да, Неточка! Слушай дальше... да, слушай, кто тебя Неточкой прозвал?

- Мама.

- Ты мне всё про маму расскажешь?

- Всё, всё, - отвечала я с восторгом.

- А куда ты два платка мои дела, с кружевами? а ленту зачем унесла? Ах ты, бесстыдница! Я ведь это знаю.

Я засмеялась и покраснела до слез.

- Нет, думаю: помучу ее, подождет. А иной раз думаю: да я ее вовсе не люблю, я ее терпеть не могу. А ты всё такая кроткая, такая овечка ты моя!

А ведь как я боялась, что ты думаешь про меня, что я глупа! Ты умна, Неточка, ведь ты очень умна? а?

- Ну, что ты. Катя! - отвечала я, чуть не обидевшись.

- Нет, ты умна, - сказала Катя решительно и серьезно, - это я знаю. Только раз я утром встала и так тебя полюбила, что ужас! Ты мне во всю ночь снилась. Думаю, я к маме буду проситься и там буду жить. Не хочу я ее любить, не хочу! А на следующую ночь засыпаю и думаю: кабы она пришла, как и в прошлую ночь, а ты и пришла! Ах, как я притворялась, что сплю... Ах, какие мы бесстыдницы, Неточка!

- Да за что ж ты меня всё любить не хотела?

- Так... да что я говорю! ведь я тебя всё любила! всё любила! Уж потом и терпеть не могла; думаю, зацелую я ее когда-нибудь или ищиплю всю до смерти. Вот тебе, глупенькая ты этакая!

И княжна ущипнула меня.

- А помнишь, я тебе башмак подвязывала?

- Помню.

- Помню; хорошо тебе было? Смотрю я на тебя: экая милочка, думаю: дай я ей башмак подвяжу, что она будет думать! Да так мне самой хорошо стало. И ведь, право, хотела поцеловаться с тобою... да и не поцеловала. А потом так смешно стало, так смешно! И всю дорогу, как гуляли вместе, так вот вдруг и хочу захохотать. На тебя смотреть не могу, так смешно. А ведь как я рада была, что ты за меня в темницу пошла!

Пустая комната называлась "темницей".

- А ты струсила?

- Ужас как струсила.

- Да не тому еще рада, что ты на себя сказала, а рада тому была, что ты за меня посидишь! Думаю: плачет она теперь, а я-то ее как люблю! Завтра буду ее так целовать, так целовать! И ведь не жалко, ей-богу, не жалко было тебя, хоть я и поплакала.

- А я-то вот и не плакала, нарочно рада была!

- Не плакала? ах ты злая! - закричала княжна, всасываясь в меня своими губками.

- Катя, Катя! Боже мой, какая ты хорошенькая!

- Не правда ли? Ну, теперь что хочешь со мной, то и делай! Тирань меня, щипли меня! Пожалуйста, ущипни меня! Голубчик мой, ущипни!

- Шалунья!

- Ну, еще что?

- Дурочка...

- А еще?

- А еще поцелуй меня.

И мы целовались, плакали, хохотали; у нас губы распухли от поцелуев.

- Неточка! во-первых, ты всегда будешь ко мне спать приходить. Ты целоваться любишь? И целоваться будем. Потом я не хочу, чтоб ты была такая скучная. Отчего тебе скучно было? Ты мне расскажешь, а?

- Всё расскажу; но мне теперь не скучно, а весело!

- Нет, уж будут у тебя румяные щеки, как у меня! Ах, кабы завтра поскорей пришло! Тебе хочется спать, Неточка?

- Нет.

- Ну, так давай говорить.

И часа два мы еще проболтали. Бог знает, чего мы не переговорили. Во-первых, княжна сообщила мне все свои планы для будущего и настоящее положение вещей. И вот я узнала, что папу она любит больше всех, почти больше меня. Потом мы порешили обе, что мадам Леотар прекрасная женщина и что она вовсе не строгая. Далее, мы тут же выдумали, что мы будем делать завтра, послезавтра, и вообще рассчитали жизнь чуть ли не на двадцать лет. Катя выдумала, что мы будем так жить: она мне будет один день приказывать, а я всё исполнять, а другой день наоборот - я приказывать, а она беспрекословно слушаться; а потом мы обе будем поровну друг другу приказывать; а там кто-нибудь нарочно не послушается, так мы сначала поссоримся, так, для виду, а потом как-нибудь поскорее помиримся. Одним словом, нас ожидало бесконечное счастие. Наконец мы утомились болтать, у меня закрывались глаза. Катя смеялась надо мной, что я соня, и сама заснула прежде меня. Наутро мы проснулись разом, поцеловались наскоро, потому что к нам входили, и я успела добежать до своей кровати.

Весь день мы не знали, что делать друг с другом от радости. Мы всё прятались и бегали от всех, более всего опасаясь чужого глаза. Наконец я начала ей свою историю. Катя потрясена была до слез моим рассказом.

- Злая, злая ты этакая! Для чего ты мне раньше всего не сказала? Я бы тебя так любила, так любила! И больно тебя мальчики били на улице?

- Больно. Я так боялась их!

- Ух, злые! Знаешь, Неточка, я сама видела, как один мальчик другого на улице бил. Завтра я тихонько возьму Фальстафкину плетку, и уж если один встретится такой, я его так прибью, так прибью!

Глазки ее сверкали от негодования.

Мы пугались, когда кто-нибудь входил. Мы боялись, чтоб нас не застали, когда мы целуемся. А целовались мы в этот день по крайней мере сто раз. Так прошел этот день и следующий. Я боялась умереть от восторга, задыхалась от счастья. Но счастье наше продолжалось недолго.

Мадам Леотар должна была доносить о каждом движении княжны. Она наблюдала за нами целые три дня, и в эти три дня у ней накопилось много чего рассказать. Наконец она пошла к княгине и объявила ей всё,

84

что подметила, - что мы обе в каком-то исступлении, уже целых три дня не разлучаемся друг с другом, поминутно целуемся, плачем, хохочем как безумные, - как безумные без умолку болтаем, тогда как этого прежде не было, что она не знает, чему приписать это всё, но ей кажется, что княжна в каком-нибудь болезненном кризисе, и, наконец, ей кажется, что нам лучше видеться пореже.

- Я давно это думала, - отвечала княгиня, - уж я знала, что эта странная сиротка наделает нам хлопот. Что мне рассказали про нее, про прежнюю жизнь ее, - ужас, настоящий ужас! Она имеет очевидное влияние на Катю. Вы говорите, Катя очень любит ее?

- Без памяти.

Княгиня покраснела от досады. Она уже ревновала ко мне свою дочь.

- Это ненатурально, - сказала она. - Прежде они были так чужды друг другу, и, признаюсь, я этому радовалась. Как бы ни была мала эта сиротка, но я ни за что не ручаюсь. Вы меня понимаете? Она уже с молоком всосала свое воспитание, свои привычки и, может быть, правила. И не понимаю, что находит в ней князь? Я тысячу раз предлагала отдать ее в пансион.

Мадам Леотар вздумала было за меня заступиться, но княгиня уже решила нашу разлуку. Тотчас прислали за Катей и уж внизу объявили ей, что она со мной не увидится до следующего воскресенья, то есть ровно неделю.

Я узнала про всё поздно вечером и была поражена ужасом; я думала о Кате, и мне казалось, что она не перенесет нашей разлуки. Я приходила в исступление от тоски, от горя и в ночь заболела; наутро пришел ко мне князь и шепнул, чтоб я надеялась. Князь употребил все свои усилия, но всё было тщетно: княгиня не изменяла намерения. Мало-помалу я стала приходить в отчаяние, у меня дух захватывало от горя.

На третий день, утром, Настя принесла мне записку от Кати. Катя писала карандашом, страшными каракулями, следующее:

"Я тебя очень люблю. Сижу с maman и всё думаю, как к тебе убежать. Но я убегу - я сказала, и потому не плачь. Напиши мне, как ты меня любишь. А я тебя обнимала всю ночь во сне, ужасно страдала, Неточка. Посылаю тебе конфет. Прощай".

Я отвечала в этом же роде. Весь день проплакала я над запиской Кати. Мадам Леотар замучила меня своими ласками. Вечером я узнала, она пошла к князю и сказала, что я непременно буду больна в третий раз, если не увижусь с Катей, и что она раскаивается, что сказала княгине. Я расспрашивала Настю: что с Катей? Она отвечала мне, что Катя не плачет, но ужасно бледна.

Наутро Настя шепнула мне:

- Ступайте в кабинет к его сиятельству. Спуститесь по лестнице, которая справа.

Всё во мне оживилось предчувствием. Задыхаясь от ожидания, я сбежала вниз и отворила дверь в кабинет. Ее не было. Вдруг Катя обхватила меня сзади и горячо поцеловала. Смех, слезы... Мигом Катя вырвалась из моих объятий, вскарабкалась на отца, вскочила на его плечи, как белка, но, не удержавшись, прыгнула с них на диван. За нею упал и князь. Княжна плакала от восторга.

- Папа́, какой ты хороший человек, папа́!
- Шалуньи вы! что с вами сделалось? что за дружба? что за любовь?
- Молчи, папа, ты наших дел не знаешь.

И мы снова бросились в объятия друг к другу. Я начала рассматривать ее ближе. Она похудела в три дня. Румянец слинял с ее личика, и бледность прокрадывалась на его место. Я заплакала с горя.

Наконец постучалась Настя. Знак, что схватились Кати и спрашивают. Катя побледнела как смерть.

- Полно, дети. Мы каждый день будем сходиться. Прощайте, и да благословит вас господь! - сказал князь.

Он был растроган, на нас глядя; но рассчитал очень худо. Вечером из Москвы пришло известие, что маленький Саша внезапно заболел и при последнем издыхании. Княгиня положила отправиться завтра же. Это случилось так скоро, что я ничего и не знала до самого прощания с княжной. На прощанье настоял сам князь, и княгиня едва согласилась. Княжна была как убитая. Я сбежала вниз не помня себя и бросилась к ней на шею. Дорожная карета уж ждала у подъезда. Катя вскрикнула, глядя на меня, и упала без чувств. Я бросилась целовать ее. Княгиня стала приводить ее в память. Наконец она очнулась и обняла меня снова.

- Прощай, Неточка! - сказала она мне, вдруг засмеявшись, с неизъяснимым движением в лице. - Ты не смотри на меня; это так; я не больна, я приеду через месяц опять. Тогда мы не разойдемся.
- Довольно, - сказала княгиня спокойно, - едем!

Но княжна воротилась еще раз. Она судорожно сжала меня в объятиях.

- Жизнь моя! - успела она прошептать, обнимая меня. - До свиданья!

Мы поцеловались в последний раз, и княжна исчезла - надолго, очень надолго. Прошло восемь лет до нашего свиданья!

Я нарочно рассказала так подробно этот эпизод моего детства, первого появления Кати в моей жизни. Но наши истории нераздельны. Ее роман - мой роман. Как будто суждено мне было встретить ее; как будто суждено ей было найти меня. Да и я не могла отказать себе в удовольствии перенестись еще раз воспоминанием в мое детство... Теперь рассказ мой пойдет быстрее. Жизнь моя вдруг впала в какое-то затишье, и я как будто очнулась вновь, когда мне уж минуло шестнадцать лет...

Но - несколько слов о том, что сталось со мною под отъезде княжеского семейства в Москву.

Мы остались с мадам Леотар.

Через две недели приехал нарочный и объявил, что поездка в Петербург отлагается на неопределенное время. Так как мадам Леотар, по семейным обстоятельствам, не могла ехать в Москву, то должность ее в доме князя кончилась; но она осталась в том же семействе и перешла к старшей дочери княгини, Александре Михайловне.

Я еще ничего не сказала про Александру Михайловну, да и видела я ее всего один раз. Она была дочь княгини еще от первого мужа. Происхождение и родство княгини было какое-то темное; первый муж ее был откупщик. Когда княгиня вышла замуж вторично, то решительно не знала, что ей делать со старшею дочерью. На блестящую партию она надеяться не могла. Приданое же давали за нею умеренное; наконец, четыре года назад, сумели выдать ее за человека богатого и в значительных чинах. Александра Михайловна поступила в другое общество и увидела кругом себя другой свет. Княгиня посещала ее в год по два раза; князь, вотчим ее, посещал ее каждую неделю вместе с Катей. Но в последнее время княгиня не любила пускать Катю к сестре, и князь возил ее потихоньку. Катя обожала сестру. Но они составляли целый контраст характеров. Александра Михайловна была женщина лет двадцати двух, тихая, нежная, любящая; словно какая-то затаенная грусть, какая-то скрытая сердечная боль сурово отеняли прекрасные черты ее. Серьезность и суровость как-то не шли к ее ангельски ясным чертам, словно траур к ребенку. Нельзя было взглянуть на нее, не почувствовав к ней глубокой симпатии. Она была бледна и, говорили, склонна к чахотке, когда я ее первый раз видела. Жила она очень уединенно и не любила ни съездов у себя, ни выездов в люди, - словно монастырка. Детей у нее не было. Помню, она приехала к мадам Леотар, подошла ко мне и с глубоким чувством поцеловала меня. С ней был один худощавый довольно Пожилой мужчина. Он прослезился, на меня глядя. Это был скрипач Б. Александра Михайловна обняла меня и спросила, хочу ли я жить у нее и быть ее дочерью. Посмотрев ей в лицо, я узнала сестру моей Кати и обняла ее с глухою болью в сердце, от которой заныла вся грудь моя... как будто кто-то еще раз произнес надо мною: "Сиротка!" Тогда Александра Михайловна показала мне письмо от князя. В нем было несколько строк ко мне, и я прочла их с глухими рыданиями. Князь благословлял меня на долгую жизнь и -на счастье и просил любить другую дочь его. Катя приписала мне тоже несколько строк. Она писала, что не разлучается теперь с матерью!

И вот вечером я вошла в другую семью, в другой дом, к новым людям, в другой раз оторвав сердце от всего, что мне стало так мило, что было уже для меня родное. Я приехала вся измученная" истерзанная от душевной тоски... Теперь начинается новая история.

VI

Новая жизнь моя пошла так безмятежно и тихо, как будто я поселилась среди затворников... Я прожила у моих воспитателей с лишком восемь лет и не помню, чтоб во всё это время, кроме каких-нибудь нескольких раз, в доме был званый вечер, обед или как бы нибудь собрались родные, друзья и знакомые. Исключая двух-трех лиц, которые езжали изредка, музыканта Б., который был другом дома, да тех, которые бывали у мужа Александры Михайловны, почти всегда по делам, в наш дом более никто не являлся. Муж Александры Михайловны постоянно был занят делами и службою и только изредка мог выгадывать хоть сколько-нибудь свободного времени, которое и делилось поровну между семейством и светскою жизнью. Значительные связи, которыми пренебрегать было невозможно, заставляли его довольно часто напоминать о себе в обществе. Почти всюду носилась молва о его неограниченном честолюбии; но так как он пользовался репутацией человека делового, серьезного, так как он занимал весьма видное место, а счастье и удача как будто сами ловили его на дороге, то общественное мнение далеко не отнимало у него своей симпатии. Даже было и более. К нему все постоянно чувствовали какое-то особенное участие, в котором, обратно, совершенно отказывали жене его. Александра Михайловна жила в полном одиночестве; но она как будто и рада была тому. Ее тихий характер как будто создан был для затворничества.

Она привязана была ко мне всей душой, полюбила меня, как родное дитя свое, и я, еще с неостывшими слезами от разлуки с Катей, еще с болевшим сердцем, жадно бросилась в материнские объятия моей благодетельницы.

С тех пор горячая моя любовь к ней не прерывалась Она была мне мать, сестра, друг, заменила мне всё на свете и взлелеяла мою юность. К тому же я скоро заметила инстинктом, предчувствием, что судьба ее вовсе не так красна, как о том можно было судить с первого взгляда по ее тихой, казавшейся спокойною, жизни, по видимой свободе, по безмятежно-ясной улыбке, которая так часто светлела на лице ее, и потому каждый день моего развития объяснял мне что-нибудь новое в судьбе моей благодетельницы, что-то такое, что мучительно и медленно угадывалось сердцем моим, и вместе с грустным сознанием всё более и более росла и крепла моя к ней привязанность.

Характер ее был робок, слаб. Смотря на ясные, спокойные черты лица ее, нельзя было предположить с первого раза, чтоб какая-нибудь тревога могла смутить ее праведное сердце. Помыслить нельзя было, чтоб она могла не любить хоть кого-нибудь; сострадание всегда брало в ее душе верх даже над самим отвращением, - а между тем она привязана была к немногим друзьям и жила в полном уединении... Она была страстна и впечатлительна по натуре своей, но в то же время как будто сама боялась своих впечатлений, как будто каждую минуту стерегла свое сердце, не давая ему забыться, хотя бы в мечтанье Иногда вдруг, среди самой светлой минуты, я замечала слезы в глазах ее: словно внезапное тягостное воспоминание чего-то мучительно терзавшего ее совесть вспыхивало в ее душе; как будто что-то стерегло ее счастье и враждебно смущало его. И чем, казалось, счастливее была она, чем покойнее, яснее была минута ее жизни, тем ближе была тоска, тем вероятнее была внезапная грусть, слезы: как будто на нее находил припадок. Я не запомню ни одного спокойного месяца в целые восемь лет. Муж, по-видимому, очень любил ее; она обожала его. Но с первого взгляда казалось, как будто что-то было недосказано между ними. Какая-то тайна была в судьбе ее; по крайней мере я начала подозревать с первой минуты...

Муж Александры Михайловны с первого раза произвел на меня угрюмое впечатление. Это впечатление зародилось в детстве и уже никогда не изглаживалось. С виду это был человек высокий, худой и как будто с намерением скрывавший свой взгляд под большими зелеными очками. Он был несообщителен, сух и даже глаз на глаз с женой как будто не находил темы для разговора. Он видимо тяготился людьми. На меня он не обращал никакого внимания, а между тем я каждый раз, когда, бывало, вечером все трое сойдемся в гостиной Александры Михайловны пить чай, была сама не своя во время его присутствия. Украдкой взглядывала я на Александру Михайловну и с тоскою замечала, что и она вся как будто трепещет пред ним, как будто обдумывает каждое свое движение, бледнеет, если замечает, что муж становится особенно суров и угрюм, или внезапно вся покраснеет, как будто услышав или угадав какой-нибудь намек в каком-нибудь слове мужа. Я чувствовала, что ей тяжело быть с ним вместе, а между тем она, по-видимому, жить не могла без него ни минуты. Меня поражало ее необыкновенное внимание к нему, к каждому его слову, к каждому движению; как будто бы ей хотелось всеми силами в чем-то угодить ему, как будто она чувствовала, что ей не удавалось исполнить своего желания. Она как будто вымаливала у него одобрения: малейшая улыбка на его лице, полслова ласкового - и она была счастлива; точно как будто это были первые минуты еще робкой, еще безнадежной любви. Она за мужем ухаживала как за трудным больным. Когда же он уходил к себе в кабинет, пожав руку Александры Михайловны, на которую, как мне казалось, смотрел всегда с каким-то тягостным для нее состраданием, она вся переменялась. Движения, разговор ее тотчас же становились веселее, свободнее. Но какое-то смущение еще надолго оставалось в ней после каждого свидания с мужем. Она тотчас же начинала припоминать каждое слово, им сказанное, как будто взвешивая все слова его. Нередко обращалась она ко мне с вопросом: так ли она слышала и так ли именно выразился Петр Александрович? - как будто ища какого-то другого смысла в том, что он говорил, и только, может быть, целый час спустя, совершенно ободрялась, как будто убедившись, что он совершенно доволен ею и что она напрасно тревожится. Тогда она вдруг становилась добра, весела, радостна, целовала меня, смеялась со мной или подходила к фортепьяно и импровизировала на них часа два. Но нередко радость ее вдруг прерывалась: она начинала плакать, и когда я смотрела на нее, вся в тревоге, в смущении, в испуге, она тотчас уверяла меня шепотом, как будто боясь, чтоб нас не услышали, что слезы ее так, ничего, что ей весело и чтоб я об ней не мучилась. Случалось, что в отсутствие мужа она вдруг начинала тревожиться, расспрашивать о нем, беспокоиться: посылала узнать, что он делает, разузнавала от своей девушки, зачем приказано подавать лошадей и куда он хочет ехать, не болен ли он, весел или скучен, что говорил и т. д. О делах и занятиях его она как будто не смела с ним сама заговаривать. Когда он советовал ей что-нибудь или просил о чем, она выслушивала его так покорно, так робела за себя, как будто была его раба. Она очень любила, чтоб он похвалил что-нибудь у ней, какую-нибудь вещь, книгу, какое-нибудь ее рукоделье. Она как будто тщеславилась этим и тотчас делалась счастлива. Но радостям ее не было конца, когда он невзначай (что было очень редко) вздумает приласкать малюток детей, которых было двое. Лицо ее преображалось, сияло счастием, и в эти минуты ей случалось даже слишком увлечься своею радостью перед мужем. Она, например, даже до того простирала смелость, что вдруг сама, без его вызова, предлагала ему, конечно, с робостью и трепещущим голосом, чтоб он или выслушал новую музыку, которую она получила, или сказал свое мнение о какой-нибудь книге, или даже позволил ей прочесть себе страницу-другую какого-нибудь автора, который в тот день произвел на нее особенное впечатление. Иногда муж благосклонно исполнял все желания ее и даже снисходительно ей улыбался, как улыбаются баловнику дитяти, которому не хотят отказать в иной странной прихоти, боясь преждевременно и враждебно смутить его наивность. Но, не знаю почему, меня до глубины души возмущали эта улыбка, это высокомерное снисхождение, это неравенство между ними; я молчала, удерживалась и только прилежно следила за ними с ребяческим любопытством, но с преждевременно суровой думой. В другой раз я замечала, что он вдруг как будто невольно спохватится, как будто опомнится; как будто он внезапно, через силу и против воли, вспомнит о чем-то тяжелом, ужасном, неизбежном; мигом снисходительная улыбка исчезает с лица его и глаза его вдруг устремляются на оторопевшую жену с таким состраданием, от которого я вздрагивала, которое, как теперь сознаю, если б было ко мне, то я бы измучилась. В ту же минуту радость исчезала с лица Александры Михайловны. Музыка или чтение прерывались. Она бледнела, но крепилась и молчала. Наступала неприятная минута, тоскливая минута, которая иногда долго длилась. Наконец муж прерывал ее. Он подымался с места, как будто через силу подавляя в себе досаду и волнение, и, пройдя несколько раз по комнате в угрюмом молчании, жал руку жене, глубоко вздыхал и, в очевидном смущении, сказав несколько отрывистых слов, в которых как бы проглядывало желание утешить жену, выходил из комнаты, а Александра Михайловна ударялась в слезы или впадала в страшную, долгую грусть. Часто он благословлял и крестил ее, как ребенка, прощаясь с ней с вечера, и она принимала его благословение со слезами благодарности и с благоговением. Но не могу забыть нескольких вечеров в нашем доме (в целые восемь лет - двух-трех, не более), когда Александра Михайловна как будто вдруг вся переменялась. Какой-то гнев, какое-то негодование отражались на обыкновенно тихом лице ее вместо всегдашнего самоуничижения и благоговения к мужу. Иногда целый час приготовлялась гроза; муж становился молчаливее, суровее и угрюмее обыкновенного. Наконец больное сердце бедной женщины как будто не выносило. Она начинала прерывающимся от волнения голосом разговор, сначала отрывистый, бессвязный, полный каких-то намеков и горьких недомолвок; потом, как будто не вынося тоски своей, вдруг разрешалась слезами, рыданиями, а затем следовал взрыв негодования, укоров, жалоб, отчаяния, - словно она впадала в болезненный кризис. И тогда нужно было видеть, с каким терпением выносил это муж, с каким участием склонял ее успокоиться, целовал ее руки и даже, наконец, начинал плакать вместе с нею; тогда вдруг она как будто опомнится, как будто совесть крикнет на нее и уличит в преступлении. Слезы мужа потрясали ее, и она, ломая руки, в отчаянии, с судорожными рыданиями, у ног его вымаливала о прощении, которое тотчас же получала. Но еще надолго

91

продолжались мучения ее совести, слезы и моления простить ее, и еще робче, еще трепетнее становилась она перед ним на целые месяцы. Я ничего не могла понять в этих укорах и упреках; меня же и высылали в это время из комнаты, и всегда очень неловко. Но скрыться совершенно от меня не могли. Я наблюдала, замечала, угадывала, и с самого начала вселилось в меня темное подозрение, что какая-то тайна лежит на всем этом, что эти внезапные взрывы уязвленного сердца не простой нервный кризис, что недаром же всегда хмурен муж, что недаром это как будто двусмысленное сострадание его к бедной, больной жене, что недаром всегдашняя робость и трепет ее перед ним и эта смиренная, странная любовь, которую она даже не смела проявить пред мужем, что недаром это уединение, эта монастырская жизнь, эта краска и эта внезапная смертная бледность на лице ее в присутствии мужа.

Но так как подобные сцены с мужем были очень редки так как жизнь наша была очень однообразна и я уже слишком близко к ней присмотрелась; так как, наконец, я развивалась и росла очень быстро и много уж начало пробуждаться во мне нового, хотя бессознательного, отвлекавшего меня от моих наблюдений, то я и привыкла наконец к этой жизни, к этим обычаям и к характерам, которые меня окружали. Я, конечно, не могла не задумываться подчас, глядя на Александру Михайловну, но думы мои покамест не разрешались ничем. Я же крепко любила ее, уважала ее тоску и потому боялась смущать ее подымчивое сердце своим любопытством. Она понимала меня и сколько раз готова была благодарить меня за мою к ней привязанность! То, заметив заботу мою, улыбалась нередко сквозь слезы и сама шутила над частыми слезам своими; то вдруг начнет рассказывать мне, что она очень довольна, очень счастлива, что к ней все так добры, что все те, которых она знала, до сих пор так любили ее, что ее очень мучит то, что Петр Александрович вечно тоскует о ней, о ее душевном спокойствии, тогда как она, напротив, так счастлива, так счастлива!.. И тут она обнимала меня с таким глубоким чувством, такою любовью светилось лицо ее, что сердце мое, если можно сказать, как-то болело сочувствием к ней.

Черты лица ее никогда не изгладятся из моей памяти. Они были правильны, а худоба и бледность, казалось, еще более возвышали строгую прелесть ее красоты. Густейшие черные волосы, зачесанные гладко книзу, бросали суровую, резкую тень на окраины щек; но, казалось, тем любовнее поражал вас контраст ее нежного взгляда, больших детски ясных голубых глаз, робкой улыбки и всего этого кроткого, бледного лица, на котором отражалось подчас так много наивного, несмелого, как бы незащищенного, как будто боявшегося за каждое ощущение, за каждый порыв сердца - и за мгновенную радость, и за частую тихую грусть. Но в иную счастливую, нетревожную минуту в этом взгляде, проницавшем в сердце, было столько ясного, светлого, как день, столько праведно-спокойного; эти глаза, голубые как небо, сияли такою любовью, смотрели так сладко, в них отражалось всегда такое глубокое чувство симпатии ко всему, что было благородно, ко всему, что просило любви, молило о сострадании, - что вся душа покорялась ей, невольно стремилась к ней и, казалось, О нее же принимала и эту ясность, и это спокойствие духа и примирение, и любовь. Так в иной раз засмотришься на голубое небо и чувствуешь, что готов пробыть целые часы в сладостном созерцании и что свободнее, спокойнее становится в эти минуты душа, точно в ней, как будто в тихой пелене воды, отразился величавый купол небесный. Когда же - и это так часто случалось - одушевление нагоняло краску на ее лицо и грудь ее колыхалась от волнения, тогда глаза ее блестели как молния, как будто метали искры, как будто вся ее душа, целомудренно сохранившая чистый пламень прекрасного, теперь ее воодушевившего, переселялась в них. В эти минуты она была как вдохновенная. И в таких внезапных порывах увлечения, в таких переходах от тихого, робкого настроения духа к просветленному, высокому одушевлению, к чистому, строгому энтузиазму вместе с тем было столько наивного, детски скорого, столько младенческого верования, что художник, кажется, полжизни бы отдал, чтоб подметить такую минуту светлого восторга и перенесть это вдохновенное лицо на полотно.

С первых дней моих в этом доме я увидела, что она даже обрадовалась мне в своем уединении. Тогда еще у ней было только одно дитя и только год как она была матерью. Но я вполне была ее дочерью, и различий между мной и своими она делать не могла. С каким жаром она принялась за мое воспитание! Она так заторопилась вначале, что мадам Леотар невольно улыбалась, на нее глядя. В самом деле, мы было взялись вдруг за всё, так что и не поняли было друг друга. Например, она взялась учить меня сама и вдруг очень многому, но так многому, что выходило с ее стороны больше горячки, больше жара, более любовного нетерпения, чем истинной пользы для меня. Сначала она была огорчена своим неуменьем; но, рассмеявшись, мы принялись сызнова, хотя Александра Михайловна, несмотря на первую неудачу, смело объявила себя против системы мадам Леотар. Они спорили смеясь, но новая воспитательница моя наотрез объявила себя против всякой системы, утверждая, что мы с нею ощупью найдем настоящую дорогу, что нечего мне набивать голову сухими познаниями и что весь успех зависит от уразумения моих инстинктов и от уменья возбудить во мне добрую волю, - и она была права, потому что вполне одерживала победу. Во-первых, с самого начала совершенно исчезли роли ученицы и наставницы. Мы учились, как две подруги, и иногда делалось так, что как будто я учила Александру Михайловну, не замечая хитрости. Так, между нами часто рождались споры, и я из всех сил горячилась, чтоб доказать дело, как я его понимаю, и незаметно Александра Михайловна выводила меня на настоящий путь. Но кончалось тем, что, когда мы доберемся до истины, я тотчас догадывалась, изобличала уловку Александры Михайловны, взвесив все ее старания со мной, нередко целые часы, пожертвованные таким образом для моей пользы, я бросалась к ней на шею и крепко обнимала ее после каждого урока. Моя чувствительность изумляла и трогала ее даже до недоумения. Она с любопытством начинала расспрашивать о моем прошедшем, желая услышать его от меня, и каждый раз после моих рассказов становилась со мной нежнее и серьезнее, - серьезнее, потому что я, с моим несчастным детством, внушала ей, вместе с состраданием как будто какое-то уважение. После моих признаний мы пускались обыкновенно в долгие разговоры, которыми она мне же объясняла мое прошлое, так что я действительно как будто вновь переживала его и многому вновь научалась. Мадам Леотар часто находила эти разговоры слишком серьезными и, видя мои невольные слезы, считала их совсем не у места. Я же думала совершенно напротив, потому что после этих уроков мне становилось так легко и сладко, как будто и не было в моей судьбе ничего несчастного. Сверх того, я была слишком благодарна Александре Михайловне за то, что с каждым днем она всё более и более заставляла так любить себя. Мадам Леотар и невдомек было, что таким образом, мало-помалу, уравнивалось и приходило в стройную гармонию всё, что прежде поднималось из души неправильно, преждевременно-бурно и до чего доходило мое детское сердце, всё изъязвленное, с мучительною болью, так что несправедливо ожесточалось оно и плакалось на эту боль, не понимая, откуда удары.

День начинался тем, что мы обе сходились в детской у ее ребенка, будили его, одевали, убирали, кормили его, забавляли, учили его говорить. Наконец мы оставляли ребенка и садились за дело. Учились мы многому, но бог знает, какая это была наука. Тут было всё, и вместе с тем ничего определенного. Мы читали, рассказывали друг другу свои впечатления, бросали книгу для музыки, и целые часы летели незаметно. По вечерам часто приходил Б., друг Александры Михайловны, приходила мадам Леотар; нередко начинался разговор самый жаркий, горячий об искусстве, о жизни (которую мы в нашем кружке знали только понаслышке), о действительности, об идеалах, о прошедшем и будущем, и мы засиживались за полночь. Я слушала из всех сил, воспламенялась вместе с другими, смеялась или была растрогана, и тут-то узнала я в подробности всё то, что касалось до моего отца и до моего первого детства. Между тем я росла; мне нанимали учителей, от которых, без

Александры Михайловны, я бы ничему не научилась. С учителем географии я бы только ослепла, отыскивая на карте города и реки. С Александрой Михайловной мы пускались в такие путешествия, перебывали в таких странах, видели столько диковин, пережили столько восторженных, столько фантастических часов и так сильно было обоюдное рвение, что книг, прочитанных ею, наконец решительно недостало: мы принуждены были приняться за новые книги. Скоро я могла сама показывать моему учителю географии, хотя все-таки, нужно отдать ему справедливость, он до конца сохранил передо мной превосходство в полном и совершенно определительном познании градусов, под которыми лежал какой-нибудь городок, и тысяч, сотен и даже тех десятков жителей, которые в нем заключались. Учителю истории платились деньги тоже чрезвычайно исправно; но, по уходе его, мы с Александрой Михайловной историю учили по-своему: брались за книги и зачитывались иногда до глубокой ночи, или, лучше сказать, читала Александра Михайловна, потому что она же и держала цензуру. Никогда я не испытывала более восторга, как после этого чтения. Мы одушевлялись обе, как будто сами были героями. Конечно, между строчками читалось больше, чем в строчках; Александра же Михайловна, кроме того, прекрасно рассказывала, так, как будто при ней случилось всё, о чем мы читали. Но пусть будет, пожалуй, смешно, что мы так воспламенялись и просиживали за полночь, я - ребенок, она - уязвленное сердце, так тяжело переносившее жизнь! Я знала, что она как будто отдыхала подле меня. Припоминаю, что подчас я странно задумывалась, на нее глядя, я угадывала, и, прежде чем я начала жить, я уже угадала многое в жизни.

Наконец мне минуло тринадцать лет. Между тем здоровье Александры Михайловны становилось всё хуже и хуже. Она делалась раздражительнее, припадки ее безвыходной грусти ожесточеннее, визиты мужа начались чаще, и просиживал он с нею, разумеется, как и прежде, почти молча, суровый и хмурый, всё больше и больше времени. Ее судьба стала сильнее занимать меня. Я выходила из детства, во мне уж сформировалось много новых впечатлений, наблюдений, увлечений, догадок; ясно, что загадка, бывшая в этом семействе, всё более и более стала мучить меня. Были минуты, в которые мне казалось, что я что-то понимаю в этой загадке. В другое время я впадала в равнодушие, в апатию, даже в досаду, и забывала свое любопытство, не находя ни на один вопрос разрешения. Порой - и это случалось всё чаще и чаще - я испытывала странную потребность оставаться одной и думать, всё думать: моя настоящая минута похожа была на то время, когда еще я жила у родителей и когда вначале, прежде чем сошлась с отцом, целый год думала, соображала, приглядывалась из своего угла на свет божий, так что наконец совсем одичала среди фантастических призраков, мною же созданных. Разница была в том, что теперь было больше нетерпения, больше тоски, более новых, бессознательных порывов, более жажды к движению, к подымчивости, так что сосредоточиться на одном, как было прежде, я не могла. С своей стороны, Александра Михайловна как будто сама стала более удаляться меня. В этом возрасте я уже почти не могла ей быть подругой. Я была не ребенок, я слишком о многом спрашивала и подчас смотрела на нее так, что она должна была потуплять глаза предо мною. Были странные минуты. Я не могла видеть ее слез, и часто слезы накипали в моих глазах, глядя на нее. Я бросалась к ней на шею и горячо обнимала ее. Что она могла отвечать мне? Я чувствовала, что была ей в тягость. Но в другое время - и это было тяжелое, грустное время - она сама, как будто в каком-то отчаянии, судорожно обнимала меня, как будто искала моего участия, как будто не могла выносить своего одиночества, как будто я уж понимала ее, как будто мы страдали с ней вместе. Но между нами все-таки оставалась тайна, это было очевидно, и я уж сама начала удаляться от нее в эти минуты. Мне тяжело было с ней. Кроме того, нас уж мало что соединяло, одна музыка. Но музыку стали ей запрещать доктора. Книги? Но здесь было всего труднее. Она решительно не знала, как читать со мною. Мы, конечно, остановились бы на первой странице: каждое слово могло быть намеком, каждая незначащая фраза - загадкой. От разговора вдвоем, горячего, задушевного, мы обе бежали.

И вот в это время судьба внезапно и неожиданно повернула мою жизнь чрезвычайно-странным образом.

Мое внимание, мои чувства, сердце, голова - всё разом, с напряженною силою, доходившею даже до энтузиазма, обратилось вдруг к другой, совсем неожиданной деятельности, и я сама, не заметив того, вся перенеслась в новый мир; мне некогда было обернуться, Осмотреться, одуматься; я могла погибнуть, даже чувствовала это; но соблазн был сильнее страха, и я пошла наудачу, закрывши глаза. И надолго отвлеклась я от той действительности, которая так начинала тяготить меня и в которой я так жадно и бесполезно искала выхода. Вот что такое это было и вот как оно случилось.

Из столовой было три выхода: один в большие комнаты, другой в мою и в детские, а третий вел в библиотеку. Из библиотеки был еще другой ход, отделявшийся от моей комнаты только одним рабочим кабинетом, в котором обыкновенно помещался помощник Петра Александровича в делах, его переписчик, его сподручник, бывший в одно и то же время его секретарем и фактором. Ключ от шкафов и библиотеки хранился у него. Однажды, после обеда, когда его не было дома, я нашла этот ключ на полу. Меня взяло любопытство, и, вооружась своей находкой, я вошла в библиотеку. Это была довольно большая комната, очень светлая, уставленная кругом восемью большими шкафами, полными книг. Книг было очень много, и из них большая часть досталась Петру Александровичу как-то по наследству. Другая часть книг собрана была Александрой Михайловной, которая покупала их беспрестанно. До сих пор мне давали читать с большою осмотрительностию, так что я без труда догадалась, что мне многое запрещают и что многое для меня тайна. Вот почему я с неудержимым любопытством, в припадке страха и радости и какого-то особенного, безотчетного чувства, отворила первый шкаф и вынула первую книгу. В этом шкафе были романы. Я взяла один из них, затворила шкаф и унесла к себе книгу с таким странным ощущением, с таким биением и замиранием сердца, как будто я предчувствовала, что в моей жизни совершается большой переворот. Войдя к себе в комнату, я заперлась и раскрыла роман. Но читать я не могла; у меня была другая забота: мне сначала нужно было уладить прочно и окончательно свое обладание библиотекой, так чтоб никто того не знал и чтоб возможность иметь всякую книгу во всякое время осталась при мне. И потому я отложила свое наслаждение до более удобной минуты, книгу отнесла назад, а ключ утаила у себя. Я утаила его, и - это был первый дурной поступок в моей жизни. Я ждала последствий; они уладились чрезвычайно благоприятно: секретарь и помощник Петра Александровича, проискав ключа целый вечер и часть ночи со свечою на полу, решился наутро призвать слесаря, который из связки принесенных им ключей прибрал новый. Тем дело и кончилось, а о пропаже ключа никто более ничего не слыхал; я же повела дело так осторожно и хитро, что пошла в библиотеку только через неделю, совершенно уверившись в полной безопасности насчет всех подозрений. Сначала я выбирала время, когда секретаря не было дома; потом же стала заходить из столовой, потому что письмоводитель Петра Александровича имел у себя только ключ в кармане, а в дальнейшие сношения с книгами никогда не вступал и потому даже не входил в комнату, в которой они находились.

Я начала читать с жадностью, и скоро чтение увлекло меня совершенно. Все новые потребности мои, все недавние стремления, все еще неясные порывы моего отроческого возраста, так беспокойно и мятежно восставшие было в душе моей, нетерпеливо вызванные моим слишком ранним развитием, - всё это вдруг уклонилось в другой, неожиданно представший исход надолго, как будто вполне удовлетворившись новою пищею, как будто найдя себе правильный путь. Скоро сердце и голова моя были так очарованы, скоро фантазия моя развилась так широко, что я как будто забыла весь мир, который доселе окружал меня. Казалось, сама судьба остановила меня на пороге в новую жизнь, в которую я так порывалась, о которой гадала день и ночь, и, прежде чем пустить меня в неведомый путь, взвела меня на высоту, показав мне будущее в волшебной панораме, в заманчивой, блестящей перспективе. Мне суждено было пережить всю эту будущность, вычитав ее сначала из книг, пережить в мечтах, в надеждах, в страстных порывах, в сладостном волнении юного духа. Я начала чтение без разбора, с первой попавшейся мне под руку книги, но судьба хранила меня: то, что я узнала и выжила до сих пор, было так благородно, так строго, что теперь меня не могла уже соблазнить какая-нибудь лукавая, нечистая страница. Меня хранил мой детский инстинкт, мой ранний возраст и всё мое прошедшее. Теперь же сознание как будто вдруг осветило для меня всю прошлую жизнь мою. Действительно, почти каждая страница, прочитанная мною, была мне уж как будто знакома, как будто уже давно прожита; как будто все эти страсти, вся эта жизнь, представшая передо мною в таких неожиданных формах, в таких волшебных картинах, уже была мною испытана. И как не завлечься было мне до забвения настоящего, почти до отчуждения от действительности, когда передо мной в каждой книге, прочитанной мною, воплощались законы той же судьбы, тот же дух приключений, который царил над жизнию человека, но истекая из какого-то главного закона жизни человеческой, который был условием спасения, охранения и счастия. Этот-то закон, подозреваемый мною, я и старалась угадать всеми силами, всеми своими инстинктами, возбужденными во мне почти каким-то чувством самосохранения. Меня как будто предуведомляли вперед, как будто предостерегал кто-нибудь. Как будто что-то пророчески теснилось мне в душу, и с каждым днем всё более и более крепла надежда в душе моей, хотя вместе с тем всё сильнее и сильнее были мои порывы в эту будущность, в эту жизнь, которая каждодневно поражала меня в прочитанном мною со всей силой, свойственной искусству, со всеми обольщениями поэзии. Но, как я уже сказала, фантазия моя слишком владычествовала над моим нетерпением, и я, по правде, была смела лишь в мечтах, а на деле инстинктивно робела перед будущим. И потому, будто предварительно согласясь с собой, я бессознательно положила довольствоваться покуда миром фантазии, миром мечтательности, в котором уже я одна была владычицей, в котором были только одни обольщения, одни радости, и самое несчастье, если и было допускаемо, то играло роль пассивную, роль переходную, роль необходимую для сладких контрастов и для внезапного поворота судьбы к счастливой развязке моих головных восторженных романов. Так понимаю я теперь тогдашнее мое настроение.

И такая жизнь, жизнь фантазии, жизнь резкого отчуждения от всего меня окружавшего, могла продолжаться целые три года!

Эта жизнь была моя тайна, и после целых трех лет я еще не знала, бояться ли мне ее внезапного оглашения или нет. То, что я пережила в эти три года, было слишком мне родное, близкое. Во всех этих фантазиях слишком сильно отразилась я сама, до того, что, наконец, могла смутиться и испугаться чужого взгляда, чей бы он ни был, который бы неосторожно заглянул в мою душу. К тому же мы все, весь дом наш, жили так уединенно, так вне общества, в такой монастырской тиши, что невольно в каждом из нас должна была развиться сосредоточенность в себе самом, какая-то потребность самозаключения. То же и со мною случилось. В эти три года кругом меня ничего не преобразилось, всё осталось по-прежнему. По-прежнему цари, между нами унылое однообразие, которое, - как теперь думаю, если б я не была увлечена своей тайной, скрытной деятельностью, - истерзало бы мою душу и бросило бы меня в неизвестный мятежный исход из этого вялого, тоскливого круга, в исход, может быть, гибельный. Мадам Леотар постарела и почти совсем заключилась в своей комнате; дети были еще слишком малы; Б. был слишком однообразен, а муж Александры Михайловны - такой же суровый, такой же недоступный, такой же заключенный в себя, как и прежде. Между ним и женой по-прежнему была та же таинственность отношений, которая мне начала представляться всё более и более в грозном, суровом виде, я всё более и более пугалась за Александру Михайловну. Жизнь ее, безотрадная, бесцветная, видимо гасла в глазах моих. Здоровье ее становилось почти с каждым днем хуже и хуже. Как будто какое-то отчаяние вступило, наконец, в ее душу; она видимо была под гнетом чего-то неведомого, неопределенного, в чем и сама она не могла дать отчета, чего-то ужасного и вместе с тем ей самой непонятного, но которое она приняла как неизбежный крест своей осужденной жизни. Сердце ее ожесточалось, наконец, в этой глухой муке; даже ум ее принял другое направление, темное, грустное. Особенно поразило меня одно наблюдение: мне казалось, что чем более я входила в лета, тем более она как бы удалялась от меня, так что скрытность ее со мной обращалась даже в какую-то нетерпеливую досаду. Казалось, она даже не любила меня в иные минуты; как будто я ей мешала. Я сказала, что стала нарочно удаляться ее, и, удалившись раз, как будто заразилась таинственностью ее же характера. Вот почему всё, что я прожила в эти три года, всё, что сформировалось в душе моей, в мечтах, в познаниях, в надеждах и в страстных восторгах, - всё это упрямо осталось при мне. Раз затаившись друг от друга, мы уже потом никогда не сошлись, хотя, кажется мне, я любила ее с каждым днем еще более прежнего. Без слез не могу вспомнить теперь о том, до какой степени она была привязана ко мне, до какой степени она обязалась в своем сердце расточать на меня всё сокровище любви, которое в нем заключалось, и исполнить обет свой до конца - быть мне матерью. Правда, собственное горе иногда надолго отвлекало ее от меня, она как будто забывала обо мне, тем более что и я старалась не напоминать ей о себе, так что мои шестнадцать лет подошли, как будто никто того не заметил. Но в минуты сознания и более ясного взгляда кругом Александра Михайловна как бы вдруг начинала обо мне тревожиться; она с нетерпением вызывала меня к себе из моей комнаты, из-за моих уроков и занятий, закидывала меня вопросами, как будто испытывая, разузнавая меня, не разлучалась со мной по целым дням, угадывала все побуждения мои, все желания, очевидно заботясь о моем возрасте, о моей настоящей минуте, о будущности, и с неистощимою любовью, с каким-то благоговением готовила мне свою помощь. Но она уже очень отвыкла от меня и потому поступала иногда слишком наивно, так что всё это было мне слишком понятно и заметно. Например, и это случилось, когда уже мне был шестнадцатый год, она, перерыв мои книги, расспросив о том, что я читаю, и найдя, что я не вышла еще из детских сочинений для двенадцатилетнего возраста, как будто вдруг испугалась. Я догадалась, в чем дело, и следила за нею внимательно. Целые две недели она как будто приготовляла меня, испытывала меня, разузнавала степень моего развития и степень моих потребностей. Наконец она решилась начать, и на столе нашем явился "Ивангое" Вальтер-Скотта, которого я уже давно прочитала, и по крайней мере раза три. Сначала она с робким ожиданием следила за моими впечатлениями, как будто взвешивала их, словно боялась за них; наконец эта натянутость между нами, которая была мне слишком приметна, исчезла; мы воспламенились обе, и я так рада, так рада была, что могла уже перед ней не скрываться! Когда мы кончили роман, она была от меня в восторге. Каждое замечание мое во время нашего чтения было верно, каждое впечатление правильно. В глазах ее, я уже развилась слишком далеко. Пораженная этим, в восторге от меня, она радостно принялась было опять следить за моим воспитанием, - она уж более не хотела разлучаться со мной; но это было не в ее воле. Судьба скоро опять разлучила нас и помешала нашему сближению. Для этого достаточно было первого припадка болезни, припадка ее всегдашнего горя, а затем опять отчуждения, тайны, недоверчивости и, может быть, даже Ожесточения.

Но и в такое время иногда минута была вне нашей власти. Чтение, несколько симпатичных слов, перемолвленных между нами, музыка - и мы забывались, высказывались, высказывались иногда через меру, и после того нам становилось тяжело друг перед другом. Одумавшись, мы смотрели друг на друга как испуганные, с подозрительным любопытством и с недоверчивостью. У каждой из нас был свой предел, до которого могло идти наше сближение; за него мы переступить не смели, хотя бы и хотели.

Однажды вечером, перед сумерками, я рассеянно читала книгу в кабинете Александры Михайловны. Она сидела за фортепьяно, импровизируя на тему одного любимейшего ею мотива итальянской музыки. Когда она перешла наконец в чистую мелодию арии, я, увлекшись музыкою, которая проникла мне в сердце, начала робко, вполголоса, напевать этот мотив про себя. Скоро увлекшись совсем, я встала с места и подошла к фортепьяно; Александра Михайловна, как бы угадав меня, перешла в аккомпанемент и с любовью следила за каждой нотой моего голоса. Казалось, она была поражена богатством его. До сих пор я никогда при ней не пела, да и сама едва знала, есть ли у меня какие-нибудь средства. Теперь мы вдруг одушевились обе. Я всё более и более возвышала голос; во мне возбуждалась энергия, страсть, разжигаемая еще более радостным изумлением Александры Михайловны, которое я угадывала в каждом такте ее аккомпанемента. Наконец пение кончилось так удачно, с таким одушевлением, с такою силою, что она в восторге схватила мои руки и радостно взглянула на меня.

- Аннета! да у тебя чудный голос, - сказала она. - Боже мой! Как же это я не заметила!

- Я сама только сейчас заметила, - отвечала я вне себя от радости.

- Да благословит же тебя бог, мое милое, бесценное дитя! Благодари его за этот дар. Кто знает... Ах, боже мой, боже мой!

Она была так растрогана неожиданностью, в таком исступлении от радости, что не знала, что мне сказать, как приголубить меня. Это была одна из тех минут откровения, взаимной симпатии, сближения, которых уже давно не было с нами. Через час как будто праздник настал в доме. Немедленно послали за Б. В ожидании его мы наудачу раскрыли другую музыку, которая мне была знакомее, и начали новую арию. В этот раз я дрожала от робости. Мне не хотелось неудачей разрушить первое впечатление. Но скоро мой же голос ободрил и поддержал меня. Я сама всё более и более изумлялась его силе, и в этот вторичный опыт рассеяно было всякое сомнение. В припадке своей нетерпеливой радости Александра Михайловна послала за детьми, даже за няней детей своих и, наконец, увлекшись совсем, пошла к мужу и вызвала его из кабинета, о чем в другое время едва бы помыслить осмелилась. Петр Александрович выслушал новость благосклонно, поздравил меня и сам первый объявил, что нужно меня учить. Александра Михайловна, счастливая от благодарности, как будто бог знает что для нее было сделано, бросилась целовать его руки. Наконец явился Б. Старик был обрадован. Он меня очень любил, вспомнил о моем отце, о прошедшем, и когда я спела перед ним два-три раза, он с серьезным, с озабоченным видом, даже с какою-то таинственностью, объявил, что средства есть несомненные, может быть даже и талант, и что не учить меня невозможно. Потом тут же, как бы одумавшись, они оба положили с Александрой Михайловной, что опасно слишком захваливать меня в самом начале, и я заметила, как тут же они перемигнулись и сговорились украдкой, так что весь их заговор против меня вышел очень наивен и неловок. Я смеялась про себя целый вечер, видя, как потом, после нового пения, они старались удерживаться и даже нарочно замечать вслух мои недостатки. Но они крепились недолго, и первый же изменил себе Б., снова расчувствовавшись от радости. Я никогда не подозревала, чтоб он так любил меня. Во весь вечер шел самый дружеский, самый теплый разговор. Б. рассказал несколько биографий известных певцов и артистов, и рассказывал с восторгом художника, с благоговением, растроганный. Затем, коснувшись отца моего, разговор перешел на меня, на мое детство, на князя, на всё семейство князя, о котором я так мало слышала с самой разлуки. Но Александра Михайловна и сама не много знала о нем. Всего более знал Б., потому что не раз ездил в Москву. Но здесь разговор принял какое-то таинственное, загадочное для меня направление, и два-три обстоятельства, в особенности касавшиеся князя, были для меня совсем непонятны. Александра Михайловна заговорила о Кате, но Б. ничего не мог сказать о ней особенного и тоже как будто с намерением желал умолчать о ней. Это поразило меня. Я не только не позабыла Кати, не только не замолкла во мне моя прежняя любовь к ней, но даже напротив: я и не подумала ни разу, что в Кате могла быть какая-нибудь перемена. От внимания моего ускользнули доселе и разлука, и эти долгие годы, прожитые розно, в которые мы не подали друг другу никакой вести о себе, и разность воспитания, и разность характеров наших. Наконец, Катя мысленно никогда не покидала меня: она как будто всё еще жила со мною; особенно во всех мои мечтах, во всех моих романах и фантастических приключениях мы всегда шли вместе с ней рука в руку. Вообразив себя героиней каждого прочитанного мною романа, тотчас же помещала возле себя свою подругу-княжну раздваивала роман на две части, из которых одна, конечно, была создана мною, хотя я обкрадывала беспощадно моих любимых авторов. Наконец в нашем семейном совете положено было пригласить мне учителя пения. Б. рекомендовал известнейшего и наилучшего. На другой же день к нам приехал итальянец Д., выслушал меня, повторил мнение Б., своего приятеля, но тут же объявил, что мне будет гораздо более пользы ходить учиться к нему, вместе с другими его ученицами, что тут помогут развитию моего голоса и соревнование, и переимчивость, и богатство всех средств, которые будут у меня под руками. Александра Михайловна согласилась; и с этих пор я ровно по три раза в неделю отправлялась по утрам, в восемь часов, в сопровождении служанки в консерваторию.

Теперь я расскажу одно странное приключение, имевшее на меня слишком сильное влияние и резким переломом начавшее во мне новый возраст. Мне минуло тогда шестнадцать лет, и, вместе с тем, в душе моей вдруг настала какая-то непонятная апатия; какое-то нестерпимое, тоскливое затишье, непонятное мне самой, посетило меня. Все мои грезы, все мои порывы вдруг умолкли, даже самая мечтательность исчезла как бы от бессилия. Холодное равнодушие заменило место прежнего неопытного душевного жара. Даже дарование мое, принятое всеми, кого я любила, с таким восторгом, лишилось моей симпатии, и я бесчувственно пренебрегала им. Ничто не развлекало меня, до того, что даже к Александре Михайловне я чувствовала какое-то холодное равнодушие, в котором сама себя обвиняла, потому что не могла не сознаться в том. Моя апатия прерывалась безотчетною грустью, внезапными слезами. Я искала уединения. В эту странную минуту странный случай потряс до основания всю мою душу и обратил это затишье в настоящую бурю. Сердце мое было уязвлено... Вот как это случилось.

VII

Я вошла в библиотеку (это будет навсегда памятная для меня минута) и взяла роман Вальтер-Скотта "Сен-Ронанские воды", единственный, который еще не прочитала. Помню, что язвительная беспредметная тоска терзала меня как будто каким-то предчувствием. Мне хотелось плакать. В комнате было ярко-светло от последних, косых лучей заходящего солнца, которые густо лились в высокие окна на сверкающий паркет пола; было тихо; кругом, в соседних комнатах, тоже не было ни души. Петра Александровича не было дома, а Александра Михайловна была больна и лежала в постели. Я, действительно, плакала и, раскрыв вторую часть, беспредметно перелистывала ее, стараясь отыскать какой-нибудь смысл в отрывочных фразах, мелькавших у меня перед глазами. Я как будто гадала, как гадают, раскрывая книгу наудачу. Бывают такие минуты, когда все умственные и душевные силы, болезненно напрягаясь, как бы вдруг вспыхнут ярким пламенем сознания, и в это мгновение что-то пророческое снится потрясенной душе, как бы томящейся предчувствием будущего, предвкушающей его. И так хочется жить, так просится жить весь ваш состав, и, воспламеняясь самой горячей, самой слепой надеждой, сердце как будто вызывает будущее, со всей его тайной, со всей неизвестностью, хотя бы с бурями, с грозами, но только бы с жизнию. Моя минута именно была такова.

Припоминаю, что я именно закрыла книгу, чтоб потом раскрыть

наудачу и, загадав о моем будущем, прочесть выпавшую мне страницу. Но, раскрыв ее, я увидела исписанный лист почтовой бумаги, сложенный вчетверо и так приплюснутый, так слежавшийся, как будто уже он несколько лет был заложен в книгу и забыт в ней. С крайним любопытством начала я осматривать свою находку. Это было письмо, без адреса, с подписью двух начальных букв С. О. Мое внимание удвоилось; я развернула чуть не слипшуюся бумагу, которая от. долгого лежания между страницами оставила на них во весь размер свой светлое место. Складки письма были истерты, выношены: видно было, что когда-то его часто перечитывали, берегли как драгоценность. Чернила посинели, выцвели, - уж слишком давно как оно написано! Несколько слов бросилось мне случайно в глаза, и сердце мое забилось от ожидания. Я в смущении вертела письмо в руках, как бы нарочно отдаляя от себя минуту чтения. Случайно я поднесла его к свету: да! капли слез засохли на этих строчках; пятна оставались на бумаге; кое-где целые буквы были смыты слезами. Чьи это слезы? Наконец, замирая от ожидания, я прочла половину первой страницы, и крик изумления вырвался из груди моей. Я заперла шкаф, поставила книгу на место и, спрятав письмо под косынку, побежала к себе, заперлась и начала перечитывать опять сначала. Но сердце мое так колотилось, что слова и буквы мелькали и прыгали перед глазами моими. Долгое время я ничего не понимала. В письме было открытие, начало тайны; оно поразило меня, как молния, потому что я узнала, к кому оно было писано. Я знала, что я почти преступление сделаю, прочитав это письмо; но минута была сильнее меня! Письмо было к Александре Михайловне.

Вот это письмо; я привожу его здесь. Смутно поняла я, что в нем было, и потом долго не оставляли меня разгадка и тяжелая дума. С этой минуты как будто переломилась моя жизнь. Сердце мое было потрясено и возмущено надолго, почти навсегда, потому что много вызвало это письмо за собою. Я верно загадала о будущем.

Это письмо было прощальное, последнее, страшное; когда я прочла его, то почувствовала такое болезненное сжатие сердца, как будто я сама всё потеряла, как будто всё навсегда отнялось от меня, даже мечты и надежды, как будто ничего более не осталось при мне, кроме ненужной более жизни. Кто же он, писавший это письмо? Какова была потом ее жизнь? В письме было так много намеков, так много данных, что нельзя было ошибиться, так много и загадок, что нельзя было не потеряться в предположениях. Но я почти не ошиблась; к тому же и слог письма, подсказывающий многое, подсказывал весь характер этой связи, от которой разбились два сердца. Мысли, чувства писавшего были наружу. Они были слишком особенны и, как я уже сказала, слишком много подсказывали догадке. Но вот это письмо; выписываю его от слова до слова:

"Ты не забудешь меня, ты сказала - я верю, и вот отныне вся жизнь моя в этих словах твоих. Нам нужно расстаться, пробил наш час! Я давно это знал, моя тихая, моя грустная красавица, но только теперь понял. Во всё наше время, во всё время, как ты любила меня, у меня болело и ныло сердце за любовь нашу, и поверишь ли? теперь мне легче! Я давно знал, что этому будет такой конец, и так было прежде нас суждено! Это судьба! Выслушай меня, Александра: мы были неровня; я всегда, всегда это чувствовал! Я был недостоин тебя, и я, один я, должен был нести наказание за прожитое счастье моё! Скажи: что я был перед тобою до той поры, как ты узнала меня? Боже! вот уже два года прошло, и я до сих пор как будто без памяти; я до сих пор не могу понять, что ты меня полюбила! Я не понимаю, как дошло у нас до того, с чего началось. Помнишь ли, что я был в сравнении с тобою? Достоин ли я был тебя, чем я взял, чем я особенно был отличен! До тебя я был груб и прост, вид мой был уныл и угрюм. Жизни другой я не желал, не помышлял о ней, не звал ее и призывать не хотел. Всё во мне было как-то придавлено, и я не знал ничего на свете важнее моей обыденной срочной работы. Одна забота была у меня - завтрашний день; да и к той я был равнодушен. Прежде, уж давно это было, мне снилось что-то такое, и я мечтал как глупец. Но с тех пор ушло много-много времени, и я стал жить одиноко, сурово, спокойно, даже и не чувствуя холода, который леденил мое сердце. И оно заснуло. Я ведь знал и решил, что для меня никогда не взойдет другого солнца, и верил тому, и не роптал ни на что, потому что знал, что так должно было быть. Когда ты проходила мимо меня, ведь я не понимал, что мне можно сметь поднять на тебя глаза. Я был как раб перед тобою. Мое сердце не дрожало возле тебя, не ныло, не вещало мне про тебя: оно было покойно. Моя душа не узнавала твоей, хотя и светло ей было возле своей прекрасной сестры. Я это знаю; я глухо чувствовал это. Это я мог чувствовать, затем что и на последнюю былинку проливается свет божией денницы и пригревает и нежит ее так же, как и роскошный цветок, возле которого смиренно прозябает она. Когда же я узнал всё, - помнишь, после того вечера, после тех слов, которые потрясли до основания душу мою, - я был ослеплен, поражен, всё во мне помутилось, и знаешь ли? я так был поражен, так не поверил себе, что не понял тебя! Про это я тебе никогда не говорил. Ты ничего не знала; не таков я был прежде, каким ты застала меня. Если б я мог, если б я смел говорить, я бы давно во всем признался тебе. Но я молчал, а теперь всё скажу, затем чтоб ты знала, кого теперь оставляешь, с каким человеком расстаешься! Знаешь ли, как я сначала понял тебя? Страсть, как огонь, охватила меня, как яд, пролилась в мою

105

кровь; она смутила все мои мысли и чувства, я был опьянен, я был как в чаду и отвечал на чистую, сострадательную любовь твою не как равный ровне, не как достойный чистой любви твоей, а без сознания, без сердца. Я не узнал тебя. Я отвечал тебе как той, которая, в глазах моих, забылась до меня, а не как той, которая хотела возвысить меня до себя. Знаешь ли, в чем я подозревал тебя, что значило это: забылась до меня? Но нет, я не оскорблю тебя своим признанием; одно скажу тебе: ты горько во мне ошиблась! Никогда, никогда я не мог до тебя возвыситься. Я мог только недоступно созерцать тебя в беспредельной любви своей, когда понял тебя, но тем я не загладил вины своей. Страсть моя, возвышенная тобою, была не любовь, - любви я боялся: я не смел тебя полюбить; в любви - взаимность, равенство, а их я был недостоин... Я и не знаю, что было со мною! О! как мне рассказать тебе это, как быть понятным!.. Я не верил сначала... О! помнишь ли, когда утихло первое волнение мое, когда прояснился мой взор, когда осталось одно чистейшее, непорочное чувство, - тогда первым движением моим было удивленье, смущенье, страх, и помнишь, как я вдруг, рыдая, бросился к ногам твоим; помнишь ли, как ты, смущенная, испуганная, со слезами спрашивала: что со мною? Я молчал, я не мог отвечать тебе; но душа моя разрывалась на части; мое счастье давило меня как невыносимое бремя, и рыдания мои говорили во мне: "За что мне это? чем я заслужил это? чем я заслужил блаженство?" Сестра моя, сестра моя! О! сколько раз - ты не знала того - сколько раз, украдкой, я целовал твое платье, украдкой, потому что я знал, что недостоин тебя, - и дух во мне занимался тогда, и сердце мое билось медленно и крепко, словно хотело остановиться и замереть навсегда. Когда я брал твою руку, я весь бледнел и дрожал; ты смущала меня чистотою души твоей. О, я не умею высказать тебе всего, что накопилось в душе моей и что так хочет высказаться! Знаешь ли, что мне тяжела, мучительна была подчас твоя сострадательная всегдашняя нежность со мною? Когда ты поцеловала меня (это случилось один раз, и я никогда того не забуду), - туман стал в глазах моих и весь дух мой изныл во мгновение. Зачем я не умер в эту минуту у ног твоих? Вот я пишу тебе ты в первый раз, хотя ты давно мне так приказала. Поймешь ли ты, что я хочу сказать? Я хочу тебе сказать всё, и скажу это: да, ты много любишь меня, ты любила меня, как сестра любит брата; ты любила меня как свое создание, потому что воскресила мое сердце, разбудила мой ум от усыпления и влила мне в грудь сладкую надежду; я же не мог, не смел; я никогда доселе не называл тебя сестрою моею, затем что не мог быть братом твоим, затем что мы были неровня, затем что ты во мне обманулась!

Но ты видишь, я всё пишу о себе, даже теперь, в эту минуту страшного бедствия, я только об одном себе думаю, хотя и знаю, что ты мучишься за меня. О, не мучься за меня, друг мой милый! Знаешь ли, как я унижен теперь в собственных глазах своих! Всё это открылось, столько шуму пошло! Тебя за меня отвергнут, в тебя бросят презреньем, насмешкой, потому что я так низко стою в их глазах! О, как я виновен, что был недостоин тебя! Хотя бы я имел важность, личную оценку в их мнении, внушал больше уважения, на их глаза, они бы простили тебе! Но я низок, я ничтожен, я смешон, а ниже смешного ничего быть не может. Ведь кто кричит? Ведь вот оттого, что эти уже стали кричать, я и упал духом; я всегда был слаб. Знаешь ли, в каком я теперь положении: я сам смеюсь над собой, и мне кажется, они правду говорят, потому что я даже и себе смешон и ненавистен. Я это чувствую; я ненавижу даже лицо, фигуру свою, все привычки, все неблагородные ухватки свои; я их всегда ненавидел! О, прости мне мое грубое отчаяние! Ты сама приучила меня говорить тебе всё. Я погубил тебя, я навлек на тебя злобу и смех, потому что был тебя недостоин.

И вот эта-то мысль меня мучит; она стучит у меня в голове беспрерывно и терзает и язвит мое сердце. И всё кажется мне, что ты любила не того человека, которого думала во мне найти, что ты обманулась во мне. Вот что мне больно, вот что теперь меня мучит, и замучит до смерти, или я с ума сойду!

Прощай же, прощай! Теперь, когда всё открылось, когда раздались их крики, их пересуды (я слышал их!), когда я умалился, унизился в собственных глазах своих, устыдясь за себя, устыдясь даже за тебя, за твой выбор, когда я проклял себя, теперь мне нужно бежать, исчезнуть для твоего покоя. Так требуют, и ты никогда, никогда меня не увидишь! Так нужно, так суждено! Мне слишком много было дано; судьба ошиблась; теперь она поправляет ошибку и всё отнимает назад. Мы сошлись, узнали друг друга, и вот расходимся до другого свидания! Где оно будет, когда оно будет? О, скажи мне, родная моя, где мы встретимся, где найти мне тебя, как узнать мне тебя, узнаешь ли ты меня тогда? Вся душа моя полна тобою. О, за что же, за что это нам? Зачем расстаемся мы? Научи - ведь я не понимаю, не пойму этого, никак не пойму - научи, как разорвать жизнь пополам, как вырвать сердце из груди и быть без него? О, как я вспомню, что более никогда тебя не увижу, никогда, никогда!..

Боже, какой они подняли крик! Как мне страшно теперь за тебя! Я только что встретил твоего мужа: мы оба недостойны его, хотя оба безгрешны пред ним. Ему всё известно; он нас видит; он понимает всё, и прежде всё ему было ясно как день. Он геройски стал за тебя; он спасет тебя; он защитит тебя от этих пересудов и криков; он любит и уважает тебя беспредельно; он твой спаситель, тогда как я бегу!.. Я бросился к нему, я хотел целовать его руку!.. Он сказал мне, чтоб я ехал немедленно. Решено! Говорят, что он поссорился из-за тебя с ними со всеми; там все против тебя! Его упрекают в потворстве и слабости. Боже мой! что там еще говорят о тебе? Они не знают, они не могут, не в силах понять! Прости, прости им, бедная моя, как я им прощаю; а они взяли у меня больше, чем у тебя!

Я не помню себя, я не знаю, что пишу тебе. О чем я говорил тебе вчера при прощанье? Я ведь всё позабыл. Я был вне себя, ты плакала... Прости мне эти слезы! Я так слаб, так малодушен!

Мне еще что-то хотелось сказать тебе... Ох! еще бы только раз облить твои руки слезами, как теперь я обливаю слезами письмо мое! Еще бы раз быть у ног твоих! Если б они только знали, как прекрасно было твое чувство! Но они слепы; их сердца горды и надменны; они не видят и вовек не увидят того. Им нечем увидеть! Они не поверят, что ты невинна, даже перед их судом, хотя бы всё на земле им в том поклялось. Им ли это понять! Какой же камень поднимут они на тебя? чья первая рука поднимет его? О, они не смутятся, они поднимут тысячи камней! Они осмелятся поднять их, затем что знают, как это сделать. Они поднимут все разом и скажут, что они сами безгрешны, и грех возьмут на себя! О, если б знали они, что делают! Если б только можно было рассказать им всё, без утайки, чтоб видели, слышали, поняли и уверились! Но нет, они не так злы... Я теперь в отчаянии, я, может быть, клевещу на них! Я, может быть, пугаю тебя своим страхом! Не бойся, не бойся их, родная моя! тебя поймут; наконец, тебя уже понял один: надейся - это муж твой!

Прощай, прощай! Я не благодарю тебя! Прощай навсегда!
С. О.".

Смущение мое было так велико, что я долгое время не могла понять, что со мной сделалось. Я была потрясена и испугана. Действительность поразила меня врасплох среди легкой жизни мечтаний, в которых я провела уж три года. Я со страхом чувствовала, что в руках моих большая тайна и что эта тайна уж связывает всё существование мое... как? я еще и сама не знала того. Я чувствовала, что только с этой минуты для меня начинается новая будущность. Теперь я невольно стала слишком близкой участницей в жизни и в отношениях тех людей, которые доселе заключали весь мир, меня окружавший, и я боялась за себя. Чем войду я в их жизнь, я, непрошеная, я, чужая им? Что принесу я им? Чем разрешатся эти путы, которые так внезапно приковали меня к чужой тайне? Почем знать? может быть, новая роль моя будет мучительна и для меня, и для них. Я же не могла молчать, не принять этой роли и безвыходно заключить то, что узнала, в сердце моем. Но как и что будет со мною? что сделаю я? И что такое, наконец, я узнала? Тысячи вопросов, еще смутных, еще неясных, вставали предо мною и уже нестерпимо теснили мне сердце. Я была как потерянная.

Потом, помню, приходили другие минуты, с новыми, странными, доселе не испытанными мною впечатлениями. Я чувствовала, как будто что-то разрешилось в груди моей, что прежняя тоска вдруг разом отпала от сердца и что-то новое начало наполнять его, что-то такое, о чем я не знала еще, - горевать ли о нем или радоваться ему. Настоящее мгновение мое похоже было на то, когда человек покидает навсегда свой дом, жизнь доселе покойную, безмятежную для далекого неведомого пути и в последний раз оглядывается кругом себя, мысленно прощаясь с своим прошедшим, а между тем горько сердцу от тоскливого предчувствия всего неизвестного будущего, может быть, сурового, враждебного, которое ждет его на новой дороге. Наконец судорожные рыдания вырвались из груди моей и болезненным припадком разрешили мое сердце. Мне нужно было видеть, слышать кого-нибудь, обнять крепче, крепче. Я уж не могла, не хотела теперь оставаться одна; я бросилась к Александре Михайловне и провела с ней весь вечер. Мы были одни. Я просила ее не играть и отказалась петь, несмотря на просьбы ее. Всё мне стало вдруг тяжело, и ни на чем я не могла остановиться. Кажется, мы с ней плакали. Помню только, что я ее совсем перепугала. Она уговаривала меня успокоиться, не тревожиться. Она со страхом следила за мной, уверяя меня, что я больна и что я не берегу себя. Наконец я ушла от нее, вся измученная, истерзанная; я была словно в бреду и легла в постель в лихорадке.

Прошло несколько дней, пока я могла прийти в себя и яснее осмыслить свое положение. В это время мы обе, я и Александра Михайловна, жили в полном уединении. Петра Александровича не было в Петербурге. Он поехал за какими-то делами в Москву и пробыл там три недели. Несмотря на короткий срок разлуки, Александра Михайловна впала в ужасную тоску. Порой она становилась покойнее, но затворялась одна, так что и я была ей в тягость. К тому же я сама искала уединения. Голова моя работала в каком-то болезненном напряжении; я была как в чаду. Порой на меня находили часы долгой, мучительно-безотвязной думы; мне снилось тогда, что кто-то словно смеется надо мной потихоньку, как будто что-то такое поселилось во мне, что смущает и отравляет каждую мысль мою. Я не могла отвязаться от мучительных образов, являвшихся предо мной поминутно и не дававших мне покоя. Мне представлялось долгое, безвыходное страдание, мученичество, жертва, приносимая покорно, безропотно и напрасно. Мне казалось, что тот, кому принесена эта жертва, презирает ее и смеется над ней. Мне казалось, что я видела преступника, который прощает грехи праведнику, и мое сердце разрывалось на части! В то же время мне хотелось всеми силами отвязаться от моего подозрения; я проклинала его, я ненавидела себя за то, что все мои убеждения были не убеждения, а только предчувствия, за то, что я не могла оправдать своих впечатлений сама пред собою.

Потом перебирала я в уме эти фразы, эти последние крики страшного прощания. Я представляла себе этого человека - неровню; я старалась угадать весь мучительный смысл этого слова: "неровня". Мучительно поражало меня это отчаянное прощанье: "Я смешон и сам стыжусь за твой выбор". Что это было? Какие это люди? О чем они тоскуют, о чем мучатся, что потеряли они? Преодолев себя, я напряженно перечитывала опять это письмо, в котором было столько терзающего душу отчаяния, но смысл которого был так странен, так неразрешим для меня. Но письмо выпадало из рук моих, и мятежное волнение всё более и более охватывало мое сердце... Наконец всё это должно же было чем-нибудь разрешиться, а я не видела выхода или боялась его!

Я была почти совсем больна, когда, в один день, на нашем дворе загремел экипаж Петра Александровича, воротившегося из Москвы. Александра Михайловна с радостным криком бросилась навстречу мужа, но я остановилась на месте как прикованная. Помню, что я сама была поражена до испуга внезапным волнением своим. Я не выдержала и бросилась к себе в комнату. Я не понимала, чего я так вдруг испугалась, но боялась за этот испуг. Через четверть часа меня позвали и передали мне письмо от князя. В гостиной я встретила какого-то незнакомого, который приехал с Петром Александровичем из Москвы, и, по некоторым словам, удержанным мною, я узнала, что он располагается у нас на долгое житье. Это был уполномоченный князя, приехавший в Петербург хлопотать по каким-то важным делам княжеского семейства, уже давно находившимся в заведовании Петра Александровича. Он подал мне письмо от князя и прибавил, что княжна тоже хотела писать ко мне, до последней минуты уверяла, что письмо будет непременно написано, но отпустила его с пустыми руками и с просьбою передать мне, что писать ей ко мне решительно нечего, что в письме ничего не напишешь, что она испортила целых пять листов и потом изорвала всё в клочки, что, наконец, нужно вновь подружиться, чтоб писать друг к другу. Затем она поручила уверить меня в скором свидании с нею. Незнакомый господин отвечал на нетерпеливый вопрос мой, что весть о скором свидании действительно справедлива и что всё семейство очень скоро собирается прибыть в Петербург. При этом известии я не знала, как быть от радости, поскорее ушла в свою комнату, заперлась в ней и, обливаясь слезами, раскрыла письмо князя. Князь обещал мне скорое свидание с ним и с Катей и с глубоким чувством поздравлял меня с моим талантом; наконец, он благословлял меня на мое будущее и обещался устроить его. Я плакала, читая это письмо; но к сладким слезам моим примешивалась такая невыносимая грусть, что, помню, я за себя пугалась; я сама не знала, что со мной делается.

Прошло несколько дней. В комнате, которая была рядом с моею, где прежде помещался письмоводитель Петра Александровича, работал теперь каждое утро, и часто по вечерам за полночь, новый приезжий. Часто они запирались в кабинете Петра Александровича и работали вместе. Однажды, после обеда, Александра Михайловна попросила меня сходить в кабинет мужа и спросить его, будет ли он с нами пить чай. Не найдя никого в кабинете и полагая, что Петр Александрович скоро войдет, я остановилась ждать. На стене висел его портрет. Помню, что я вдруг вздрогнула, увидев этот портрет, и с непонятным мне самой волнением начала пристально его рассматривать. Он висел довольно высоко; к тому же было довольно темно, и я, чтоб удобнее рассматривать, придвинула стул и стала на него. Мне хотелось что-то сыскать, как будто я надеялась найти разрешение сомнений моих, и, помню, прежде всего меня поразили глаза портрета. Меня поразило тут же, что я почти никогда не видала глаз этого человека: он всегда прятал их под очки.

Я еще в детстве не любила его взгляда по непонятному, странному предубеждению, но как будто это предубеждение теперь оправдалось. Воображение мое было настроено. Мне вдруг показалось, что глаза портрета с смущением отворачиваются от моего пронзительно-испытующего взгляда, что они силятся избегнуть его, что ложь и обман в этих глазах; мне показалось, что я угадала, и не понимаю, какая тайная радость откликнулась во мне на мою догадку. Легкий крик вырвался из груди моей. В это время я услышала сзади меня шорох. Я оглянулась: передо мной стоял Петр Александрович и внимательно смотрел на меня. Мне показалось, что он вдруг покраснел;

Я вспыхнула и соскочила со стула.

- Что вы тут делаете? - спросил он строгим голосом. - Зачем вы здесь?

Я не знала, что отвечать. Немного оправившись, я передала ему кое-как приглашение Александры Михайловны. Не помню, что он отвечал мне, не помню, как я вышла из кабинета; но, придя к Александре Михайловне, я совершенно забыла ответ, которого она ожидала, и наугад сказала, что будет.

- Но что с тобой, Неточка? - спросила она. - Ты вся раскраснелась; посмотри на себя. Что с тобой?

- Я не знаю... я скоро шла... - отвечала я.

- Тебе что же сказал Петр Александрович? - перебила она с смущением.

Я не отвечала. В это время послышались шаги Петра Александровича, и я тотчас же вышла из комнаты. Я ждала целые два часа в большой тоске. Наконец пришли звать меня к Александре Михайловне. Александра Михайловна была молчалива и озабочена. Когда я вошла, она быстро и пытливо посмотрела на меня, но тотчас же опустила глаза. Мне показалось, что какое-то смущение отразилось на лице ее. Скоро я заметила, что она была в дурном расположении духа, говорила мало, на меня не глядела совсем и, в ответ на заботливые вопросы Б., жаловалась на головную боль. Петр Александрович был разговорчивее всегдашнего, но говорил только с Б.

Александра Михайловна рассеянно подошла к фортепьяно.

- Спойте нам что-нибудь, - сказал Б., обращаясь ко мне.

- Да, Аннета, спой твою новую арию, - подхватила Александра Михайловна, как будто обрадовавшись предлогу.

Я взглянула на нее: она смотрела на меня в беспокойном ожидании.

Но я не умела преодолеть себя. Вместо того чтоб подойти к фортепьяно и пропеть хоть как-нибудь, я смутилась, запуталась, не знала, как отговориться; наконец досада одолела меня, и я отказалась наотрез.

- Отчего же ты не хочешь петь? - сказала Александра Михайловна, значительно взглянув на меня и, в то же время мимолетом, на мужа.

Эти два взгляда вывели меня из терпения. Я встала из-за стола в крайнем замешательстве, но, уже не скрывая его и дрожа от какого-то нетерпеливого и досадного ощущения, повторила с горячностью, что не хочу, не могу, нездорова. Говоря это, я глядела всем в глаза, но бог знает, как бы желала быть в своей комнате в ту минуту и затаиться от всех.

Б. был удивлен, Александра Михайловна была в приметной тоске и не говорила ни слова. Но Петр Александрович вдруг встал со стула и сказал, что он забыл одно дело, и, по-видимому в досаде, что упустил нужное время, поспешно вышел из комнаты, предуведомив, что, может быть, зайдет позже, а впрочем, на всякий случай пожал руку Б. в знак прощания.

- Что с вами, наконец, такое? - спросил Б. - По лицу вы в самом деле больны.

- Да, я нездорова, очень нездорова, - отвечала я с нетерпением.

- Действительно, ты бледна, а давеча была такая красная, - заметила Александра Михайловна и вдруг остановилась.

- Полноте! - сказала я, прямо подходя к ней и пристально посмотрев ей в глаза. Бедная не выдержала моего взгляда, опустила глаза, как виноватая, и легкая краска облила ее бледные щеки. Я взяла ее руку и поцеловала ее. Александра Михайловна посмотрела на меня с непритворною, наивною радостию. - Простите меня, что я была такой злой, такой дурной ребенок сегодня, - сказала я ей с чувством, - но право, я больна. Не сердитесь же и отпустите меня...

- Мы все дети, - сказала она с робкой улыбкой, - да и я ребенок, хуже, гораздо хуже тебя, - прибавила она мне на ухо. - Прощай, будь здорова. Только, ради бога, не сердись на меня.

- За что? - спросила я, - так поразило меня такое наивное признание.

- За что? - повторила она в ужасном смущении, даже как будто испугавшись за себя, - за что? Ну, видишь, какая я, Неточка. Что это я тебе сказала? Прощай! Ты умнее меня... А я хуже, чем ребенок.

- Ну, довольно, - отвечала я, вся растроганная, не зная, что ей сказать. Поцеловав ее еще раз, я поспешно вышла из комнаты.

Мне было ужасно досадно и грустно. К тому же я злилась на себя, чувствуя, что я неосторожна и не умею вести себя. Мне было чего-то стыдно до слез, и я заснула в глубокой тоске. Когда же я проснулась наутро, первою мыслью моею было, что весь вчерашний вечер - чистый призрак, мираж, что мы только мистифировали друг друга, заторопились, дали вид целого приключения пустякам и что всё произошло от неопытности, от непривычки нашей принимать внешние впечатления. Я чувствовала, что всему виновато это письмо, что оно меня слишком беспокоит, что воображение мое расстроено, и решила, что лучше я вперед не буду ни о чем думать. Разрешив так необыкновенно легко всю тоску свою и в полном убеждении, что я так же легко и исполню, что порешила, я стала спокойнее и отправилась на урок пения, совсем развеселившись, Утренний воздух окончательно освежил мою голову. Я очень любила свои утренние путешествия к моему учителю. Так весело было проходить город, который к девятому часу уже совсем оживлялся и заботливо начинал обыденную жизнь. Мы обыкновенно проходили по самым живучим, по самым кропотливым улицам, и мне так нравилась такая обстановка начала моей артистической жизни, контраст между этой повседневной мелочью, маленькой, но живой заботой и искусством, которое ожидало меня в двух шагах от этой жизни, в третьем этаже огромного дома, набитого сверху донизу жильцами, которым, как мне казалось, ровно нет никакого дела ни до какого искусства. Я между этими деловыми, сердитыми прохожими, с тетрадью нот под мышкой; старуха Наталья, провожавшая меня и каждый раз задававшая мне, себе неведомо, разрешить задачу: о чем она всего более думает? - наконец, мой учитель, полуитальянец, полуфранцуз, чудак, минутами настоящий энтузиаст, гораздо чаще педант и всего больше скряга, - всё это развлекало меня, заставляло меня смеяться или задумываться. К тому же я хоть и робко, но с страстной надеждой любила свое искусство, строила воздушные замки, выкраивала себе самое чудесное будущее и нередко, возвращаясь, была будто в огне от своих фантазий. Одним словом, в эти часы я была почти счастлива.

Именно такая минута посетила меня и в этот раз, когда я в десять часов воротилась с урока домой. Я забыла про всё и, помню, так радостно размечталась о чем-то. Но вдруг, всходя на лестницу, я вздрогнула, как будто меня обожгли. Надо мной раздался голос Петра Александровича, который в эту минуту сходил с лестницы. Неприятное чувство, овладевшее мной, было так велико, воспоминание о вчерашнем так враждебно поразило меня, что я никак не могла скрыть своей тоски. Я слегка поклонилась ему, но, вероятно, лицо мое было так выразительно в эту минуту, что он остановился передо мной в удивлении. Заметив движение его, я покраснела и быстро пошла наверх. Он пробормотал что-то мне вслед и пошел своею дорогою.

Я готова была плакать с досады и не могла понять, что это такое делалось. Всё утро я была сама не своя и не знала, на что решиться, чтоб кончить и разделаться со всем поскорее. Тысячу раз я давала себе слово быть благоразумнее, и тысячу раз страх за себя овладевал мною. Я чувствовала, что ненавидела мужа Александры Михайловны, и в то же время была в отчаянии за себя. В этот раз, от беспрерывного волнения, я сделалась серьезно нездоровой и уже никак не могла совладать с собою. Мне стало досадно на всех; я всё утро просидела у себя и даже не пошла к Александре Михайловне. Она пришла сама. Взглянув на меня, она чуть не вскрикнула. Я была так бледна, что, посмотрев в зеркало, сама себя испугалась. Александра Михайловна сидела со мною целый час, ухаживая за мной, как за ребенком.

Но мне стало так грустно от ее внимания, так тяжело от ее ласок, так мучительно было смотреть на нее, что я попросила наконец оставить меня одну. Она ушла в большом беспокойстве за меня. Наконец тоска моя разрешилась слезами и припадком, К вечеру мне сделалось легче...

Легче, потому что я решилась идти к ней. Я решилась броситься перед ней на колени, отдать ей письмо, которое она потеряла, и признаться ей во всем: признаться во всех мучениях, перенесенных мною, во всех сомнениях своих, обнять ее со всей бесконечною любовью, которая пылала во мне к ней, к моей страдалице, сказать ей, что я дитя ее, друг ее, что мое сердце перед ней открыто, чтоб она взглянула на него и увидела, сколько в нем самого пламенного, самого непоколебимого чувства к ней. Боже мой! Я знала, я чувствовала, что я последняя, перед которой она могла открыть свое сердце, но тем вернее, казалось мне, было спасение, тем могущественнее было бы слово мое... Хотя темно, неясно, но я понимала тоску ее, и сердце мое кипело негодованием при мысли, что она может краснеть передо мною, перед моим судом... Бедная, бедная моя, ты ли та грешница? вот что скажу я ей, заплакав у ног ее. Чувство справедливости возмутилось во мне, я была в исступлении. Не знаю, что бы я сделала; но уже потом только я опомнилась, когда неожиданный случай спас меня и ее от погибели, остановив меня почти на первом шагу. Ужас нашел на меня. Ее ли замученному сердцу воскреснуть для надежды? Я бы одним ударом убила ее!

Вот что случилось: я уже была за две комнаты до ее кабинета, когда из боковых дверей вышел Петр Александрович и, не заметив меня, пошел передо мною. Он тоже шел к ней. Я остановилась как вкопанная; он был последний человек, которого я бы должна была встретить в такую минуту. Я было хотела уйти, но любопытство внезапно приковало меня к месту.

Он на минуту остановился перед зеркалом, поправил волосы, и, к величайшему изумлению, я вдруг услышала, что он напевает какую-то песню. Мигом одно темное, далекое воспоминание детства моего воскресло в моей памяти. Чтоб понятно было то странное ощущение, которое я почувствовала в эту минуту, я расскажу это воспоминание. Еще в первый год моего в этом доме пребывания меня глубоко поразил один случай, только теперь озаривший мое сознание, потому что только теперь, только в эту минуту осмыслила я начало своей необъяснимой антипатии к этому человеку! Я упоминала уже, что еще в то время мне всегда было при нем тяжело. Я уже говорила, какое тоскливое впечатление производил на меня его нахмуренный, озабоченный вид, выражение лица, нередко грустное и убитое; как тяжело было мне после тех часов, которые проводили мы вместе за чайным столиком Александры Михайловны, и, наконец, какая мучительная тоска надрывала сердце мое, когда мне приходилось быть раза два или три чуть не свидетельницей тех угрюмых, темных сцен, о которых я уже упоминала вначале. Случилось, что тогда я встретилась с ним, так же как и теперь, в этой же комнате, в этот же час, когда он, так же как и я, шел к Александре Михайловне. Я чувствовала чисто детскую робость, встречаясь с ним одна, и потому притаилась в углу как виноватая, моля судьбу, чтоб он меня не заметил. Точно так же, как теперь, он остановился перед зеркалом, и я вздрогнула от какого-то неопределенного, недетского чувства. Мне показалось, что он как будто переделывает свое лицо. По крайней мере я видела ясно улыбку на лице его перед тем, как он подходил к зеркалу; я видела смех, чего прежде никогда от него не видала, потому что (помню, это всего более поразило меня) он никогда не смеялся перед Александрой Михайловной. Вдруг, едва только он успел взглянуть в зеркало, лицо его совсем изменилось. Улыбка исчезла как по приказу, и на место ее какое-то горькое чувство, как будто невольно, через силу пробивавшееся из сердца, чувство, которого не в человеческих силах было скрыть, несмотря ни на какое великодушное усилие, искривило его губы, какая-то судорожная боль нагнала морщины на лоб его и сдавила ему брови. Взгляд мрачно

115

спрятался под очки, - словом, он в один миг, как будто по команде, стал совсем другим человеком. Помню, что я, ребенок, задрожала от страха, от боязни понять то, что я видела, и с тех пор тяжелое, неприятное впечатление безвыходно заключилось в сердце моем. Посмотревшись с минуту в зеркало, он понурил голову, сгорбился, как обыкновенно являлся перед Александрой Михайловной, и на цыпочках пошел в ее кабинет. Вот это-то воспоминание поразило меня.

И тогда, как и теперь, он думал, что он один, и остановился перед этим же зеркалом. Как и тогда, я с враждебным, неприятным чувством очутилась с ним вместе. Но когда я услышала это пенье (пенье от него, от которого так невозможно было ожидать чего-нибудь подобного), которое поразило меня такой неожиданностью, что я осталась на месте как прикованная, когда в ту же минуту; сходство напомнило мне почти такое же мгновение моего детства, - тогда, не могу передать, какое язвительное впечатление кольнуло мне сердце. Все нервы мои вздрогнули, и в ответ на эту несчастную песню я разразилась таким смехом, что бедный певец вскрикнул, отскочил два шага от зеркала и, бледный как смерть, как бесславно пойманный с поличным, глядел на меня в исступлении от ужаса, от удивления и бешенства. Его взгляд болезненно подействовал на меня. Я отвечала ему нервным, истерическим смехом прямо в глаза, прошла смеясь мимо него и вошла, не переставая хохотать, к Александре Михайловне. Я знала, что он стоит за портьерами, что, может быть, он колеблется, не зная, войти или нет, что бешенство и трусость приковали его к месту, - и с каким-то раздраженным, вызывающим нетерпением я ожидала, на что он решится; я готова была побиться об заклад, что он не войдет, и я выиграла. Он вошел только через полчаса. Александра Михайловна долгое время смотрела на меня в крайнем изумлении. Но тщетно допрашивала она, что со мною? Я не могла отвечать, я задыхалась. Наконец она поняла, что я в нервном припадке, и с беспокойством смотрела за мною. Отдохнув, я взяла ее руки и начала целовать их. Только теперь я одумалась, и только теперь пришло мне в голову, что я бы убила ее, если б не встреча с ее мужем. Я смотрела на нее как на воскресшую.

Вошел Петр Александрович.

Я взглянула на него мельком: он смотрел так, как будто между нами ничего не случилось, то есть был суров и угрюм по-всегдашнему. Но по бледному лицу и слегка вздрагивавшим краям губ его я догадалась, что он едва скрывает свое волнение. Он поздоровался с Александрой Михайловной холодно и молча сел на место. Рука его дрожала, когда он брал чашку чая. Я ожидала взрыва, и на меня напал какой-то безотчетный страх. Я уже хотела было уйти, но не решалась оставить Александру Михайловну, которая изменилась в лице, глядя на мужа. Она тоже предчувствовала что-то недоброе. Наконец то, чего я ожидала с таким страхом, случилось.

Среди глубокого молчания я подняла глаза и встретила очки Петра Александровича, направленные прямо на меня. Это было так неожиданно, что я вздрогнула, чуть не вскрикнула и потупилась. Александра Михайловна заметила мое движение.

- Что с вами? Отчего вы покраснели? - раздался резкий и грубый голос Петра Александровича.

Я молчала; сердце мое колотилось так, что я не могла вымолвить слова.

- Отчего она покраснела? Отчего она всё краснеет? - спросил он, обращаясь к Александре Михайловне, нагло указывая ей на меня.

Негодование захватило мне дух. Я бросила умоляющий взгляд на Александру Михайловну. Она поняла меня. Бледные щеки ее вспыхнули.

- Аннета, - сказала она мне твердым голосом, которого я никак не ожидала от нее, - поди к себе, я через минуту к тебе приду: мы проведем вечер вместе...

- Я вас спрашиваю, слышали ли меня или нет? - прервал Петр Александрович, еще более возвыся голос и как будто не слыхав, что сказала жена. - Отчего вы краснеете, когда встречаетесь со мной? Отвечайте!

- Оттого, что вы заставляете ее краснеть и меня также, - отвечала Александра Михайловна прерывающимся от волнения голосом.

Я с удивлением взглянула на Александру Михайловну. Пылкость ее возражения с первого раза была мне совсем непонятна.

- Я заставляю вас краснеть, я?? - отвечал ей Петр Александрович, казалось тоже вне себя от изумления и сильно ударяя на слово я. - За меня вы краснели? Да разве я? могу вас заставить краснеть за меня? Вам, а не мне краснеть, как вы думаете?

Эта фраза была так понятна для меня, сказана с такой ожесточенной, язвительной насмешкой, что я вскрикнула от ужаса и бросилась к Александре Михайловне. Изумление, боль, укор и ужас изображались на смертельно побледневшем лице ее. Я взглянула на Петра Александровича, сложив с умоляющим видом руки. Казалось, он сам спохватился; но бешенство, вырвавшее у него эту фразу, еще не прошло. Однако ж, заметив безмолвную мольбу мою, он смутился. Мой жест говорил ясно, что я про многое знаю из того, что между ними до сих пор было тайной, и что я хорошо поняла слова его.

- Аннета, идите к себе, - повторила Александра Михайловна слабым, но твердым голосом, встав со стула, - мне очень нужно говорить с Петром Александровичем...

Она была, по-видимому, спокойна; но за это спокойствие я боялась больше, чем за всякое волнение. Я как будто не слыхала слов ее и оставалась на месте как вкопанная. Все силы мои напрягла я, чтоб прочесть на ее лице, что происходило в это мгновение в душе ее. Мне показалось, что она не поняла ни моего жеста, ни моего восклицания.

- Вот что вы наделали, сударыня! - проговорил Петр Александрович, взяв меня за руки и указав на жену.

Боже мой! Я никогда не видала такого отчаяния, которое прочла теперь на этом убитом, помертвевшем лице. Он взял меня за руку и вывел из комнаты. Я взглянула на них в последний раз. Александра Михайловна стояла, облокотясь на камин и крепко сжав обеими руками голову. Всё положение ее тела изображало нестерпимую муку. Я схватила руку Петра Александровича и горячо сжала ее.

- Ради бога! ради бога! - проговорила я прерывающимся голосом, - пощадите!

- Не бойтесь, не бойтесь! - сказал он, как-то странно смотря на меня, - это ничего, это припадок. Ступайте же, ступайте.

Войдя в свою комнату, я бросилась на диван и закрыла руками лицо. Целые три часа пробыла я в таком положении и в это мгновение прожила целый ад. Наконец я не выдержала и послала спросить, можно ли мне прийти к Александре Михайловне. С ответом пришла мадам Леотар. Петр Александрович прислал сказать, что припадок прошел, опасности нет, но что Александре Михайловне нужен покой. Я не ложилась спать до трех часов утра и всё думала, ходя взад и вперед по комнате. Положение мое было загадочнее, чем когда-нибудь, но я чувствовала себя как-то покойнее, - может быть, потому, что чувствовала себя всех виновнее. Я легла спать, с нетерпением ожидая завтрашнего утра.

Но на другой день я, к горестному изумлению, заметила какую-то необъяснимую холодность в Александре Михайловне. Сначала мне показалось, что этому чистому, благородному сердцу тяжело быть со мною после вчерашней сцены с мужем, которой я поневоле была свидетельницей. Я знала, что это дитя способно покраснеть передо мною и просить у меня же прощения за то, что несчастная сцена, может быть, оскорбила вчера мое сердце. Но вскоре я заметила в ней какую-то другую заботу и досаду, проявлявшуюся чрезвычайно неловко: то она ответит мне сухо и холодно, то слышится в словах ее какой-то особенный смысл; то, наконец, она вдруг сделается со мной очень нежна, как будто раскаиваясь в этой суровости, которой не могло быть в ее сердце, и ласковые, тихие слова ее как будто звучат каким-то укором. Наконец я прямо спросила ее, что с ней и нет ли у ней чего мне сказать? На быстрый вопрос мой она немного смутилась, но тотчас же, подняв на меня свои большие тихие глаза и смотря на меня с нежной улыбкой, сказала:

- Ничего, Неточка; только знаешь что: когда ты меня так быстро спросила, я немного смутилась. Это оттого, что ты спросила так скоро... уверяю тебя. Но, слушай, - отвечай мне правду, дитя моё: есть что-нибудь у тебя на сердце такое, от чего бы ты также смутилась, если б тебя о том спросили так же быстро и неожиданно?

- Нет, - отвечала я, посмотрев на неё ясными глазами.

- Ну, вот и хорошо! Если б ты знала, друг мой, как я тебе благодарна за этот прекрасный ответ. Не то чтоб я тебя могла подозревать в чём-нибудь дурном, - никогда! Я не прощу себе и мысли об этом. Но слушай: взяла я тебя дитятей, а теперь тебе семнадцать лет. Ты видела сама: я больная, я сама как ребёнок, за мной ещё нужно ухаживать. Я не могла заменить тебе вполне родную мать, несмотря на то что любви к тебе слишком достало бы на то в моём сердце. Если ж теперь меня так мучит забота, то, разумеется, не ты виновата, а я. Прости ж мне и за вопрос и за то, что я, может быть, невольно не исполнила всех моих обещаний, которые дала тебе и батюшке, когда взяла тебя из его дома. Меня это очень беспокоит и часто беспокоило, друг мой.

Я обняла её и заплакала.

- О, благодарю, благодарю вас за всё! - сказала я, обливая её руки слезами. - Не говорите мне так, не разрывайте моего сердца. Вы были мне больше чем мать; да благословит вас бог за всё, что вы сделали оба, вы и князь, мне, бедной, оставленной! Бедная моя, родная моя!

- Полно, Неточка, полно! Обними меня лучше; так, крепче, крепче! Знаешь что? Бог знает отчего мне кажется, что ты в последний раз меня обнимаешь.

- Нет, нет, - говорила я, разрыдавшись как ребёнок, - нет, этого не будет! Вы будете счастливы!.. Ещё впереди много дней. Верьте, мы будем счастливы.

- Спасибо тебе, спасибо, что ты так любишь меня. Теперь около меня мало людей; меня все оставили!

- Кто же оставили? кто они?

- Прежде были и другие кругом меня, ты не знаешь, Неточка. Они меня все оставили, все ушли, точно призраки были. А я их так ждала, всю жизнь ждала; бог с ними! Смотри, Неточка: видишь, какая глубокая осень; скоро пойдёт снег: с первым снегом я и умру, -да; но я и не тужу. Прощайте!

Лицо её было бледно и худо; на каждой щеке горело зловещее, кровавое пятно; губы её дрожали и запеклись от внутреннего жара.

Она подошла к фортепьяно и взяла несколько аккордов; в это мгновение с треском лопнула струна и заныла в длинном дребезжащем звуке...

- Слышишь, Неточка, слышишь?-сказала она вдруг каким-то вдохновенным голосом, указывая на фортепьяно. - Эту струну слишком, слишком натянули: она не вынесла и умерла. Слышишь, как жалобно умирает звук!

Она говорила с трудом. Глухая душевная боль отразилась на лице ее, и глаза ее наполнились слезами.

- Ну, полно об этом, Неточка, друг мой; довольно; приведи детей.

Я привела их. Она как будто отдохнула, на них глядя, и через час отпустила их.

- Когда я умру, ты не оставишь их, Аннета? Да? - сказала она мне шепотом, как будто боясь, чтоб нас кто-нибудь не подслушал.

- Полноте, вы убьете меня! - могла только я проговорить ей в ответ.

- Я ведь шутила, - сказала она, помолчав и улыбнувшись. - А ты и поверила? Я ведь иногда бог знает что говорю. Я теперь как дитя; мне нужно всё прощать.

Тут она робко посмотрела на меня, как будто боясь что-то выговорить. Я ожидала.

- Смотри не пугай его, - проговорила она наконец, потупив глаза, с легкой краской в лице и так тихо, что я едва расслышала.

- Кого? - спросила я с удивлением.

- Мужа. Ты, пожалуй, расскажешь ему всё потихоньку.

- Зачем же, зачем? - повторяла я всё более и более в удивлении.

- Ну, может быть, и не расскажешь, как знать! - отвечала она, стараясь как можно хитрее взглянуть на меня, хотя всё та же простодушная улыбка блестела на губах ее и краска всё более и более вступала ей в лицо. - Полно об этом; я ведь всё шучу.

Сердце мое сжималось всё больнее и больнее.

- Только послушай, ты их будешь любить, когда я умру, - да? - прибавила она серьезно и опять как будто с таинственным видом, - так, как бы родных детей своих любила, - да? Припомни: я тебя всегда за родную считала и от своих не рознила.

- Да, да, - отвечала я, не зная, что говорю, и задыхаясь от слез и смущения.

Горячий поцелуй зажегся на руке моей, прежде чем я успела отнять ее. Изумление сковало мне язык.

"Что с ней? что она думает? что вчера у них было такое"? - пронеслось в моей голове.

Через минуту она стала жаловаться на усталость.

- Я уже давно больна, только не хотела пугать вас обоих, - сказала она. - Ведь вы меня оба любите, - да?.. До свидания, Неточка; оставь меня, а только вечером приди ко мне непременно. Придешь?

Я дала слово; но рада была уйти. Я не могла более вынести.

Бедная, бедная! Какое подозрение провожает тебя в могилу? - восклицала я рыдая, - какое новое горе язвит и точит твое сердце, и о котором ты едва смеешь вымолвить слово? Боже мой! Это долгое страдание, которое я уже знала теперь всё наизусть, эта жизнь без просвета, эта любовь робкая, ничего не требующая, и даже теперь, теперь, почти на смертном одре своем, когда сердце рвется пополам от боли, она, как преступная, боится малейшего ропота, жалобы, - и вообразив, выдумав новое горе, она уже покорилась ему, помирилась с ним!..

Вечером, в сумерки, я, воспользовавшись отсутствием Оврова (приезжего из Москвы), прошла в библиотеку, отперла шкаф и начала рыться в книгах, чтоб выбрать какую-нибудь для чтения вслух Александре Михайловне. Мне хотелось отвлечь ее от черных мыслей и выбрать что-нибудь веселое, легкое... Я разбирала долго и рассеянно. Сумерки сгущались; а вместе с ними росла и тоска моя. В руках моих очутилась опять эта книга, развернутая на той же странице, на которой и теперь я увидала следы письма, с тех пор не сходившего с груди моей, - тайны, с которой как будто переломилось и вновь началось мое существование и повеяло на меня так много холодного, неизвестного, таинственного, неприветливого, уже и теперь издали так сурово грозившего мне... "Что с нами будет, -думала я, -угол, в котором мне было так тепло, так привольно, - пустеет! Чистый, светлый дух, охранявший юность мою, оставляет меня. Что впереди?" Я стояла в каком-то забытьи над своим прошедшим, так теперь милым сердцу, как будто силясь прозреть вперед, в неизвестное, грозившее мне... Я припоминаю эту минуту, как будто теперь вновь переживаю ее: так сильно врезалась она в моей памяти.

Я держала в руках письмо и развернутую книгу; лицо мое было омочено слезами. Вдруг я вздрогнула от испуга: надо мной раздался знакомый мне голос. В то же время я почувствовала, что письмо вырвали из рук моих. Я вскрикнула и оглянулась: передо мной стоял Петр Александрович. Он схватил меня за руку и крепко удерживал на месте; правой рукой подносил он к свету письмо и силился разобрать первые строки... Я закричала; я скорей готова была умереть, чем оставить это письмо в руках его. По торжествующей улыбке я видела, что ему удалось разобрать первые строки. Я теряла голову...

Мгновение спустя я бросилась к нему, почти не помня себя, и вырвала письмо из рук его. Всё это случилось так скоро, что я еще сама не понимала, каким образом письмо очутилось у меня опять. Но, заметив, что он снова хочет вырвать его из рук моих, я поспешно спрятала письмо на груди и отступила на три шага.

Мы с полминуты смотрели друг на друга молча. Я еще содрогалась от испуга; он - бледный, с дрожащими, посинелыми от гнева губами, первый прервал молчание.

- Довольно! - сказал он слабым от волнения голосом. - Вы, верно, не хотите, чтоб я употребил силу; отдайте же мне письмо добровольно.

Только теперь я одумалась, и оскорбление, стыд, негодование против грубого насилия захватили мне дух. Горячие слезы потекли по разгоревшимся щекам моим. Я вся дрожала от волнения и некоторое время была не в силах вымолвить слова.

- Вы слышали? - сказал он, подойдя ко мне на два шага...

- Оставьте меня, оставьте! - закричала я, отодвигаясь от него. - Вы поступили низко, неблагородно. Вы забылись!.. Пропустите меня!..

- Как? что это значит? И вы еще смеете принимать такой тон... после того, что вы... Отдайте, говорю вам!

Он еще раз шагнул ко мне, но, взглянув на меня, увидел в глазах моих столько решимости, что остановился, как будто в раздумье.

- Хорошо! - сказал он наконец сухо, как будто остановившись на одном решении, но всё еще через силу подавляя себя. - Это своим чередом, а сперва...

Тут он осмотрелся кругом.

- Вы... кто вас пустил в библиотеку? почему этот шкаф отворен? где взяли ключ?

- Я не буду вам отвечать, - сказала я, - я не могу с вами говорить. Пустите меня, пустите! Я пошла к дверям.

- Позвольте, - сказал он, остановив меня за руку, - вы так не уйдете!

Я молча вырвала у него свою руку и снова сделала движение к дверям.

- Хорошо же. Но я не могу вам позволить, в самом деле, получать письма от ваших любовников, в моем доме...

Я вскрикнула от испуга и взглянула на него как потерянная...

- И потому...

- Остановитесь! - закричала я. - Как вы можете? как вы могли мне сказать?.. Боже мой! боже мой!..

- Что? что! вы еще угрожаете мне?

Но я смотрела на него бледная, убитая отчаянием. Сцена между нами дошла до последней степени ожесточения, которого я не могла понять. Я молила его взглядом не продолжать далее. Я готова была простить за оскорбление, с тем чтоб он остановился. Он смотрел на меня пристально и видимо колебался.

- Не доводите меня до крайности, - прошептала я в ужасе.

- Нет-с, это нужно кончить! - сказал он наконец, как будто одумавшись. - Признаюсь вам, я было колебался от этого взгляда, -

122

прибавил он с странной улыбкой. - Но, к несчастию, дело само за себя говорит. Я успел прочитать начало письма. Это письмо любовное. Вы меня не разуверите! нет, выкиньте это из головы! И если я усомнился на минуту, то это доказывает только, что ко всем вашим прекрасным качествам я должен присоединить способность отлично лгать, а потому повторяю...

По мере того как он говорил, его лицо всё более и более искажалось от злобы. Он бледнел; губы его кривились и дрожали, так что он, наконец, с трудом произнес последние слова. Становилось темно. Я стояла без защиты, одна, перед человеком, который в состоянии оскорблять женщину. Наконец, все видимости были против меня; я терзалась от стыда, терялась, не могла понять злобы этого человека. Не отвечая ему, вне себя от ужаса я бросилась вон из комнаты и очнулась, уж стоя при входе в кабинет Александры Михайловны. В это мгновение послышались и его шаги; я уже хотела войти в комнату, как вдруг остановилась как бы пораженная громом.

"Что с нею будет? - мелькнуло в моей голове. - Это письмо!.. Нет, лучше всё на свете, чем этот последний удар в ее сердце", - и я бросилась назад. Но уж было поздно: он стоял подле меня.

- Куда хотите пойдемте, - только не здесь, не здесь! - шепнула я, схватив его руку. - Пощадите ее! Я приду опять в библиотеку или... куда хотите! Вы убьете ее!

- Это вы убьете ее! - отвечал он, отстраняя меня.

Все надежды мои исчезли. Я чувствовала, что ему именно хотелось перенесть всю сцену к Александре Михайловне.

- Ради бога! - говорила я, удерживая его всеми силами. Но в это мгновение поднялась портьера, и Александра Михайловна очутилась перед нами. Она смотрела на нас в удивлении. Лицо ее было бледнее всегдашнего. Она с трудом держалась на ногах. Видно было, что ей больших усилий стоило дойти до нас, когда она заслышала наши голоса.

- Кто здесь? о чем вы здесь говорили? - спросила она, смотря на нас в крайнем изумлении.

Несколько мгновений длилось молчание, и она побледнела как полотно. Я бросилась к ней, крепко обняла ее и увлекла назад в кабинет. Петр Александрович вошел вслед за мною. Я спрятала лицо свое на груди ее и всё крепче, крепче обнимала ее, замирая от ожидания.

- Что с тобою, что с вами? - спросила в другой раз Александра Михайловна.

- Спросите ее. Вы еще вчера так ее защищали, - сказал Петр Александрович, тяжело опускаясь в кресла.

Я всё крепче и крепче сжимала ее в своих объятиях.

- Но, боже мой, что ж это такое? - проговорила Александра Михайловна в страшном испуге. - Вы так раздражены, она испугана, в слезах. Аннета, говори мне всё, что было между вами.

- Нет, позвольте мне сперва, - сказал Петр Александрович, подходя к нам, взяв меня за руку и оттащив от Александры Михайловны. - Стойте тут, - сказал он, указав на средину комнаты. - Я вас хочу судить перед той, которая заменила вам мать. А вы успокойтесь, сядьте, - прибавил он, усаживая Александру Михайловну на кресла. - Мне горько, что я не мог вас избавить от этого неприятного объяснения; но оно необходимо.

- Боже мой! что ж это будет? - проговорила Александра Михайловна, в глубокой тоске перенося свой взгляд поочередно на меня и на мужа. Я ломала руки, предчувствуя роковую минуту. От него я уж не ожидала пощады.

- Одним словом, - продолжал Петр Александрович, - я хотел, чтоб вы рассудили вместе со мною. Вы всегда (и не понимаю отчего, это одна из ваших фантазий), вы всегда - еще вчера, например, - думали, говорили... но не знаю, как сказать; я краснею от предположений... Одним словом, вы защищали ее, вы нападали на меня, вы уличали меня в неуместной строгости; вы намекали еще на какое-то другое чувство, будто бы вызывающее меня на эту неуместную строгость; вы... но я не понимаю, отчего я не могу подавить своего смущения, эту краску в лице при мысли о ваших предположениях; отчего я не могу сказать о них гласно, открыто, при ней... Одним словом, вы...

- О, вы этого не сделаете! нет, вы не скажете этого! - вскрикнула Александра Михайловна, вся в волнении, сгорев от стыда, - нет, вы пощадите ее. Это я, я всё выдумала! Во мне нет теперь никаких подозрений. Простите меня за них, простите. Я больна, мне нужно простить, но только не говорите ей, нет... Аннета, - сказала она, подходя ко мне, - Аннета, уйди отсюда, скорее, скорее! Он шутил; это я всему виновата; это неуместная шутка...

- Одним словом, вы ревновали меня к ней, - сказал Петр Александрович, без жалости бросив эти слова в ответ ее тоскливому ожиданию. Она вскрикнула, побледнела и оперлась на кресло, едва удерживаясь на ногах.

- Бог вам простит! - проговорила она наконец слабым голосом. - Прости меня за него, Неточка, прости; я была всему виновата. Я была больна, я...

- Но это тиранство, бесстыдство, низость! - закричала я в исступлении, поняв наконец всё, поняв, зачем ему хотелось осудить меня в глазах жены. - Это достойно презрения; вы...

- Аннета! - закричала Александра Михайловна, в ужасе схватив меня за руки.

- Комедия! комедия, и больше ничего! - проговорил Петр Александрович, подступая к нам в неизобразимом волнении. - Комедия, говорю я вам, - продолжал он, пристально и с зловещей улыбкой смотря на жену, - и обманутая во всей этой комедии одна - вы. Поверьте, что мы, - произнес он, задыхаясь и указывая на меня, - не боимся таких объяснений; поверьте, что мы уж не так целомудренны, чтоб оскорбляться, краснеть и затыкать уши, когда нам заговорят о подобных делах. Извините, я выражаюсь просто, прямо, грубо, может быть, но - так должно. Уверены ли вы, сударыня, в порядочном поведении этой... девицы?

- Боже! что с вами? Вы забылись! - проговорила Александра Михайловна, остолбенев, помертвев от испуга.

- Пожалуйста, без громких слов! - презрительно перебил Петр Александрович. - Я не люблю этого. Здесь дело простое, прямое, пошлое до последней пошлости. Я вас спрашиваю о ее поведении; знаете ли вы...

Но я не дала ему договорить и, схватив его за руки, с силою оттащила в сторону. Еще минута - и всё могло быть потеряно.

- Не говорите о письме! - сказала я быстро, шепотом. - Вы убьете ее на месте. Упрек мне будет упреком ей в то же время. Она не может судить меня, потому что я всё знаю... понимаете, я всё знаю!

Он пристально, с диким любопытством посмотрел на меня - и смешался; кровь выступила ему на лицо.

- Я всё знаю, всё! - повторила я. Он еще колебался. На губах его шевелился вопрос. Я предупредила:

- Вот что было, - сказала я вслух, наскоро, обращаясь к Александре Михайловне, которая глядела на нас в робком, тоскливом изумлении. - Я виновата во всем. Уж четыре года тому, как я вас обманывала. Я унесла ключ от библиотеки и уж четыре года потихоньку читаю книги. Петр Александрович застал меня над такой книгой, которая... не могла, не должна была быть в руках моих. Испугавшись за меня, он преувеличил опасность в глазах ваших!.. Но я не оправдываюсь (поспешила я, заметив насмешливую улыбку на губах его): я во всем виновата. Соблазн был сильнее меня, и, согрешив раз, я уж стыдилась признаться в своем проступке... Вот всё, почти всё, что было между нами...

- О-го, как бойко! - прошептал подле меня Петр Александрович.

Александра Михайловна выслушала меня с глубоким вниманием; но в лице ее видимо отражалась недоверчивость. Она попеременно взглядывала то на меня, то на мужа. Наступило молчание. Я едва переводила дух. Она опустила голову на грудь и закрыла рукою глаза, соображая что-то и, очевидно, взвешивая каждое слово, которое я произнесла. Наконец она подняла голову и пристально посмотрела на меня.

- Неточка, дитя мое, я знаю, ты не умеешь лгать, - проговорила она. - Это всё, что случилось, решительно всё?

- Всё, - отвечала я.

- Всё ли? - спросила она, обращаясь к мужу.

- Да, всё, - отвечал он с усилием, - всё!

Я отдохнула.

- Ты даешь мне слово, Неточка?

- Да, - отвечала я не запинаясь.

Но я не утерпела и взглянула на Петра Александровича. Он смеялся, выслушав, как я дала слово. Я вспыхнула, и мое смущение не укрылось от бедной Александры Михайловны. Подавляющая, мучительная тоска отразилась на лице ее.

- Довольно, - сказала она грустно. - Я вам верю. Я не могу вам не верить.

- Я думаю, что такого признания достаточно, - проговорил Петр Александрович. - Вы слышали? Что прикажете думать?

Александра Михайловна не отвечала. Сцена становилась всё тягостнее и тягостнее.

- Я завтра же пересмотрю все книги, - продолжал Петр Александрович. - Я не знаю, что там еще было; но...

- А какую книгу читала она? - спросила Александра Михайловна.

- Книгу? Отвечайте вы, - сказал он, обращаясь ко мне. - Вы умеете лучше меня объяснять дело, - прибавил он с затаенной насмешкой.

Я смутилась и не могла выговорить ни слова. Александра Михайловна покраснела и опустила глаза. Наступила долгая пауза. Петр Александрович в досаде ходил взад и вперед по комнате.

- Я не знаю, что между вами было, - начала наконец Александра Михайловна, робко выговаривая каждое слово, - но если это только было, - продолжала она, силясь дать особенный смысл словам своим, уже смутившаяся от неподвижного взгляда своего мужа, хотя она и старалась не глядеть на него, - если только это было, то я не знаю, из-за чего нам всем горевать и так отчаиваться. Виноватее всех я, я одна, и это меня очень мучит. Я пренебрегла ее воспитанием, я и должна отвечать за всё. Она должна простить мне, и я ее осудить не могу и не смею. Но, опять, из-за чего ж нам отчаиваться? Опасность прошла. Взгляните на нее, - сказала она, одушевляясь всё более и более и бросая пытливый взгляд на своего мужа, - взгляните на нее: неужели ее неосторожный поступок оставил хоть какие-нибудь последствия? Неужели я не знаю ее, дитяти моего, моей дочери милой? Неужели я не знаю, что ее сердце чисто и благородно, что в этой хорошенькой головке, - продолжала она, лаская меня и привлекая к себе, - ум ясен и светел, а совесть боится обмана...

Полноте, мои милые! Перестанем! Верно, другое что-нибудь затаилось в нашей тоске; может быть, на нас только мимолетом легла враждебная тень. Но мы разгоним ее любовью, добрым согласием и рассеем недоумение наше. Может быть, много недоговорено между нами, и я винюсь первая. Я первая таилась от вас, у меня у первой родились бог знает какие подозрения, в которых виновата больная голова моя. Но... но если уж мы отчасти и высказались, то вы должны оба простить меня, потому... потому, наконец, что нет большого греха в том, что я подозревала...

Сказав это, она робко и краснея взглянула на мужа и с тоскою ожидала слов его. По мере того как он ее слушал, насмешливая улыбка показывалась на его губах. Он перестал ходить и остановился прямо перед нею, закинув назад руки. Он, казалось, рассматривал ее смущение, наблюдал его, любовался им; чувствуя над собой его пристальный взгляд, она смешалась. Он переждал мгновение, как будто ожидая чего-нибудь далее. Смущение ее удвоилось. Наконец он прервал тягостную сцену тихим долгим язвительным смехом:

- Мне жаль вас, бедная женщина! - сказал он наконец горько и серьезно, перестав смеяться. - Вы взяли на себя роль, которая вам не по силам. Чего вам хотелось? Вам хотелось поднять меня на ответ, поджечь меня новыми подозрениями или, лучше сказать, старым подозрением, которое вы плохо скрыли в словах ваших? Смысл ваших слов, что сердиться на нее нечего, что она хороша и после чтения безнравственных книг, мораль которых, - говорю от себя, - кажется, уже принесла кой-какие успехи, что вы, наконец, за нее отвечаете сами; так ли? Ну-с, объяснив это, вы намекаете на что-то другое; вам кажется, что подозрительность и гонения мои выходят из какого-то другого чувства. Вы даже намекали мне вчера - пожалуйста, не останавливайте меня, я люблю говорить прямо - вы даже намекали вчера, что у некоторых людей (помню, что, по вашему замечанию, эти люди всего чаще бывают степенные, суровые, прямые, умные, сильные, и бог знает каких вы еще не давали определений в припадке великодушия!), что у некоторых людей, повторяю, любовь (и бог знает почему вы это выдумали!) и проявляться не может иначе как сурово, горячо, круто, часто подозрениями, гонениями. Я уж не помню хорошо, так ли именно вы говорили вчера... Пожалуйста, не останавливайте меня; я знаю хорошо вашу воспитанницу; ей всё можно слышать, всё, повторяю вам в сотый раз, - всё. Вы обмануты. Но не знаю, отчего вам угодно так настаивать на том, что я-то именно и есть такой человек! Бог знает зачем вам хочется нарядить меня в этот шутовской кафтан. Не в летах моих любовь к этой девице; да наконец, поверьте мне, сударыня, я знаю свои обязанности, и, как бы великодушно вы ни извиняли меня, я буду говорить прежнее, что преступление всегда останется преступлением, что грех всегда будет грехом, постыдным, гнусным, неблагородным. на какую бы степень величия вы ни вознесли порочное чувство! Но довольно! довольно! и чтоб я не слыхал более об этих гадостях!

Александра Михайловна плакала.

- Ну, пусть я несу это, пусть это мне! - проговорила она наконец, рыдая и обнимая меня, - пусть постыдны были мои подозрения, пусть вы насмеялись так сурово над ними! Но ты, моя бедная, за что ты осуждена слушать такие оскорбления? И я не могу защитить тебя! Я безгласна! Боже мой! я не могу молчать, сударь! Я не вынесу... Ваше поведение безумно!..

- Полноте, полноте! - шептала я, стараясь утишить ее волнение, боясь, чтоб жестокие укоры не вывели его из терпения. Я всё еще трепетала от страха за нее.

- Но, слепая женщина! - закричал он, - но вы не знаете, вы не видите...
Он остановился на минуту.

- Прочь от нее! - сказал он, обращаясь ко мне и вырывая мою руку из рук Александры Михайловны. - Я вам не позволю прикасаться к жене моей; вы мараете ее;

вы оскорбляете ее своим присутствием! Но... но что же заставляет меня молчать, когда нужно, когда необходимо говорить? - закричал он, топнув ногою. - И я скажу, я всё скажу. Я не знаю, что вы там знаете, сударыня, и чем вы хотели пригрозить мне, да и знать не хочу. Слушайте! - продолжал он, обращаясь к Александре Михайловне, - слушайте же.

- Молчите! - закричала я, бросаясь вперед, - молчите, ни слова!

- Слушайте...

- Молчите во имя...

- Во имя чего, сударыня? - перебил он, быстро и пронзительно взглянув мне в глаза, - во имя чего? Знайте же, я вырвал из рук ее письмо от любовника! Вот что делается в нашем доме! вот что делается подле вас! вот чего вы не видали, не заметили!

Я едва устояла на месте. Александра Михайловна побледнела как смерть.

- Этого быть не может, - прошептала она едва слышным голосом.

- Я видел это письмо, сударыня; оно было в руках моих; я прочел первые строки и не ошибся: письмо было от любовника. Она вырвала его у меня из рук. Оно теперь у нее, - это ясно, это так, в этом нет сомнения; а если вы еще сомневаетесь, то взгляните на нее и попробуйте потом надеяться хоть на тень сомнения.

- Неточка! - закричала Александра Михайловна, бросаясь ко мне. - Но нет, не говори, не говори! Я не знаю, что это было, как это было... боже мой, боже мой!

И она зарыдала, закрыв лицо руками.

- Но нет! этого быть не может! - закричала она опять. - Вы ошиблись. Это... это я знаю, что значит! - проговорила она, пристально смотря на мужа. - Вы... я... не могла, ты меня не обманешь, ты меня не можешь обманывать! Расскажи мне всё, всё без утайки: он ошибся? да, не правда ли, он ошибся? Он видел другое, он ослеплен?, да, не правда ли? не правда ли? Послушай: отчего же мне не сказать всего, Аннета, дитя мое, родное дитя мое?

- Отвечайте, отвечайте скорее! - послышался надо мною голос Петра Александровича. - Отвечайте: видел или нет я письмо в руках ваших?..

- Да! - отвечала я, задыхаясь от волнения.

- Это письмо от вашего любовника?

- Да! - отвечала я.

- С которым вы и теперь имеете связь?

- Да, да, да! - говорила я, уже не помня себя, отвечая утвердительно на все вопросы, чтоб добиться конца нашей муке.

- Вы слышали ее. Ну, что вы теперь скажете? Поверьте, доброе, слишком доверчивое сердце, - прибавил он, взяв руку жены, - поверьте мне и разуверьтесь во всем, что породило больное воображение ваше. Вы видите теперь, кто такая эта... девица. Я хотел только поставить невозможность рядом с подозрениями вашими. Я давно всё это заметил и рад, что наконец изобличил ее пред вами. Мне было тяжело видеть ее подле вас, в ваших объятиях, за одним столом вместе с нами, в доме моем, наконец. Меня возмущала слепота ваша. Вот почему, и только поэтому, я обращал на нее внимание, следил за нею; это-то внимание бросилось вам в глаза, и, взяв бог знает какое подозрение за исходную точку, вы бог знает что заплели по этой канве. Но теперь положение разрешено, кончено всякое сомнение, и завтра же, сударыня, завтра же вы не будете в доме моем! - кончил он, обращаясь ко мне.

- Остановитесь! - сказала Александра Михайловна, приподымаясь со стула. - Я не верю всей этой сцене. Не смотрите на меня так страшно, не смейтесь надо мной. Я вас же и призову на суд моего мнения. Аннета, дитя мое, подойди ко мне, дай твою руку, так. Мы все грешны! - сказала она дрожащим от слез голосом и со смирением взглянула на мужа, - и кто из нас может отвергнуть хоть чью-либо руку? Дай же мне свою руку, Аннета, милое дитя мое; я не достойнее, не лучше тебя; ты не можешь оскорблять меня своим присутствием, потому что я тоже, тоже грешница.

- Сударыня! - закричал Петр Александрович в изумлении, - сударыня! удержитесь! не забывайте!..

- Я ничего не забываю. Не прерывайте же меня я дайте мне досказать. Вы видели в ее руках письмо; вы даже читали его; вы говорите, и она...

признадась, что это письмо от того, кого она любит. Но разве это доказывает, что она преступна? разве это позволяет вам так обходиться с нею, так обижать ее в глазах жены вашей? Да, сударь, в глазах жены вашей? Разве вы рассудили это дело? Разве вы знаете, как это было?

- Но мне остается бежать, прощения просить у нее. Этого ли вы хотели? - закричал Петр Александрович. - Я потерял терпение, вас слушая! Вы вспомните, о чем вы говорите! Знаете ли вы, о чем вы говорите? Знаете ли, что и кого вы защищаете? Но ведь я всё насквозь вижу...

- И самого первого дела не видите, потому что гнев и гордость мешают вам видеть. Вы не видите того, что я защищаю и о чем хочу говорить. Я не порок защищаю. Но рассудили ли вы, - а вы ясно увидите, коли рассудите, - рассудили ли вы, что, может быть - она как ребенок невинна! Да, я не защищаю порока! Я спешу оговориться, если это вам будет очень приятно. Да; если б она была супруга, мать и забыла свои обязанности, о, тогда бы я согласилась с вами... Видите, я оговорилась. Заметьте же это и не корите меня! Но если она получила это письмо, не ведая зла? Если она увлеклась неопытным чувством и некому было удержать ее? если я первая виноватее всех, потому что не уследила за сердцем ее? если это письмо первое? если вы оскорбили вашими грубыми подозрениями ее девственное, благоуханное чувство? если вы загрязнили ее воображение своими циническими толками об этом письме? если вы не видали этого целомудренного, девственного стыда, который сияет на лице ее, чистый, как невинность, который я вижу теперь, который я видела, когда она, потерянная, измученная, не зная, что говорить, и разрываясь от тоски, отвечала признанием на все ваши бесчеловечные вопросы? Да, да! это бесчеловечно, это жестоко; я не узнаю вас; я вам не прощу этого никогда, никогда!

- Да, пощадите, пощадите меня! - закричала я, сжимая ее в объятиях. - Пощадите, верьте, не отталкивайте меня...

Я упала перед нею на колени.

- Если, наконец, - продолжала она задыхающимся голосом, - если б, наконец, не было меня подле нее, и если б вы запугали ее словами своими, и если б бедная сама уверилась, что она виновата, если б вы смутили ее совесть, душу и разбили покой ее сердца... боже мой! Вы хотели выгнать ее из дома! Но знаете ли, с кем это делают? Вы знаете, что если ее выгоните, то выгоните нас вместе, нас обеих, - и меня тоже. Вы слышали меня, сударь?

Глаза ее сверкали; грудь волновалась; болезненное напряжение ее дошло до последнего кризиса.

- Так довольно же я слушал, сударыня! - закричал наконец Петр

Александрович, - довольно этого! Я знаю, что есть страсти платонические, - и на мою пагубу знаю это, сударыня, слышите? на мою пагубу. Но не ужиться мне, сударыня, с озолоченным пороком! Я не понимаю его. Прочь мишуру! И если вы чувствуете себя виноватою, если знаете за собою что-нибудь (не мне напоминать вам, сударыня), если вам нравится, наконец, мысль оставить мой дом... то мне остается только сказать, напомнить вам, что напрасно вы позабыли исполнить ваше намерение, когда была настоящая пора, настоящее время, лет назад тому... если вы позабыли, то я вам напомню...

Я взглянула на Александру Михайловну. Она судорожно опиралась на меня, изнемогая от душевной скорби, полузакрыв глаза, в неистощимой муке. Еще минута, и она готова была упасть.

- О, ради бога, хоть в этот раз пощадите ее! Не выговаривайте последнего слова, - закричала я, бросаясь на колени перед Петром Александровичем и забыв, что изменяла себе. Но было поздно. Слабый крик раздался в ответ словам моим, и бедная упала без чувств на пол.

- Кончено! вы убили ее! - сказала я. - Зовите людей, спасайте ее! Я вас жду у вас в кабинете. Мне нужно с вами говорить; я вам всё расскажу...

- Но что? но что?

- После!

Обморок и припадки продолжались два часа. Весь дом был в страхе. Доктор сомнительно качал головою. Через два часа я вошла в кабинет Петра Александровича. Он только что воротился от жены и ходил взад и вперед по комнате, кусая ногти в кровь, бледный, расстроенный. Я никогда не видала его в таком виде.

- Что же вам угодно сказать мне? - проговорил он суровым, грубым голосом. - Вы что-то хотели сказать?

- Вот письмо, которое вы перехватили у меня. Вы его узнаете?

- Да.

- Возьмите его.

Он взял письмо и поднес к свету. Я внимательно следила за ним. Через несколько минут он быстро обернул на четвертую страницу и прочел подпись. Я видела, как кровь бросилась ему в голову.

- Что это? - спросил он у меня, остолбенев от изумления.

- Три года тому, как я нашла это письмо в одной книге. Я догадалась, что оно было забыто, прочла его и - узнала всё. С тех пор оно оставалось при мне, потому что мне некому было отдать его. Ей я отдать его не могла. Вам? Но вы не могли не знать содержания этого письма, а в нем вся эта грустная повесть... Для чего ваше притворство - не знаю. Это, покамест, темно для меня. Я еще не могу ясно вникнуть в вашу темную душу. Вы хотели удержать над ней первенство и удержали. Но для чего?

для того, чтоб восторжествовать над призраком, над расстроенным воображением больной, для того, чтоб доказать ей, что она заблуждалась и что вы безгрешнее ее! И вы достигли цели, потому что это подозрение ее - неподвижная идея угасающего ума, может быть, последняя жалоба разбитого сердца на несправедливость приговора людского, с которым вы были заодно. "Что ж за беда, что вы меня полюбили?" Вот что она говорила, вот что хотелось ей доказать вам. Ваше тщеславие, ваш ревнивый эгоизм были безжалостны. Прощайте! Объяснений не нужно! Но, смотрите, я вас знаю всего, вижу насквозь, не забывайте же этого!

Я вошла в свою комнату, едва помня, что со мной сделалось. У дверей меня остановил Овров, помощник в делах Петра Александровича.

- Мне бы хотелось поговорить с вами, - сказал он с учтивым поклоном.

Я смотрела на него, едва понимая то, что он мне сказал.

- После, извините меня, я нездорова, - отвечала я наконец, проходя мимо него.

- Итак, завтра, - сказал он, откланиваясь, с какою-то двусмысленною улыбкой.

Но, может быть, это мне так показалось. Всё это как будто мелькнуло у меня перед глазами.

ИГРОК

(Из записок молодого человека)

Глава I

Наконец я возвратился из моей двухнедельной отлучки. Наши уже три дня как были в Рулетенбурге. Я думал, что они и бог знает как ждут меня, однако ж ошибся. Генерал смотрел чрезвычайно независимо, поговорил со мной свысока и отослал меня к сестре. Было ясно, что они где-нибудь перехватили денег. Мне показалось даже, что генералу несколько совестно глядеть на меня. Марья Филипповна была в чрезвычайных хлопотах и поговорила со мною слегка; деньги, однако ж, приняла, сосчитала и выслушала весь мой рапорт. К обеду ждали

Мезенцова, французика и еще какого-то англичанина: как водится, деньги есть, так тотчас и званый обед, по-московски. Полина Александровна, увидев меня, спросила, что я так долго? и, не дождавшись ответа, ушла куда-то. Разумеется, она сделала это нарочно. Нам, однако ж, надо объясниться. Много накопилось.

Мне отвели маленькую комнатку, в четвертом этаже отеля. Здесь известно, что я принадлежу к свите генерала. По всему видно, что они успели-таки дать себя знать. Генерала считают здесь все богатейшим русским вельможей. Еще до обеда он успел, между другими поручениями, дать мне два тысячефранковых билета разменять. Я разменял их в конторе отеля. Теперь на нас будут смотреть, как на миллионеров, по крайней мере целую неделю. Я хотел было взять Мишу и Надю и пойти с ними гулять, но с лестницы меня позвали к генералу; ему заблагорассудилось осведомиться, куда я их поведу. Этот человек решительно не может смотреть мне прямо в глаза; он бы и очень хотел, но я каждый раз отвечаю ему таким пристальным, то есть непочтительным взглядом, что он как будто конфузится. В весьма напыщенной речи, насаживая одну фразу на другую и наконец совсем запутавшись, он дал мне понять, чтоб я гулял с детьми где-нибудь, подальше от воксала, в парке. Наконец он рассердился совсем и круто прибавил:

- А то вы, пожалуй, их в воксал, на рулетку, поведете. Вы меня извините, - прибавил он, - но я знаю, вы еще довольно легкомысленны и способны, пожалуй, играть. Во всяком случае, хоть я и не ментор ваш, да и роли такой на себя брать не желаю, но по крайней мере имею право пожелать, чтобы вы, так сказать, меня-то не окомпрометировали...

- Да ведь у меня и денег нет, - отвечал я спокойно; - чтобы проиграться, нужно их иметь.

- Вы их немедленно получите, - ответил генерал, покраснев немного, порылся у себя в бюро, справился в книжке, и оказалось, что за ним моих денег около ста двадцати рублей.

- Как же мы сосчитаемся, - заговорил он, - надо переводить на талеры. Да вот возьмите сто талеров, круглым счетом, - остальное, конечно, не пропадет.

Я молча взял деньги.

- Вы, пожалуйста, не обижайтесь моими словами, вы так обидчивы... Если я вам заметил, то я, так сказать, вас предостерег и уж, конечно, имею на то некоторое право...

Возвращаясь пред обедом с детьми домой, я встретил целую кавалькаду. Наши ездили осматривать какие-то развалины. Две превосходные коляски, великолепные лошади! Mademoiselle Blanche в одной коляске с Марьей Филипповной и Полиной; французик, англичанин и наш генерал верхами. Прохожие останавливались и смотрели; эффект был произведен; только генералу несдобровать. Я рассчитал, что с четырьмя тысячами франков, которые я привез, да прибавив сюда то, что они, очевидно, успели перехватить, у них теперь есть семь или восемь тысяч франков; этого слишком мало для mademoiselle Blanche.

Mademoiselle Blanche стоит тоже в нашем отеле, вместе с матерью; где-то тут же и наш французик. Лакеи называют его "monsieur le comte"[3], мать mademoiselle Blanche называется "madame la comtesse"[4]; что ж, может быть, и в самом деле они comte et comtesse.

Я так и знал, что monsieur le comte меня не узнает, когда мы соединимся за обедом. Генерал, конечно, и не подумал бы нас знакомить или хоть меня ему отрекомендовать; а monsieur le comte сам бывал в России и знает, как невелика птица - то, что они называют outchitel. Он, впрочем, меня очень хорошо знает. Но, признаться, я и к обеду-то явился непрошеным; кажется, генерал позабыл распорядиться, а то бы, наверно, послал меня обедать за table d'hôt'ом[5]. Я явился сам, так что генерал посмотрел на меня с неудовольствием. Добрая Марья Филипповна тотчас же указала мне место; но встреча с мистером Астлеем меня выручила, и я поневоле оказался принадлежащим к их обществу.

Этого странного англичанина я встретил сначала в Пруссии, в вагоне, где мы сидели друг против друга, когда я догонял наших; потом я столкнулся с ним, въезжая во Францию, наконец - в Швейцарии; в течение этих двух недель - два раза, и вот теперь я вдруг встретил его уже в Рулетенбурге. Я никогда в жизни не встречал человека более застенчивого; он застенчив до глупости и сам, конечно, знает об этом, потому что он вовсе не глуп. Впрочем, он очень милый и тихий. Я заставил его разговориться при первой встрече в Пруссии. Он объявил мне, что был нынешним летом на Норд-Капе и что весьма хотелось ему быть на Нижегородской ярмарке. Не знаю, как он познакомился с генералом; мне кажется, что он беспредельно влюблен в Полину. Когда она вошла, он вспыхнул, как зарево. Он был очень рад, что за столом я сел с ним рядом, и, кажется, уже считает меня своим закадычным другом.

За столом французик тонировал необыкновенно; он со всеми небрежен и важен. А в Москве, я помню, пускал мыльные пузыри. Он ужасно много говорил о финансах и о русской политике. Генерал иногда осмеливался противоречить, но скромно, единственно настолько, чтобы не уронить окончательно своей важности.

---

[3] господин граф (франц.).

[4] госпожа графиня (франц.).

[5] табльдот - общий стол (франц.).

Я был в странном настроении духа; разумеется, я еще до половины обеда успел задать себе мой обыкновенный и всегдашний вопрос: зачем я валандаюсь с этим генералом и давным-давно не отхожу от них? Изредка я взглядывал на Полину Александровну; она совершенно не примечала меня. Кончилось тем, что я разозлился и решился грубить.

Началось тем, что я вдруг, ни с того ни с сего, громко и без спросу ввязался в чужой разговор. Мне, главное, хотелось поругаться с французиком. Я оборотился к генералу и вдруг совершенно громко и отчетливо, и, кажется, перебив его, заметил, что нынешним летом русским почти совсем нельзя обедать в отелях за табльдотами. Генерал устремил на меня удивленный взгляд.

- Если вы человек себя уважающий, - пустился я далее, - то непременно напроситесь на ругательства и должны выносить чрезвычайные щелчки. В Париже и на Рейне, даже в Швейцарии, за табльдотами так много полячишек и им сочувствующих французиков, что нет возможности вымолвить слова, если вы только русский.

Я проговорил это по-французски. Генерал смотрел на меня в недоумении, не зная, рассердиться ли ему или только удивиться, что я так забылся.

- Значит, вас кто-нибудь и где-нибудь проучил, - сказал французик небрежно и презрительно.

- Я в Париже сначала поругался с одним поляком, - ответил я, - потом с одним французским офицером, который поляка поддерживал. А затем уж часть французов перешла на мою сторону, когда я им рассказал, как я хотел плюнуть в кофе монсиньора.

- Плюнуть? - спросил генерал с важным недоумением и даже осматриваясь. Французик оглядывал меня недоверчиво.

- Точно так-с, - отвечал я. - Так как я целых два дня был убежден, что придется, может быть, отправиться по нашему делу на минутку в Рим, то и пошел в канцелярию посольства святейшего отца в Париже, чтоб визировать паспорт. Там меня встретил аббатик, лет пятидесяти, сухой и с морозом в физиономии, и, выслушав меня вежливо, но чрезвычайно сухо, просил подождать. Я хоть и спешил, но, конечно, сел ждать, вынул "Opinion nationale"[6] и стал читать страшнейшее ругательство против России. Между тем я слышал, как чрез соседнюю комнату кто-то прошел к монсиньору; я видел, как мой аббат раскланивался. Я обратился к нему с прежнею просьбою; он еще суше попросил меня опять подождать. Немного спустя вошел кто-то еще незнакомый, но за делом, - какой-то австриец, его выслушали и тотчас же проводили наверх.

---

[6] "Народное мнение" (франц.).

Тогда мне стало очень досадно; я встал, подошел к аббату и сказал ему решительно, что так как монсиньор принимает, то может кончить и со мною. Вдруг аббат отшатнулся от меня с необычайным удивлением. Ему просто непонятно стало, каким это образом смеет ничтожный русский равнять себя с гостями монсиньора? Самым нахальным тоном, как бы радуясь, что может меня оскорбить, обмерил он меня с ног до головы и вскричал: "Так неужели ж вы думаете, что монсиньор бросит для вас свой кофе?" Тогда и я закричал, но еще сильнее его: "Так знайте ж, что мне наплевать на кофе вашего монсиньора! Если вы сию же минуту не кончите с моим паспортом, то я пойду к нему самому".

"Как! в то же время, когда у него сидит кардинал!" - закричал аббатик, с ужасом от меня отстраняясь, бросился к дверям и расставил крестом руки, показывая вид, что скорее умрет, чем меня пропустит.

Тогда я ответил ему, что я еретик и варвар, "que je suis hérétique et barbare", и что мне все эти архиепископы, кардиналы, монсиньоры и проч., и проч. - всё равно. Одним словом, я показал вид, что не отстану. Аббат поглядел на меня с бесконечною злобою, потом вырвал мой паспорт и унес его наверх. Чрез минуту он был уже визирован. Вот-с, не угодно ли посмотреть? - Я вынул паспорт и показал римскую визу.

- Вы это, однако же, - начал было генерал...

- Вас спасло, что вы объявили себя варваром и еретиком, - заметил, усмехаясь, французик. - "Cela n'était pas si bête"[7].

- Так неужели смотреть на наших русских? Они сидят здесь - пикнуть не смеют и готовы, пожалуй, отречься от того, что они русские. По крайней мере в Париже в моем отеле со мною стали обращаться гораздо внимательнее, когда я всем рассказал о моей драке с аббатом. Толстый польский пан, самый враждебный ко мне человек за табльдотом, стушевался на второй план. Французы даже перенесли, когда я рассказал, что года два тому назад видел человека, в которого французский егерь в двенадцатом году выстрелил - единственно только для того, чтоб разрядить ружье. Этот человек был тогда еще десятилетним ребенком, и семейство его не успело выехать из Москвы.

- Этого быть не может, - вскипел французик, - французский солдат не станет стрелять в ребенка!

- Между тем это было, - отвечал я. - Это мне рассказал почтенный отставной капитан, и я сам видел шрам на его щеке от пули.

Француз начал говорить много и скоро. Генерал стал было его поддерживать, но я рекомендовал ему прочесть хоть, например, отрывки из "Записок" генерала Перовского, бывшего в двенадцатом году в плену у

---

[7] Это было не так глупо (франц.).

французов. Наконец, Марья Филипповна о чем-то заговорила, чтоб перебить разговор. Генерал был очень недоволен мною, потому что мы с французом уже почти начали кричать. Но мистеру Астлею мой спор с французом, кажется, очень понравился; вставая из-за стола, он предложил мне выпить с ним. рюмку вина. Вечером, как и следовало, мне удалось с четверть часа поговорить с Полиной Александровной. Разговор наш состоялся на прогулке. Все пошли в парк к воксалу. Полина села на скамейку против фонтана, а Наденьку пустила играть недалеко от себя с детьми. Я тоже отпустил к фонтану Мишу, и мы остались наконец одни.

Сначала начали, разумеется, о делах. Полина просто рассердилась, когда я передал ей всего только семьсот гульденов. Она была уверена, что я ей привезу из Парижа, под залог ее бриллиантов, по крайней мере две тысячи гульденов или даже более.

- Мне во что бы ни стало нужны деньги, - сказала она, - и их надо добыть; иначе я просто погибла.

Я стал расспрашивать о том, что сделалось в мое отсутствие.

- Больше ничего, что получены из Петербурга два известия: сначала, что бабушке очень плохо, а через два дня, что, кажется, она уже умерла. Это известие от Тимофея Петровича, - прибавила Полина, - а он человек точный. Ждем последнего, окончательного известия.

- Итак, здесь все в ожидании? - спросил я.

- Конечно: все и всё; целые полгода на одно это только и надеялись.

- И вы надеетесь? - спросил я.

- Ведь я ей вовсе не родня, я только генералова падчерица. Но я знаю наверно, что она обо мне вспомнит в завещании.

- Мне кажется, вам очень много достанется, - сказал я утвердительно.

- Да, она меня любила; но почему вам это кажется?

- Скажите, - отвечал я вопросом, - наш маркиз, кажется, тоже посвящен во все семейные тайны?

- А вы сами к чему об этом интересуетесь? - спросила Полина, поглядев на меня сурово и сухо.

- Еще бы; если не ошибаюсь, генерал успел уже занять у него денег.

- Вы очень верно угадываете.

- Ну, так дал ли бы он денег, если бы не знал про бабуленьку? Заметили ли вы, за столом: он раза три, что-то говоря о бабушке, назвал ее бабуленькой: "la baboulinka". Какие короткие и какие дружественные отношения!

- Да, вы правы. Как только он узнает, что и мне что-нибудь по завещанию досталось, то тотчас же ко мне и посватается. Это, что ли, вам хотелось узнать?

- Еще только посватается? Я думал, что он давно сватается.

- Вы отлично хорошо знаете, что нет! - с сердцем сказала Полина. - Где вы встретили этого англичанина? - прибавила она после минутного молчания.

- Я так и знал, что вы о нем сейчас спросите. Я рассказал ей о прежних моих встречах с мистером Астлеем по дороге.

- Он застенчив и влюбчив и уж, конечно, влюблен в вас?

- Да, он влюблен в меня, - отвечала Полина.

- И уж, конечно, он в десять раз богаче француза. Что, у француза действительно есть что-нибудь? Не подвержено это сомнению?

- Не подвержено. У него есть какой-то château[8]. Мне еще вчера генерал говорил об этом решительно. Ну что, довольно с вас?

- Я бы, на вашем месте, непременно вышла замуж за англичанина.

- Почему? - спросила Полина.

- Француз красивее, но он подлее; а англичанин, сверх того, что честен, еще в десять раз богаче, - отрезал я.

- Да; но зато француз - маркиз и умнее, - ответила она наиспокойнейшим образом.

- Да верно ли? - продолжал я по-прежнему.

- Совершенно так.

Полине ужасно не нравились мои вопросы, и я видел, что ей хотелось разозлить меня тоном и дикостию своего ответа; я об этом ей тотчас же сказал.

- Что ж, меня действительно развлекает, как вы беситесь. Уж за одно то, что я позволяю вам делать такие вопросы и догадки, следует вам расплатиться.

- Я действительно считаю себя вправе делать вам всякие вопросы, - отвечал я спокойно, - именно потому, что готов как угодно за них расплатиться, и свою жизнь считаю теперь ни во что.

Полина захохотала:

- Вы мне в последний раз, на Шлангенберге, сказали, что готовы по первому моему слову броситься вниз головою, а там, кажется, до тысячи футов. Я когда-нибудь произнесу это слово единственно затем, чтоб посмотреть, как вы будете расплачиваться, и уж будьте уверены, что выдержу характер. Вы мне ненавистны, - именно тем, что я так много вам позволила, и еще ненавистнее тем, что так мне нужны. Но покамест вы мне нужны - мне надо вас беречь.

Она стала вставать. Она говорила с раздражением. В последнее время она всегда кончала со мною разговор со злобою и раздражением, с настоящею злобою.

---

[8] замок (франц.).

- Позвольте вас спросить, что такое mademoiselle Blanche? - спросил я, не желая отпустить ее без объяснения.

- Вы сами знаете, что такое mademoiselle Blanche. Больше ничего с тех пор не прибавилось. Mademoiselle Blanche, наверно, будет генеральшей, - разумеется, если слух о кончине бабушки подтвердится, потому что и mademoiselle Blanche, и ее матушка, и троюродный cousin маркиз - все очень хорошо знают, что мы разорились.

- А генерал влюблен окончательно?

- Теперь не в этом дело. Слушайте и запомните: возьмите эти семьсот флоринов и ступайте играть, выиграйте мне на рулетке сколько можете больше; мне деньги во что бы ни стало теперь нужны.

Сказав это, она кликнула Наденьку и пошла к воксалу, где и присоединилась ко всей нашей компании. Я же свернул на первую попавшуюся дорожку влево, обдумывая и удивляясь. Меня точно в голову ударило после приказания идти на рулетку. Странное дело: мне было о чем раздуматься, а между тем я весь погрузился в анализ ощущений моих чувств к Полине. Право, мне было легче в эти две недели отсутствия, чем теперь, в день возвращения, хотя я, в дороге, и тосковал как сумасшедший, метался как угорелый, и даже во сне поминутно видел ее пред собою. Раз (это было в Швейцарии), заснув в вагоне, я, кажется, заговорил вслух с Полиной, чем рассмешил всех сидевших со мной проезжих. И еще раз теперь я задал себе вопрос: люблю ли я ее? И еще раз не сумел на него ответить, то есть, лучше сказать, я опять, в сотый раз, ответил себе, что я ее ненавижу. Да, она была мне ненавистна. Бывали минуты (а именно каждый раз при конце наших разговоров), что я отдал бы полжизни, чтоб задушить ее! Клянусь, если б возможно было медленно погрузить в ее грудь острый нож, то я, мне кажется, схватился бы за него с наслаждением. А между тем, клянусь всем, что есть святого, если бы на Шлангенберге, на модном пуанте, она действительно сказала мне: "бросьтесь вниз", то я бы тотчас же бросился, и даже с наслаждением. Я знал это. Так или эдак, но это должно было разрешиться. Всё это она удивительно понимает, и мысль о том, что я вполне верно и отчетливо сознаю всю ее недоступность для меня, всю невозможность исполнения моих фантазий, - эта мысль, я уверен, доставляет ей чрезвычайное наслаждение; иначе могла ли бы она, осторожная и умная, быть со мною в таких коротскостях и откровенностях? Мне кажется, она до сих пор смотрела на меня как та древняя императрица, которая стала раздеваться при своем невольнике, считая его не за человека. Да, она много раз считала меня не за человека...

Однако ж у меня было ее поручение - выиграть на рулетке во что бы ни стало. Мне некогда было раздумывать: для чего и как скоро надо выиграть и какие новые соображения родились в этой вечно рассчитывающей голове? К тому же в эти две недели, очевидно, прибавилась бездна новых фактов, об которых я еще не имел понятия. Всё это надо было угадать, во всё проникнуть, и как можно скорее. Но покамест теперь было некогда: надо было отправляться на рулетку.

Глава II

Признаюсь, мне это было неприятно; я хоть и решил, что буду играть, но вовсе не располагал начинать для других. Это даже сбивало меня несколько с толку, и в игорные залы я вошел с предосадным чувством. Мне там, с первого взгляда, всё не понравилось. Терпеть я не могу этой лакейщины в фельетонах целого света и преимущественно в наших русских газетах, где почти каждую весну наши фельетонисты рассказывают о двух вещах: во-первых, о необыкновенном великолепии и роскоши игорных зал в рулеточных городах на Рейне, а во-вторых, о грудах золота, которые будто бы лежат на столах. Ведь не платят же им за это; это так просто рассказывается из бескорыстной угодливости. Никакого великолепия нет в этих дрянных залах, а золота не только нет грудами на столах, но и чуть-чуть-то едва ли бывает. Конечно, кой-когда, в продолжение сезона, появится вдруг какой-нибудь чудак, или англичанин, или азиат какой-нибудь, турок, как нынешним летом, и вдруг проиграет или выиграет очень много; остальные же все играют на мелкие гульдены, и средним числом на столе всегда лежит очень мало денег. Как только я вошел в игорную залу (в первый раз в жизни), я некоторое время еще не решался играть. К тому же теснила толпа. Но если б я был и один, то и тогда бы, я думаю, скорее ушел, а не начал играть. Признаюсь, у меня стукало сердце, и я был не хладнокровен; я наверное знал и давно уже решил, что из Рулетенбурга так не выеду; что-нибудь непременно произойдет в моей судьбе радикальное и окончательное. Так надо, и так будет. Как это ни смешно, что я так много жду для себя от рулетки, но мне кажется, еще смешнее рутинное мнение, всеми признанное, что глупо и нелепо ожидать чего-нибудь от игры. И почему игра хуже какого бы то ни было способа добывания денег, например, хоть торговли? Оно правда, что выигрывает из сотни один. Но - какое мне до того дело?

Во всяком случае, я определил сначала присмотреться и не начинать ничего серьезного в этот вечер. В этот вечер, если б что и случилось, то случилось бы нечаянно и слегка, - и я так и положил. К тому же надо

140

было и самую игру изучить; потому что, несмотря на тысячи описаний рулетки, которые я читал всегда с такою жадностию, я решительно ничего не понимал в ее устройстве до тех пор, пока сам не увидел.

Во-первых, мне всё показалось так грязно - как-то нравственно скверно и грязно. Я отнюдь не говорю про эти жадные и беспокойные лица, которые десятками, даже сотнями, обступают игорные столы. Я решительно не вижу ничего грязного в желании выиграть поскорее и побольше; мне всегда казалось очень глупою мысль одного отъевшегося и обеспеченного моралиста, который на чье-то оправдание, что "ведь играют по маленькой", - отвечал: тем хуже, потому что мелкая корысть. Точно: мелкая корысть и крупная корысть - не всё равно. Это дело пропорциональное. Что для Ротшильда мелко, то для меня очень богато, а насчет наживы и выигрыша, так люди и не на рулетке, а и везде только и делают, что друг у друга что-нибудь отбивают или выигрывают. Гадки ли вообще нажива и барыш - это другой вопрос. Но здесь я его не решаю. Так как я и сам был в высшей степени одержан желанием выигрыша, то вся эта корысть и вся эта корыстная грязь, если хотите, была мне, при входе в залу, как-то сподручнее, родственнее. Самое милое дело, когда друг друга не церемонятся, а действуют открыто и нараспашку. Да и к чему самого себя обманывать? Самое пустое и нерасчетливое занятие! Особенно некрасиво, на первый взгляд, во всей этой рулеточной сволочи было то уважение к занятию, та серьезность и даже почтительность, с которыми все обступали столы. Вот почему здесь резко различено, какая игра называется mauvais genr'ом[9] и какая позволительна порядочному человеку. Есть две игры, одна - джентльменская, а другая плебейская, корыстная, игра всякой сволочи. Здесь это строго различено и - как это различие, в сущности, подло! Джентльмен, например, может поставить пять или десять луидоров, редко более, впрочем, может поставить и тысячу франков, если очень богат, но собственно для одной игры, для одной только забавы, собственно для того, чтобы посмотреть на процесс выигрыша или проигрыша; но отнюдь не должен интересоваться своим выигрышем. Выиграв, он может, например, вслух засмеяться, сделать кому-нибудь из окружающих свое замечание, даже может поставить еще раз и еще раз удвоить, но единственно только из любопытства, для наблюдения над шансами, для вычислений, а не из плебейского желания выиграть. Одним словом, на все эти игорные столы, рулетки и trénte et quarante[10] он должен смотреть не иначе, как на забаву, устроенную единственно для его удовольствия. Корысти и ловушки, на которых

---

[9] дурным тоном (франц.).

[10] тридцать и сорок (франц.).

основан и устроен банк, он должен даже и не подозревать. Очень и очень недурно было бы даже, если б ему, например, показалось, что и все эти остальные игроки, вся эта дрянь, дрожащая над гульденом, - совершенно такие же богачи и джентльмены, как и он сам, и играют единственно для одного только развлечения и забавы. Это совершенное незнание действительности и невинный взгляд на людей были бы, конечно, чрезвычайно аристократичными. Я видел, как многие маменьки выдвигали вперед невинных и изящных, пятнадцати- и шестнадцатилетних мисс, своих дочек, и, давши им несколько золотых монет, учили их, как играть. Барышня выигрывала или проигрывала, непременно улыбалась и отходила очень довольная. Наш генерал солидно и важно подошел к столу; лакей бросился было подать ему стул, но он не заметил лакея; очень долго вынимал кошелек, очень долго вынимал из кошелька триста франков золотом, поставил их на черную и выиграл. Он не взял выигрыша и оставил его на столе. Вышла опять черная; он и на этот раз не взял, и когда в третий раз вышла красная, то потерял разом тысячу двести франков. Он отошел с улыбкою и выдержал характер. Я убежден, что кошки у него скребли на сердце, и будь ставка вдвое или втрое больше - он не выдержал бы характера и выказал бы волнение. Впрочем, при мне один француз выиграл и потом проиграл тысяч до тридцати франков весело и без всякого волнения. Настоящий джентльмен, если бы проиграл и всё свое состояние, не должен волноваться. Деньги до того должны быть ниже джентльменства, что почти не стоит об них заботиться. Конечно, весьма аристократично совсем бы не замечать всю эту грязь всей этой сволочи и всей обстановки. Однако же иногда не менее аристократичен и обратный прием, замечать, то есть присматриваться, даже рассматривать, например хоть в лорнет, всю эту сволочь: но не иначе, как принимая всю эту толпу и всю эту грязь за своего рода развлечение, как бы за представление, устроенное для джентльменской забавы. Можно самому тесниться в этой толпе, но смотреть кругом с совершенным убеждением, что собственно вы сами наблюдатель и уж нисколько не принадлежите к ее составу. Впрочем, и очень пристально наблюдать опять-таки не следует: опять уже это будет не по-джентльменски, потому что это во всяком случае зрелище не стоит большого и слишком пристального наблюдения. Да и вообще мало, зрелищ, достойных слишком пристального наблюдения для джентльмена. А между тем мне лично показалось, что всё это и очень стоит весьма пристального наблюдения, особенно для того, кто пришел не для одного наблюдения, а сам искренно и добросовестно причисляет себя ко всей этой сволочи. Что же касается до моих сокровеннейших нравственных убеждений, то в настоящих рассуждениях моих им, конечно, нет места.

Пусть уж это будет так; говорю для очистки совести. Но вот что я замечу: что во всё последнее время мне как-то ужасно противно было прикидывать поступки и мысли мои к какой бы то ни было нравственной мерке. Другое управляло мною...

Сволочь действительно играет очень грязно. Я даже не прочь от мысли, что тут у стола происходит много самого обыкновенного воровства. Круперам, которые сидят по концам стола, смотрят за ставками и рассчитываются, ужасно много работы, Вот еще сволочь-то! это большею частью французы. Впрочем, я здесь наблюдаю и замечаю вовсе не для того, чтобы описывать рулетку; я приноравливаюсь для себя, чтобы знать, как себя вести на будущее время. Я заметил, например, что нет ничего обыкновеннее, когда из-за стола протягивается вдруг чья-нибудь рука и берет себе то, что вы выиграли. Начинается спор, нередко крик, и - прошу покорно доказать, сыскать свидетелей, что ставка ваша!

Сначала вся эта штука была для меня тарабарскою грамотою; я только догадывался и различал кое-как, что ставки бывают на числа, на чет и нечет и на цвета. Из денег Полины Александровны я в этот вечер решился попытать сто гульденов. Мысль, что я приступаю к игре не для себя, как-то сбивала меня с толку. Ощущение было чрезвычайно неприятное, и мне захотелось поскорее развязаться с ним. Мне всё казалось, что, начиная для Полины, я подрываю собственное счастье. Неужели нельзя прикоснуться к игорному столу, чтобы тотчас же не заразиться суеверием? Я начал с того, что вынул пять фридрихсдоров, то есть пятьдесят гульденов, и поставил их на четку. Колесо обернулось, и вышло тринадцать - я проиграл. С каким-то болезненным ощущением, единственно чтобы как-нибудь развязаться и уйти, я поставил еще пять фридрихсдоров на красную. Вышла красная. Я поставил все десять фридрихсдоров - вышла опять красная. Я поставил опять всё за раз, вышла опять красная. Получив сорок фридрихсдоров, я поставил двадцать на двенадцать средних цифр, не зная, что из этого выйдет. Мне заплатили втрое. Таким образом, из десяти фридрихсдоров у меня появилось вдруг восемьдесят. Мне стало до того невыносимо от какого-то необыкновенного и странного ощущения, что я решился уйти. Мне показалось, что я вовсе бы не так играл, если б играл для себя. Я, однако ж, поставил все восемьдесят фридрихсдоров еще раз на четку. На этот раз вышло четыре; мне отсыпали еще восемьдесят фридрихсдоров, и, захватив всю кучу в сто шестьдесят фридрихсдоров, я отправился отыскивать Полину Александровну.

Они все где-то гуляли в парке, и я успел увидеться с нею только за ужином. На этот раз француза не было, и генерал развернулся: между прочим, он почел нужным опять мне заметить, что он бы не желал меня видеть за игорным столом. По его мнению, его очень скомпрометирует, если я как-нибудь слишком проиграюсь; "но если б даже вы и выиграли очень много, то и тогда я буду тоже скомпрометирован, - прибавил он значительно. - Конечно, я не имею права располагать вашими поступками, но согласитесь сами..." Тут он по обыкновению своему не докончил. Я сухо ответил ему, что у меня очень мало денег и что, следовательно, я не могу слишком приметно проиграться, если б даже и стал играть. Придя к себе наверх, я успел передать Полине ее выигрыш и объявил ей, что в другой раз уже не буду играть для нее.

- Почему же? - спросила она тревожно.

- Потому что хочу играть для себя, - отвечал я, рассматривая ее с удивлением, - а это мешает.

- Так вы решительно продолжаете быть убеждены, что рулетка ваш единственный исход и спасение? - спросила она насмешливо. Я отвечал опять очень серьезно, что да; что же касается до моей уверенности непременно выиграть, то пускай это будет смешно, я согласен, "но чтоб оставили меня в покое".

Полина Александровна настаивала, чтоб я непременно разделил с нею сегодняшний выигрыш пополам, и отдавала мне восемьдесят фридрихсдоров, предлагая и впредь продолжать игру на этом условии. Я отказался от половины решительно и окончательно и объявил, что для других не могу играть не потому, чтоб не желал, а потому, что наверное проиграю.

- И, однако ж, я сама, как ни глупо это, почти тоже надеюсь на одну рулетку, - сказала она задумываясь. - А потому вы непременно должны продолжать игру со мною вместе пополам, и - разумеется - будете. - Тут она ушла от меня, не слушая дальнейших моих возражений.

Глава III

И, однако ж, вчера целый день она не говорила со мной об игре ни слова. Да и вообще она избегала со мной говорить вчера. Прежняя манера ее со мною не изменилась. Та же совершенная небрежность в обращении при встречах, и даже что-то презрительное и ненавистное. Вообще она не желает скрывать своего ко мне отвращения; я это вижу. Несмотря на это, она не скрывает тоже от меня, что я ей для чего-то нужен и что она для чего-то меня бережет. Между нами установились какие-то странные отношения, во многом для меня непонятные, - взяв в соображение ее гордость и надменность со всеми. Она знает, например, что я люблю ее до

144

безумия, допускает меня даже говорить о моей страсти - и уж, конечно, ничем она не выразила бы мне более своего презрения, как этим позволением говорить ей беспрепятственно и бесцензурно о моей любви. "Значит, дескать, до того считаю ни во что твои чувства, что мне решительно всё равно, об чем бы ты ни говорил со мною и что бы ко мне не чувствовал". Про свои собственные дела она разговаривала со мною много и прежде, но никогда не была вполне откровенна. Мало того, в пренебрежении ее ко мне были, например, вот какие утонченности: она знает, положим, что мне известно какое-нибудь обстоятельство ее жизни или что-нибудь о том, что сильно ее тревожит; она даже сама расскажет мне что-нибудь из ее обстоятельств, если надо употребить меня как-нибудь для своих целей, вроде раба, или на побегушки; но расскажет всегда ровно столько, сколько надо знать человеку, употребляющемуся на побегушки, и если мне еще неизвестна целая связь событий, если она и сама видит, как я мучусь и тревожусь ее же мучениями и тревогами, то никогда не удостоит меня успокоить вполне своей дружеской откровенностью, хотя, употребляя меня нередко по поручениям не только хлопотливым, но даже опасным, она, по моему мнению, обязана быть со мной откровенною. Да и стоит ли заботиться о моих чувствах, о том, что я тоже тревожусь и, может быть, втрое больше забочусь и мучусь ее же заботами и неудачами, чем она сама!

Я недели за три еще знал об ее намерении играть на рулетке. Она меня даже предуведомила, что я должен буду играть вместо нее, потому что ей самой играть неприлично. По тону ее слов я тогда же заметил, что у ней какая-то серьезная забота, а не просто желание выиграть деньги. Что ей деньги сами по себе! Тут есть цель, тут какие-то обстоятельства, которые я могу угадывать, но которых я до сих пор не знаю. Разумеется, то унижение и рабство, в которых она меня держит, могли бы мне дать (весьма часто дают) возможность грубо и прямо самому ее расспрашивать. Так как я для нее раб и слишком ничтожен в ее глазах, то нечего ей и обижаться грубым моим любопытством. Но дело в том, что она, позволяя мне делать вопросы, на них не отвечает. Иной раз и вовсе их не замечает. Вот как у нас!

Вчерашний день у нас много говорилось о телеграмме, пущенной еще четыре дня назад в Петербург и на которую не было ответа. Генерал видимо волнуется и задумчив. Дело идет, конечно, о бабушке. Волнуется и француз. Вчера, например, после обеда они долго и серьезно разговаривали. Тон француза со всеми нами необыкновенно высокомерный и небрежный. Тут именно по пословице: посади за стол, и ноги на стол. Он даже с Полиной небрежен до грубости; впрочем, с удовольствием участвует в общих прогулках в воксале или в кавалькадах и поездках за город. Мне известны давно кой-какие из обстоятельств, связавших француза с генералом: в России они затевали вместе завод; я не знаю, лопнул ли их проект, или всё еще об нем у них говорится. Кроме того, мне случайно известна часть семейной тайны: француз действительно выручил прошлого года генерала и дал ему тридцать тысяч для пополнения недостающего в казенной сумме при сдаче должности. И уж разумеется, генерал у него в тисках; но теперь, собственно теперь, главную роль во всем этом играет все-таки mademoiselle Blanche, и я уверен, что и тут не ошибаюсь.

Кто такая mademoiselle Blanche? Здесь у нас говорят, что она знатная француженка, имеющая с собой свою мать и колоссальное состояние. Известно тоже, что она какая-то родственница нашему маркизу, только очень дальняя, какая-то кузина или троюродная сестра. Говорят, что до моей поездки в Париж француз и mademoiselle Blanche сносились между собой как-то гораздо церемоннее, были как будто на более тонкой и деликатной ноге; теперь же знакомство их, дружба и родственность выглядывают как-то грубее, как-то короче. Может быть, наши дела кажутся им до того уж плохими, что они и не считают нужным слишком с нами церемониться и скрываться. Я еще третьего дня заметил, как мистер Астлей разглядывал mademoiselle Blanche и ее матушку. Мне показалось, что он их знает. Мне показалось даже, что и наш француз встречался прежде с мистером Астлеем. Впрочем, мистер Астлей до того застенчив, стыдлив и молчалив, что на него почти можно понадеяться, - из избы сора не вынесет. По крайней мере француз едва ему кланяется и почти не глядит на него; а - стало быть, не боится. Это еще понятно; но почему mademoiselle Blanche тоже почти не глядит на него? Тем более что маркиз вчера проговорился: он вдруг сказал в общем разговоре, не помню по какому поводу, что мистер Астлей колоссально богат и что он про это знает; тут-то бы и глядеть mademoiselle Blanche на мистера Астлея! Вообще генерал находится в беспокойстве. Понятно, что может значить для него теперь телеграмма о смерти тетки!

Мне хоть и показалось наверное, что Полина избегает разговора со мною, как бы с целью, но я и сам принял на себя вид холодный и равнодушный: всё думал, что она нет-нет, да и подойдет ко мне. Зато вчера и сегодня я обратил всё мое внимание преимущественно на mademoiselle Blanche. Бедный генерал, он погиб окончательно! Влюбиться в пятьдесят пять лет, с такою силою страсти, - конечно, несчастие. Прибавьте к тому его вдовство, его детей, совершенно разоренное имение, долги и, наконец, женщину, в которую ему пришлось влюбиться. Mademoiselle Blanche красива собою. Но я не знаю, поймут ли меня, если я выражусь, что у нее одно из тех лиц, которых можно испугаться. По крайней мере я всегда боялся таких женщин. Ей, наверно, лет двадцать пять. Она рослая и широкоплечая, с крутыми плечами; шея и грудь у нее роскошны; цвет кожи смугло-желтый, цвет волос черный, как тушь, и волос ужасно много, достало бы на две куафюры. Глаза черные, белки глаз желтоватые, взгляд нахальный, зубы белейшие, губы всегда напомажены; от нее пахнет мускусом. Одевается она эффектно, богато, с шиком, но с большим вкусом. Ноги и руки удивительные. Голос ее - сиплый контральто. Она иногда расхохочется и при этом покажет все свои зубы, но обыкновенно смотрит молчаливо и нахально - по крайней мере при Полине и при Марье Филипповне. (Странный слух: Марья Филипповна уезжает в Россию). Мне кажется, mademoiselle Blanche безо всякого образования, может быть даже и не умна, но зато подозрительна и хитра. Мне кажется, ее жизнь была-таки не без приключений. Если уж говорить всё, то может быть, что маркиз вовсе ей не родственник, а мать совсем не мать. Но есть сведения, что в Берлине, где мы с ними съехались, она и мать ее имели несколько порядочных знакомств. Что касается до самого маркиза, то хоть я и до сих пор сомневаюсь, что он маркиз, но принадлежность его к порядочному обществу, как у нас, например, в Москве и кое-где и в Германии, кажется, не подвержена сомнению. Не знаю, что он такое во Франции? Говорят, у него есть шато. Я думал, что в эти две недели много воды уйдет, и, однако ж, я всё еще не знаю наверно, сказано ли у mademoiselle Blanche с генералом что-нибудь решительное? Вообще всё зависит теперь от нашего состояния, то есть от того, много ли может генерал показать им денег. Если бы, например, пришло известие, что бабушка не умерла, то я уверен, mademoiselle Blanche тотчас бы исчезла. Удивительно и смешно мне самому, какой я, однако ж, стал сплетник. О, как мне всё это противно! С каким наслаждением я бросил бы всех и всё! Но разве я могу уехать от Полины, разве я могу не шпионить кругом нее? Шпионство, конечно, подло, но - какое мне до этого дело!

Любопытен мне тоже был вчера и сегодня мистер Астлей. Да, я убежден, что он влюблен в Полину! Любопытно и смешно, сколько иногда может выразить взгляд стыдливого и болезненно-целомудренного человека, тронутого любовью, и именно в то время, когда человек уж, конечно, рад бы скорее сквозь землю провалиться, чем что-нибудь высказать или выразить, словом или взглядом. Мистер Астлей весьма часто встречается с нами на прогулках. Он снимает шляпу и проходит мимо, умирая, разумеется, от желания к нам присоединиться. Если же его приглашают, то он тотчас отказывается. На местах отдыха, в воксале, на музыке или пред фонтаном он уже непременно останавливается где-нибудь недалеко от нашей скамейки, и где бы мы ни были: в парке ли, в лесу ли, или на Шлангенберге, - стоит только вскинуть глазами, посмотреть кругом, и непременно где-нибудь, или на ближайшей тропинке, или из-за куста, покажется уголок мистера Астлея. Мне кажется, он ищет случая со мной говорить особенно. Сегодня утром мы встретились и перекинули два слова. Он говорит иной раз как-то чрезвычайно отрывисто. Еще не сказав "здравствуйте", он начал с того, что проговорил:

- А, mademoiselle Blanche!.. Я много видел таких женщин, как mademoiselle Blanche!

Он замолчал, знаменательно смотря на меня. Что он этим хотел сказать, не знаю, потому что на вопрос мой: что это значит? - он с хитрой улыбкой кивнул головою и прибавил:

- Уж это так. Mademoiselle Pauline очень любит цветы?

- Не знаю, совсем не знаю, - отвечал я.

- Как! Вы и этого не знаете! - вскричал он с величайшим изумлением.

- Не знаю, совсем не заметил, - повторил я смеясь.

- Гм, это дает мне одну особую мысль. - Тут он кивнул головою и прошел далее. Он, впрочем, имел довольный вид. Говорим мы с ним на сквернейшем французском языке.

Глава IV

Сегодня был день смешной, безобразный, нелепый. Теперь одиннадцать часов ночи. Я сижу в своей каморке и припоминаю. Началось с того, что утром принужден-таки был идти на рулетку, чтоб играть для Полины Александровны. Я взял все ее сто шестьдесят фридрихсдоров, но под двумя условиями: первое - что я не хочу играть в половине, то есть если выиграю, то ничего не возьму себе, второе - что вечером Полина разъяснит мне, для чего именно ей так нужно выиграть и сколько именно денег. Я все-таки никак не могу предположить, чтобы это было просто для денег. Тут, видимо, деньги необходимы, и как можно скорее, для какой-то особенной цели. Она обещалась разъяснить, и я отправился. В игорных залах толпа была ужасная. Как нахальны они и как все они жадны! Я протеснился к середине и стал возле самого крупера; затем стал робко пробовать игру, ставя по две и по три монеты. Между тем я наблюдал и замечал; мне показалось, что собственно расчет довольно мало значит и вовсе не имеет той важности, которую ему придают многие игроки. Они сидят с разграфленными бумажками, замечают удары, считают, выводят шансы, рассчитывают, наконец ставят и - проигрывают точно так же, как и мы, простые смертные, играющие без расчету. Но зато я вывел одно заключение, которое, кажется, верно: действительно, в течении случайных шансов бывает хоть и не система, но как будто какой-то порядок, что, конечно, очень странно. Например, бывает, что после двенадцати средних цифр наступают двенадцать последних; два раза, положим, удар ложится на эти двенадцать последних и переходит на двенадцать первых. Упав на двенадцать первых, переходит опять на двенадцать средних, ударяет сряду три, четыре раза по средним и опять переходит на двенадцать последних, где, опять после двух раз, переходит к первым, на первых опять бьет один раз и опять переходит на три удара средних, и таким образом продолжается в течение полутора или двух часов. Один, три и два, один, три и два. Это очень забавно. Иной день или иное утро идет, например, так, что красная сменяется черною и обратно почти без всякого порядка, поминутно, так что больше двух-трех ударов сряду на красную или на черную не ложится. На другой же день или на другой вечер бывает сряду одна красная; доходит, например, больше чем до двадцати двух раз сряду и так идет непременно в продолжение некоторого времени, например в продолжение целого дня. Мне много в этом объяснил мистер Астлей, который целое утро простоял у игорных столов, но сам не поставил ни разу. Что же касается до меня, то я весь проигрался до тла и очень скоро. Я прямо сразу поставил на четку двадцать фридрихсдоров и выиграл, поставил пять и опять выиграл и таким образом еще раза два или три. Я думаю, у меня сошлось в руках около четырехсот фридрихсдоров в какие-нибудь пять минут. Тут бы мне и отойти, но во мне родилось какое-то странное ощущение, какой-то вызов судьбе, какое-то желание дать ей щелчок, выставить ей язык. Я поставил самую большую позволенную ставку, в четыре тысячи гульденов, и проиграл. Затем, разгорячившись, вынул всё, что у меня оставалось, поставил на ту же ставку и проиграл опять, после чего отошел от стола, как оглушенный. Я даже не понимал, что это со мною было, и объявил о моем проигрыше Полине Александровне только пред самым обедом. До того времени я всё шатался в парке.

За обедом я был опять в возбужденном состоянии, так же как и три дня тому назад. Француз и mademoiselle Blanche опять обедали с нами. Оказалось, что mademoiselle Blanche была утром в игорных залах и видела мои подвиги. В этот раз она заговорила со мною как-то внимательнее. Француз пошел прямее и просто спросил меня, неужели я проиграл свои собственные деньги? Мне кажется, он подозревает Полину. Одним словом, тут что-то есть. Я тотчас же солгал и сказал, что свои.

Генерал был чрезвычайно удивлен: откуда я взял такие деньги? Я объяснил, что начал с десяти фридрихсдоров, что шесть или семь ударов сряду, надвое, довели меня до пяти или до шести тысяч гульденов и что потом я всё спустил с двух ударов.

Всё это, конечно, было вероятно. Объясняя это, я посмотрел на Полину, но ничего не мог разобрать в ее лице. Однако ж она мне дала солгать и не поправила меня; из этого я заключил, что мне и надо было солгать и скрыть, что я играл за нее. Во всяком случае, думал я про себя, она обязана мне объяснением и давеча обещала мне кое-что открыть.

Я думал, что генерал сделает мне какое-нибудь замечание, но он промолчал; зато я заметил в лице его волнение и беспокойство. Может быть, при крутых его обстоятельствах ему просто тяжело было выслушать, что такая почтительная груда золота пришла и ушла в четверть часа у такого нерасчетливого дурака, как я.

Я подозреваю, что у него вчера вечером вышла с французом какая-то жаркая контра. Они долго и с жаром говорили о чем-то, запершись. Француз ушел как будто чем-то раздраженный, а сегодня рано утром опять приходил к генералу - и, вероятно, чтоб продолжать вчерашний разговор.

Выслушав о моем проигрыше, француз едко и даже злобно заметил мне, что надо было быть благоразумнее. Не знаю, для чего он прибавил, что хоть русских и много играет, но, по его мнению, русские даже и играть не способны.

- А по моему мнению, рулетка только и создана для русских, - сказал я, и когда француз на мой отзыв презрительно усмехнулся, я заметил ему, что, уж конечно, правда на моей стороне, потому что, говоря о русских как об игроках, я гораздо более ругаю их, чем хвалю, и что мне, стало быть, можно верить.

- На чем же вы основываете ваше мнение? - спросил француз.

- На том, что в катехизис добродетелей и достоинств цивилизованного западного человека вошла исторически и чуть ли не в виде главного пункта способность приобретения капиталов. А русский не только не способен приобретать капиталы, но даже и расточает их как-то зря и безобразно. Тем не менее нам, русским, деньги тоже нужны, - прибавил я, - следовательно, мы очень рады и очень падки на такие способы, как например рулетки, где можно разбогатеть вдруг, в два часа, не трудясь. Это нас очень прельщает; а так как мы и играем зря, без труда, то и проигрываемся!

- Это отчасти справедливо, - заметил самодовольно француз.

- Нет, это несправедливо, и вам стыдно так отзываться о своем отечестве, - строго и внушительно заметил генерал.

- Помилуйте, - отвечал я ему, - ведь, право, неизвестно еще, что гаже: русское ли безобразие или немецкий способ накопления честным трудом?

- Какая безобразная мысль! - воскликнул генерал.

- Какая русская мысль! - воскликнул француз; Я смеялся, мне ужасно хотелось их раздразнить.

- А я лучше захочу всю жизнь прокочевать в киргизской палатке, - вскричал я, - чем поклоняться немецкому идолу.

- Какому идолу? - вскричал генерал, уже начиная серьезно сердиться.

- Немецкому способу накопления богатств. Я здесь недолго, но, однако ж, все-таки, что я здесь успел подметить и проверить, возмущает мою татарскую породу. Ей-богу, не хочу таких добродетелей! Я здесь успел уже вчера обойти верст на десять кругом. Ну, точь-в-точь то же самое, как в нравоучительных немецких книжечках с картинками: есть здесь везде у них в каждом доме свой фатер, ужасно добродетельный и необыкновенно честный. Уж такой честный, что подойти к нему страшно. Терпеть не могу честных люден, к которым подходить страшно. У каждого эдакого фатера есть семья, и по вечерам все они вслух поучительные книги читают. Над домиком шумят вязы и каштаны. Закат солнца, на крыше аист, и всё необыкновенно поэтическое и трогательное...

Уж вы не сердитесь, генерал, позвольте мне рассказать потрогательнее. Я сам помню, как мой отец, покойник, тоже под липками, в палисаднике, по вечерам вслух читал мне и матери подобные книжки... Я ведь сам могу судить об этом как следует. Ну, так всякая эдакая здешняя семья в полнейшем рабстве и повиновении у фатера. Все работают, как волы, и все копят деньги, как жиды. Положим, фатер скопил уже столько-то гульденов и рассчитывает на старшего сына, чтобы ему ремесло аль землишку передать; для этого дочери приданого не дают, и она остается в девках. Для этого же младшего сына продают в кабалу аль в солдаты и деньги приобщают к домашнему капиталу. Право, это здесь делается; я расспрашивал. Всё это делается не иначе, как от честности, от усиленной честности, до того, что и младший проданный сын верует, что его не иначе, как от честности, продали, - а уж это идеал, когда сама жертва радуется, что ее на заклание ведут. Что же дальше? Дальше то, что и старшему тоже не легче: есть там у него такая Амальхен, с которою он сердцем соединился, - но жениться нельзя, потому что гульденов еще столько не накоплено. Тоже ждут благонравно и искренно и с улыбкой на заклание идут. У Амальхен уж щеки ввалились, сохнет. Наконец, лет через двадцать, благосостояние умножилось; гульдены честно и добродетельно скоплены. Фатер благословляет сорокалетнего старшего и тридцатипятилетнюю Амальхен, с иссохшей грудью и красным носом... При этом плачет, мораль читает и умирает. Старший превращается сам в добродетельного фатера, и начинается опять та же история. Лет эдак чрез пятьдесят или чрез семьдесят внук первого фатера действительно уже осуществляет значительный капитал и передает своему сыну, тот своему, тот своему, и поколений через пять или шесть выходит сам барон Ротшильд или Гоппе и Комп., или там черт знает кто. Ну-с, как же не величественное зрелище: столетний или двухсотлетний преемственный труд, терпение, ум, честность, характер, твердость, расчет, аист на крыше! Чего же вам еще, ведь уж выше этого нет ничего, и с этой точки они сами начинают весь мир судить и виновных, то есть чуть-чуть на них не похожих, тотчас же казнить. Ну-с, так вот в чем дело: я уж лучше хочу дебоширить по-русски или разживаться на рулетке. Не хочу я быть Гоппе и Комп. чрез пять поколений. Мне деньги нужны для меня самого, а я не считаю всего себя чем-то необходимым и придаточным к капиталу. Я знаю, что я ужасно наврал, но пусть так оно и будет. Таковы мои убеждения.

- Не знаю, много ли правды в том, что вы говорили, - задумчиво заметил генерал, - но знаю наверное, что вы нестерпимо начинаете форсить, чуть лишь вам капельку позволят забыться...

По обыкновению своему, он не договорил. Если наш генерал начинал о чем-нибудь говорить, хотя капельку позначительнее обыкновенного обыденного разговора, то никогда не договаривал. Француз небрежно слушал, немного выпучив глаза. Он почти ничего не понял из того, что я говорил. Полина смотрела с каким-то высокомерным равнодушием. Казалось, она не только меня, но и ничего не слыхала из сказанного в этот раз за столом.

Глава V

Она была в необыкновенной задумчивости, но тотчас по выходе из-за стола велела мне сопровождать себя на прогулку. Мы взяли детей и отправились в парк к фонтану.

Так как я был в особенно возбужденном состоянии, то и брякнул глупо и грубо вопрос: почему наш маркиз Де-Грие, французик, не только не сопровождает ее теперь, когда она выходит куда-нибудь, но даже и не говорит с нею по целым дням?

- Потому что он подлец, - странно ответила она мне. Я никогда еще не слышал от нее такого отзыва о Де-Грие и замолчал, побоявшись понять эту раздражительность.

- А заметили ли вы, что он сегодня не в ладах с генералом?

- Вам хочется знать, в чем дело, - сухо и раздражительно отвечала она.

- Вы знаете, что генерал весь у него в закладе, всё имение - его, и если бабушка не умрет, то француз немедленно войдет во владение всем, что у него в закладе.

- А, так это действительно правда, что всё в закладе? Я слышал, но не знал, что решительно всё.

- А то как же?

- И при этом прощай mademoiselle Blanche, - заметил я. - Не будет она тогда генеральшей! Знаете ли что: мне кажется, генерал так влюбился, что, пожалуй, застрелится, если mademoiselle Blanche его бросит. В его лета так влюбляться опасно.

- Мне самой кажется, что с ним что-нибудь будет, - задумчиво заметила Полина Александровна.

- И как это великолепно, - вскричал я, - грубее нельзя показать, что она согласилась выйти только за деньги. Тут даже приличий не соблюдалось, совсем без церемонии происходило. Чудо! А насчет бабушки, что комичнее и грязнее, как посылать телеграмму за телеграммою и спрашивать: умерла ли, умерла ли? А? как вам это нравится, Полина Александровна?

- Это всё вздор, - сказала она с отвращением, перебивая меня. - Я, напротив того, удивляюсь, что вы в таком развеселом расположении духа. Чему вы рады? Неужели тому, что мои деньги проиграли?

- Зачем вы давали их мне проигрывать? Я вам сказал, что не могу играть для других, тем более для вас. Я послушаюсь, что бы вы мне ни приказали; но результат не от меня зависит. Я ведь предупредил, что ничего не выйдет. Скажите, вы очень убиты, что потеряли столько денег? Для чего вам столько?

- К чему эти вопросы?

- Но ведь вы сами обещали мне объяснить... Слушайте: я совершенно убежден, что когда начну играть для себя (а у меня есть двенадцать фридрихсдоров), то я выиграю. Тогда сколько вам надо, берите у меня.

Она сделала презрительную мину.

- Вы не сердитесь на меня, - продолжал я, - за такое предложение. Я до того проникнут сознанием того, что я нуль пред вами, то есть в ваших глазах, что вам можно даже принять от меня и деньги. Подарком от меня вам нельзя обижаться. Притом же я проиграл ваши. Она быстро поглядела на меня и, заметив, что я говорю раздражительно и саркастически, опять перебила разговор:

- Вам нет ничего интересного в моих обстоятельствах, Если хотите знать, я просто должна. Деньги взяты мною взаймы, и я хотела бы их отдать. У меня была безумная и странная мысль, что я непременно выиграю, здесь, на игорном столе. Почему была эта мысль у меня - не понимаю, но я в нее верила. Кто знает, может быть, потому и верила, что у меня никакого другого шанса при выборе не оставалось.

- Или потому, что уж слишком надо было выиграть. Это точь-в-точь, как утопающий, который хватается за соломинку. Согласитесь сами, что если б он не утопал, то он не считал бы соломинку за древесный сук.

Полина удивилась.

- Как же, - спросила она, - вы сами-то на то же самое надеетесь? Две недели назад вы сами мне говорили однажды, много и долго, о том, что вы вполне уверены в выигрыше здесь на рулетке, и убеждали меня, чтоб я не смотрела на вас как на безумного; или вы тогда шутили?

Но я помню, вы говорили так серьезно, что никак нельзя было принять за шутку.

- Это правда, - отвечал я задумчиво, - я до сих пор уверен вполне, что выиграю. Я даже вам признаюсь, что вы меня теперь навели на вопрос: почему именно мой сегодняшний, бестолковый и безобразный проигрыш не оставил во мне никакого сомнения? Я все-таки вполне уверен, что чуть только я начну играть для себя, то выиграю непременно.

- Почему же вы так наверно убеждены?

- Если хотите - не знаю. Я знаю только, что мне надо выиграть, что это тоже единственный мой исход. Ну вот потому, может быть, мне и кажется, что я непременно должен выиграть.

- Стало быть, вам тоже слишком надо, если вы фанатически уверены?

- Бьюсь об заклад, что вы сомневаетесь, что я в состоянии ощущать серьезную надобность?

- Это мне всё равно, - тихо и равнодушно ответила Полина. - Если хотите - да, я сомневаюсь, чтоб вас мучило что-нибудь серьезно. Вы можете мучиться, но не серьезно. Вы человек беспорядочный и неустановившийся. Для чего вам деньги? Во всех резонах, которые вы мне тогда представили, я ничего не нашла серьезного.

- Кстати, - перебил я, - вы говорили, что вам долг нужно отдать. Хорош, значит, долг! Не французу ли?

- Что за вопросы? Вы сегодня особенно резки. Уж не пьяны ли?

- Вы знаете, что я всё себе позволяю говорить, и спрашиваю иногда очень откровенно. Повторяю, я ваш раб, а рабов не стыдятся, и раб оскорбить не может.

- Всё это вздор! И терпеть я не могу этой вашей "рабской" теории.

- Заметьте себе, что я не потому говорю про мое рабство, чтоб желал быть вашим рабом, а просто - говорю, как о факте, совсем не от меня зависящем.

- Говорите прямо, зачем вам деньги?

- А вам зачем это знать?

- Как хотите, - ответила она и гордо повела головой.

- Рабской теории не терпите, а рабства требуете: "Отвечать и не рассуждать!" Хорошо, пусть так. Зачем деньги, вы спрашиваете? Как зачем? Деньги - всё!

- Понимаю, но не впадать же в такое сумасшествие, их желая! Вы ведь тоже доходите до исступления, до фатализма. Тут есть что-нибудь, какая-то особая цель. Говорите без извилин, я так хочу.

Она как будто начинала сердиться, и мне ужасно понравилось, что она так с сердцем допрашивала.

- Разумеется, есть цель, - сказал я, - но я не сумею объяснить - какая. Больше ничего, что с деньгами я стану и для вас другим человеком, а не рабом.

- Как? как вы этого достигнете?

- Как достигну? как, вы даже не понимаете, как могу я достигнуть, чтоб вы взглянули на меня иначе, как на раба! Ну вот этого-то я и не хочу, таких удивлений и недоумений.

- Вы говорили, что вам это рабство наслаждение. Я так и сама думала.

- Вы так думали, - вскричал я с каким-то странным наслаждением. - Ах, как эдакая наивность от вас хороша! Ну да, да, мне от вас рабство - наслаждение. Есть, есть наслаждение в последней степени приниженности и ничтожества! - продолжал я бредить. - Черт знает, может быть, оно есть и в кнуте, когда кнут ложится на спину и рвет в клочки мясо... Но я хочу, может быть, попытать и других наслаждений. Мне давеча генерал при вас за столом наставление читал за семьсот рублей в год, которых я, может быть, еще и не получу от него. Меня маркиз Де-Грие, поднявши брови, рассматривает и в то же время не замечает. А я, с своей стороны, может быть, желаю страстно взять маркиза Де-Грие при вас за нос?

- Речи молокососа. При всяком положении можно поставить себя с достоинством. Если тут борьба, то она еще возвысит, а не унизит.

- Прямо из прописи! Вы только предположите, что я, может быть, не умею поставить себя с достоинством. То есть я, пожалуй, и достойный человек, а поставить себя с достоинством не умею. Вы понимаете, что так может быть? Да все русские таковы, и знаете почему: потому что русские слишком богато и многосторонне одарены, чтоб скоро приискать себе приличную форму. Тут дело в форме. Большею частью мы, русские, так богато одарены, что для приличной формы нам нужна гениальность. Ну, а гениальности-то всего чаще и не бывает, потому что она и вообще редко бывает. Это только у французов и, пожалуй, у некоторых других европейцев так хорошо определилась форма, что можно глядеть с чрезвычайным достоинством и быть самым недостойным человеком.

Оттого так много форма у них и значит. Француз перенесет оскорбление, настоящее, сердечное оскорбление и не поморщится, но щелчка в нос ни за что не перенесет, потому что это есть нарушение принятой и увековеченной формы приличий. Оттого-то так и падки наши барышни до французов, что форма у них хороша. По-моему, впрочем, никакой формы и нет, а один только петух, le coq gaulois[11]. 1 Впрочем, этого я понимать не могу, я не женщина. Может быть, петухи и хороши. Да и вообще я заврался, а вы меня не останавливаете. Останавливайте меня чаще; когда я с вами говорю, мне хочется высказать всё, всё, всё. Я теряю всякую форму. Я даже согласен, что я не только формы, но и достоинств никаких не имею. Объявляю вам об этом. Даже не забочусь ни о каких достоинствах. Теперь всё во мне остановилось. Вы сами знаете отчего. У меня ни одной человеческой мысли нет в голове. Я давно уж не знаю, что на свете делается, ни в России, ни здесь. Я вот Дрезден проехал и не помню, какой такой Дрезден. Вы сами знаете, что меня поглотило. Так как я не имею никакой надежды и в глазах ваших нуль, то и говорю прямо: я только вас везде вижу, а остальное мне всё равно. За что и как я вас люблю - не знаю. Знаете ли, что, может быть, вы вовсе не хороши? Представьте себе, я даже не знаю, хороши ли вы или нет, даже лицом? Сердце, наверное, у вас нехорошее; ум неблагородный; это очень может быть.

- Может быть, вы потому и рассчитываете закупить меня деньгами, - сказала она, - что не верите в мое благородство?

- Когда я рассчитывал купить вас деньгами? - вскричал я.

- Вы зарапортовались и потеряли вашу нитку. Если не меня купить, то мое уважение вы думаете купить деньгами.

- Ну нет, это не совсем так. Я вам сказал, что мне трудно объясняться. Вы подавляете меня. Не сердитесь на мою болтовню. Вы понимаете, почему на меня нельзя сердиться: я просто сумасшедший. А, впрочем, мне всё равно, хоть и сердитесь. Мне у себя наверху, в каморке, стоит вспомнить и вообразить только шум вашего платья, и я руки себе искусать готов. И за что вы на меня сердитесь? За то, что я называю себя рабом? Пользуйтесь, пользуйтесь моим рабством, пользуйтесь! Знаете ли вы, что я когда-нибудь вас убью? Не потому убью, что разлюблю иль приревную, а - так, просто убью, потому что меня иногда тянет вас съесть. Вы смеетесь...

- Совсем не смеюсь, - сказала она с гневом. - Я приказываю вам молчать.

Она остановилась, едва переводя дух от гнева. Ей-богу, я не знаю, хороша ли она была собой, но я всегда любил смотреть, когда она так

---

[11] галльский петух (франц.)

предо мною останавливалась, а потому и любил часто вызывать ее гнев. Может быть, она заметила это и нарочно сердилась. Я ей это высказал.

- Какая грязь! - воскликнула она с отвращением.

- Мне всё равно, - продолжал я. - Знаете ли еще, что нам вдвоем ходить опасно: меня много раз непреодолимо тянуло прибить вас, изуродовать, задушить. И что вы думаете, до этого не дойдет? Вы доведете меня до горячки. Уж не скандала ли я побоюсь? Гнева вашего? Да что мне ваш гнев? Я люблю без надежды и знаю, что после этого в тысячу раз больше буду любить вас. Если я вас когда-нибудь убью, то надо ведь и себя убить будет; ну так - я себя как можно дольше буду не убивать, чтоб эту нестерпимую боль без вас ощутить. Знаете ли вы невероятную вещь: я вас с каждым днем люблю больше, а ведь это почти невозможно. И после этого мне не быть фаталистом? Помните, третьего дня, на Шлангенберге, я прошептал вам, вызванный вами: скажите слово, и я соскочу в эту бездну. Если б вы сказали это слово, я бы тогда соскочил. Неужели вы не верите, что я бы соскочил?

- Какая глупая болтовня! - вскричала она.

- Мне никакого дела нет до того, глупа ли она иль умна, - вскричал я. - Я знаю, что при вас мне надо говорить, говорить, говорить - и я говорю. Я всё самолюбие при вас теряю, и мне всё равно.

- К чему мне заставлять вас прыгать с Шлангенберга? - сказала она сухо и как-то особенно обидно. - Это совершенно для меня бесполезно.

- Великолепно! - вскричал я, - вы нарочно сказали это великолепное "бесполезно", чтоб меня придавить. Я вас насквозь вижу. Бесполезно, говорите вы? Но ведь удовольствие всегда полезно, а дикая, беспредельная власть - хоть над мухой - ведь это тоже своего рода наслаждение. Человек - деспот от природы и любит быть мучителем. Вы ужасно любите.

Помню, она рассматривала меня с каким-то особенно пристальным вниманием. Должно быть, лицо мое выражало тогда все мои бестолковые и нелепые ощущения. Я припоминаю теперь, что и действительно у нас почти слово в слово так шел тогда разговор, как я здесь описал. Глаза мои налились кровью. На окраинах губ запеклась пена. А что касается Шлангенберга, то клянусь честью, даже и теперь: если б она тогда приказала мне броситься вниз, я бы бросился! Если б для шутки одной сказала, если б с презрением, с плевком на меня сказала, - я бы и тогда соскочил!

- Нет, почему ж, я вам верю, - произнесла она, но так, как она только умеет иногда выговорить, с таким презрением и ехидством, с таким высокомерием, что, ей-богу, я мог убить ее в эту минуту. Она рисковала. Про это я тоже не солгал, говоря ей.

- Вы не трус? - спросила она меня вдруг.

- Не знаю, может быть, и трус. Не знаю... я об этом давно не думал.

- Если б я сказала вам: убейте этого человека, вы бы убили его?

- Кого?

- Кого я захочу.

- Француза?

- Не спрашивайте, а отвечайте, - кого я укажу. Я хочу знать, серьезно ли вы сейчас говорили? - Она так серьезно и нетерпеливо ждала ответа, что мне как-то странно стало.

- Да скажете ли вы мне, наконец, что такое здесь происходит! - вскричал я. - Что вы, боитесь, что ли, меня? Я сам вижу все здешние беспорядки. Вы падчерица разорившегося и сумасшедшего человека, зараженного страстью к этому дьяволу - Blanche; потом тут- этот француз, с своим таинственным влиянием на вас и - вот теперь вы мне так серьезно задаете... такой вопрос. По крайней мере чтоб я знал; иначе я здесь помешаюсь и что-нибудь сделаю. Или вы стыдитесь удостоить меня, откровенности? Да разве вам можно стыдиться меня?

- Я с вами вовсе не о том говорю. Я вас спросила и жду ответа.

- Разумеется, убью, - вскричал я, - кого вы мне только прикажете, но разве вы можете... разве вы это прикажете?

- А что вы думаете, вас пожалею? Прикажу, а сама в стороне останусь. Перенесете вы это? Да нет, где вам! Вы, пожалуй, и убьете по приказу, а потом и меня придете убить за то, что я смела вас посылать.

Мне как бы что-то в голову ударило при этих словах. Конечно, я и тогда считал ее вопрос наполовину за шутку, за вызов; но все-таки она слишком серьезно проговорила. Я все-таки был поражен, что она так высказалась, что она удерживает такое право надо мной, что она соглашается на такую власть надо мною и так прямо говорит: "Иди на погибель, а я в стороне останусь". В этих словах было что-то такое циническое и откровенное, что, по-моему, было уж слишком много. Так, стало быть, как же смотрит она на меня после этого? Это уж перешло за черту рабства и ничтожества. После такого взгляда человека возносят до себя. И как ни нелеп, как ни невероятен был весь наш разговор, но сердце у меня дрогнуло.

Вдруг она захохотала. Мы сидели тогда на скамье, пред игравшими детьми, против самого того места, где останавливались экипажи и высаживали публику в аллею, пред вокзалом.

- Видите вы эту толстую баронессу? - вскричала она. - Это баронесса Вурмергельм. Она только три дня как приехала. Видите ее мужа: длинный, сухой пруссак, с палкой в руке. Помните, как он третьего дня нас оглядывал? Ступайте сейчас, подойдите к баронессе, снимите шляпу и скажите ей что-нибудь по-французски.

- Зачем?

- Вы клялись, что соскочили бы с Шлангенберга; вы клянетесь, что вы готовы убить, если я прикажу. Вместо всех этих убийств и трагедий я хочу только посмеяться. Ступайте без отговорок. Я хочу посмотреть, как барон вас прибьет палкой.

- Вы вызываете меня; вы думаете, что я не сделаю?

- Да, вызываю, ступайте, я так хочу!

- Извольте, иду, хоть это и дикая фантазия. Только вот что: чтобы не было неприятности генералу, а от него вам? Ей-богу, я не о себе хлопочу, а об вас, ну - и об генерале. И что за фантазия идти оскорблять женщину?

- Нет, вы только болтун, как я вижу, - сказала она презрительно. - У вас только глаза кровью налились давеча, - впрочем, может быть, оттого, что вы вина много выпили за обедом. Да разве я не понимаю сама, что это и глупо, и пошло, и что генерал рассердится? Я просто смеяться хочу. Ну, хочу да и только! И зачем вам оскорблять женщину? Скорее вас прибьют палкой.

Я повернулся и молча пошел исполнять ее поручение. Конечно, это было глупо, и, конечно, я не сумел вывернуться, но когда я стал подходить к баронессе, помню, меня самого как будто что-то подзадорило, именно школьничество подзадорило. Да и раздражен я был ужасно, точно пьян.

Глава VI

Вот уже два дня прошло после того глупого дня. И сколько крику, шуму, толку, стуку! И какая всё это беспорядица, неурядица, глупость и пошлость, и я всему причиною. А впрочем, иногда бывает смешно - мне по крайней мере. Я не умею себе дать отчета, что со мной сделалось, в исступленном ли я состоянии нахожусь, в самом деле, что у меня ум мешается. А порой кажется, что я еще не далеко от детства, от школьной скамейки, и просто грубо школьничаю. или просто с дороги соскочил и безобразничаю, пока не свяжут. Порой мне кажется,

Это Полина, это всё Полина! Может быть, не было бы и школьничества, если бы не она. Кто знает, может быть, я это всё с отчаяния (как ни глупо, впрочем, так рассуждать). И не понимаю, не понимаю, что в ней хорошего! Хороша-то она, впрочем, хороша; кажется, хороша. Ведь она и других с ума сводит. Высокая и стройная. Очень тонкая только. Мне кажется, ее можно всю в узел завязать или перегнуть надвое. Следок ноги у ней узенький и длинный - мучительный. Именно мучительный. Волосы с рыжим оттенком. Глаза - настоящие кошачьи, но как она гордо и высокомерно умеет ими смотреть. Месяца четыре тому назад, когда я только что поступил, она, раз вечером, в зале с Де-Грие долго и горячо разговаривала. И так на него смотрела... что потом я, когда к себе пришел ложиться спать, вообразил, что она дала ему пощечину, - только что дала, стоит перед ним и на него смотрит... Вот с этого-то вечера я ее и полюбил.

Впрочем, к делу.

Я спустился по дорожке в аллею, стал посредине аллеи и выжидал баронессу и барона. В пяти шагах расстояния я снял шляпу и поклонился.

Помню, баронесса была в шелковом необъятной окружности платье, светло-серого цвета, с оборками, в кринолине и с хвостом. Она мала собой и толстоты необычайной, с ужасно толстым и отвислым подбородком, так что совсем не видно шеи. Лицо багровое. Глаза маленькие, злые и наглые. Идет - точно всех чести удостоивает. Барон сух, высок. Лицо, по немецкому обыкновению, кривое и в тысяче мелких морщинок; в очках; сорока пяти лет. Ноги у него начинаются чуть ли не с самой груди; это, значит, порода. Горд, как павлин. Мешковат немного. Что-то баранье в выражении лица, по-своему заменяющее глубокомыслие.

Всё это мелькнуло мне в глаза в три секунды.

Мой поклон и моя шляпа в руках сначала едва-едва остановили их внимание. Только барон слегка насупил брови. Баронесса так и плыла прямо на меня.

- Madame la baronne, - проговорил я отчетливо вслух, отчеканивая каждое слово, - j'ai l'honneur d'être votre esclave[12].

Затем поклонился, надел шляпу и прошел мимо барона, вежливо обращая к нему лицо и улыбаясь.

Шляпу снять велела мне она, но поклонился и сошкольничал я уж сам от себя. Черт знает, что меня подтолкнуло? Я точно с горы летел.

- Гейн!- крикнул, или лучше сказать, крякнул барон, оборачиваясь ко мне с сердитым удивлением.

Я обернулся и остановился в почтительном ожидании, продолжая на него смотреть и улыбаться. Он, видимо, недоумевал и подтянул брови до nec plus ultra[13]. 2 Лицо его всё более и более омрачалось. Баронесса тоже повернулась в мою сторону и тоже посмотрела в гневном недоумении. Из прохожих стали засматриваться. Иные даже приостанавливались.

- Гейн! - крякнул опять барон с удвоенным кряк-том и с удвоенным гневом.

---

[12] Госпожа баронесса... честь имею быть вашим рабом (франц.).

[13] до крайнего предела (лат.).

- Jawohl[14], - протянул я, продолжая смотреть ему прямо в глаза.

- Sind Sie rasend?[15] - крикнул он, махнув своей палкой и, кажется, немного начиная трусить. Его, может быть, смущал мой костюм. Я был очень прилично, даже щегольски одет, как человек, вполне принадлежащий к самой порядочной публике.

- Jawo-o-ohl! - крикнул я вдруг изо всей силы, протянув о, как протягивают берлинцы, поминутно употребляющие в разговоре фразу "jawohl" и при этом протягивающие букву о более или менее, для выражения различных оттенков мыслей и ощущений.

Барон и баронесса быстро повернулись и почти побежали от меня в испуге. Из публики иные заговорили, другие смотрели на меня в недоумении. Впрочем, не помню хорошо.

Я оборотился и пошел обыкновенным шагом к Полине Александровне. Но еще не доходя шагов сотни до ее скамейки, я увидел, что она встала и отправилась с детьми к отелю.

Я настиг ее у крыльца.

- Исполнил... дурачество, - сказал я, поравнявшись с нею.

- Ну, так что ж? Теперь и разделывайтесь, - ответила она, даже и не взглянув на меня, и пошла по лестнице.

Весь этот вечер я проходил в парке. Чрез парк и потом чрез лес я прошел даже в другое княжество. В одной избушке ел яичницу и пил вино: за эту идиллию с меня содрали целых полтора талера.

Только в одиннадцать часов я воротился домой. Тотчас же за мною прислали от генерала.

Наши в отеле занимают два номера; у них четыре комнаты. Первая, большая, - салон, с роялем. Рядом с нею тоже большая комната - кабинет генерала. Здесь ждал он меня, стоя среди кабинета в чрезвычайно величественном положении. Де-Грие сидел, развалясь на диване.

- Милостивый государь, позвольте спросить, что вы наделали? - начал генерал, обращаясь ко мне.

- Я бы желал, генерал, чтобы вы приступили прямо к делу, - сказал я. - Вы, вероятно, хотите говорить о моей встрече сегодня с одним немцем?

- С одним немцем?! Этот немец - барон Вурмергельм и важное лицо-с! Вы наделали ему и баронессе грубостей.

- Никаких.

- Вы испугали их, милостивый государь, - крикнул генерал.

- Да совсем же нет. Мне еще в Берлине запало в ухо беспрерывно повторяемое ко всякому слову "jawohl", которое они так отвратительно

---

[14] Да (нем.).

[15] Вы что, взбесились? (нем.).

протягивают. Когда я встретился с ним в аллее, мне вдруг это "jawohl", не знаю почему, вскочило на память, ну и подействовало на меня раздражительно... Да к тому же баронесса вот уж три раза, встречаясь со мною, имеет обыкновение идти прямо на меня, как будто бы я был червяк, которого можно ногою давить. Согласитесь, я тоже могу иметь свое самолюбие. Я снял шляпу и вежливо (уверяю вас, что вежливо) сказал: "Madame, j'ai l'honneur d'être votre esclave". Когда барон обернулся и закричал "гейн!" - меня вдруг так и подтолкнуло тоже закричать: "Jawohl!" Я и крикнул два раза: первый раз обыкновенно, а второй - протянув изо всей силы. Вот и всё.

Признаюсь, я ужасно был рад этому в высшей степени мальчишескому объяснению. Мне удивительно хотелось размазывать всю эту историю как можно нелепее.

И чем далее, тем я более во вкус входил.

- Вы смеетесь, что ли, надо мною, - крикнул генерал. Он обернулся к французу и по-французски изложил ему, что я решительно напрашиваюсь на историю. Де-Грие презрительно усмехнулся и пожал плечами.

- О, не имейте этой мысли, ничуть не бывало! - вскричал я генералу, - мой поступок, конечно, нехорош, я в высшей степени откровенно вам сознаюсь в этом. Мой поступок можно назвать даже глупым и неприличным школьничеством, но - не более. И знаете, генерал, я в высшей степени раскаиваюсь. Но тут есть одно обстоятельство, которое в моих глазах почти избавляет меня даже и от раскаяния. В последнее время, эдак недели две, даже три, я чувствую себя нехорошо: больным, нервным, раздражительным, фантастическим и, в иных случаях, теряю совсем над собою волю. Право, мне иногда ужасно хотелось несколько раз вдруг обратиться к маркизу Де-Грие и... А впрочем, нечего договаривать; может, ему будет обидно. Одним словом, это признаки болезни. Не знаю, примет ли баронесса Вурмергельм во внимание это обстоятельство, когда я буду просить у нее извинения (потому что я намерен просить у нее извинения)? Я полагаю, не примет, тем более что, сколько известно мне, этим обстоятельством начали в последнее время злоупотреблять в юридическом мире: адвокаты при уголовных процессах стали весьма часто оправдывать своих клиентов, преступников, тем, что они в момент преступления ничего не помнили и что это будто бы такая болезнь. "Прибил, дескать, и ничего не помнит", И представьте себе, генерал, медицина им поддакивает - действительно подтверждает, что бывает такая болезнь, такое временное помешательство, когда человек почти ничего не помнит, или полупомнит, или четверть помнит. Но барон и баронесса - люди поколения старого, притом прусские юнкеры и помещики. Им, должно быть, этот прогресс в юридически-медицинском

162

мире еще неизвестен, а потому они и не примут моих объяснений. Как вы думаете, генерал?

- Довольно, сударь! - резко и с сдержанным негодованием произнес генерал, - довольно! Я постараюсь раз навсегда избавить себя от вашего школьничества. Извиняться перед баронессою и бароном вы не будете. Всякие сношения с вами, даже хотя бы они состояли единственно в вашей просьбе о прощении, будут для них слишком унизительны. Барон, узнав, что вы принадлежите к моему дому, объяснялся уж со мною в воксале и, признаюсь вам, еще немного, и он потребовал бы у меня удовлетворения. Понимаете ли вы, чему подвергали вы меня, - меня, милостивый государь? Я, я принужден был просить у барона извинения и дал ему слово, что немедленно, сегодня же, вы не будете принадлежать к моему дому...

- Позвольте, позвольте, генерал, так это он сам непременно потребовал, чтоб я не принадлежал к вашему дому, как вы изволите выражаться?

- Нет; но я сам почел себя обязанным дать ему это удовлетворение, и, разумеется, барон остался доволен, Мы расстаемся, милостивый государь. Вам следует дополучить с меня эти четыре фридрихсдора и три флорина на здешний расчет. Вот деньги, а вот и бумажка с расчетом; можете это проверить. Прощайте. С этих пор мы чужие. Кроме хлопот и неприятностей, я не видал от вас ничего. Я позову сейчас кельнера и объявлю ему, что с завтрашнего дня не отвечаю за ваши расходы в отеле. Честь имею пребыть вашим слугою.

Я взял деньги, бумажку, на которой был карандашом написан расчет, поклонился генералу и весьма серьезно сказал ему:

- Генерал, дело так окончиться не может. Мне очень жаль, что вы подвергались неприятностям от барона, но - извините меня- виною этому вы сами. Каким образом взяли вы на себя отвечать за меня барону? Что значит выражение, что я принадлежу к вашему дому? Я просто учитель в вашем доме, и только. Я не сын родной, не под опекой у вас, и за поступки мои вы не можете отвечать. Я сам - лицо юридически компетентное. Мне двадцать пять лет, я кандидат университета, я дворянин, я вам совершенно чужой. Только одно мое безграничное уважение к вашим достоинствам останавливает меня потребовать от вас теперь же удовлетворения и дальнейшего отчета в том, что вы взяли на себя право за меня отвечать.

Генерал был до того поражен, что руки расставил, потом вдруг оборотился к французу и торопливо передал ему, что я чуть не вызвал его сейчас на дуэль. Француз громко захохотал.

- Но барону я спустить не намерен, - продолжал я с полным

хладнокровием, нимало не смущаясь смехом мсье Де-Грие, - и так как вы, генерал, согласившись сегодня выслушать жалобы барона и войдя в его интерес, поставили сами себя как бы участником во всем этом деле, то я честь имею вам доложить, что не позже как завтра поутру потребую у барона, от своего имени, формального объяснения причин, по которым он, имея дело со мною, обратился мимо меня к другому лицу, точно я не мог или был недостоин отвечать ему сам за себя.

Что я предчувствовал, то и случилось. Генерал, услышав эту новую глупость, струсил ужасно.

- Как, неужели вы намерены еще продолжать это проклятое дело! - вскричал он, - но что ж со мной-то вы делаете, о господи! Не смейте, не смейте, милостивый государь, или, клянусь вам!.. здесь есть тоже начальство, и я... я... одним словом, по моему чину... и барон тоже... одним словом, вас заарестуют и вышлют отсюда с полицией, чтоб вы не буянили! Понимаете это-с! - И хоть ему захватило дух от гнева, но все-таки он трусил ужасно.

- Генерал, - отвечал я с нестерпимым для него спокойствием, - заарестовать нельзя за буйство прежде совершения буйства. Я еще не начинал моих объяснений с бароном, а вам еще совершенно неизвестно, в каком виде и на каких основаниях я намерен приступить к этому делу. Я желаю только разъяснить обидное для меня предположение, что я нахожусь под опекой у лица, будто бы имеющего власть над моей свободной волей. Напрасно вы так себя тревожите и беспокоите.

- Ради бога, ради бога, Алексей Иванович, оставьте это бессмысленное намерение! - бормотал генерал, вдруг изменяя свой разгневанный тон на умоляющий и даже схватив меня за руки. - Ну, представьте, что из этого выйдет? опять неприятность! Согласитесь сами, я должен здесь держать себя особенным образом, особенно теперь!.. особенно теперь!.. О, вы не знаете, не знаете всех моих обстоятельств!.. Когда мы отсюда поедем, я готов опять принять вас к себе. Я теперь только так, ну, одним словом, - ведь вы понимаете же причины! - вскричал он отчаянно, - Алексей Иванович, Алексей Иванович!..

Ретируясь к дверям, я еще раз усиленно просил его не беспокоиться, обещал, что всё обойдется хорошо и прилично, и поспешил выйти.

Иногда русские за границей бывают слишком трусливы и ужасно боятся того, что скажут и как на них поглядят, и будет ли прилично вот то-то и то-то? - одним словом, держат себя точно в корсете, особенно претендующие на значение. Самое любое для них - какая-нибудь предвзятая, раз установленная форма, которой они рабски следуют - в отелях, на гуляньях, в собраниях, в дороге... Но генерал проговорился, что у него, сверх того, были какие-то особые обстоятельства, что ему надо как-то "особенно держаться". Оттого-то он так вдруг малодушно и струсил и переменил со мной тон. Я это принял к сведению и заметил. И конечно, он мог сдуру обратиться завтра к каким-нибудь властям, так что мне надо было в самом деле быть осторожным.

Мне, впрочем, вовсе не хотелось сердить собственно генерала; но мне захотелось теперь посердить Полину. Полина обошлась со мною так жестоко и сама толкнула меня на такую глупую дорогу, что мне очень хотелось довести ее до того, чтобы она сама попросила меня остановиться. Мое школьничество могло, наконец, и ее компрометировать. Кроме того, во мне сформировались кой-какие другие ощущения и желания; если я, например, исчезаю пред нею самовольно в ничто, то это вовсе ведь не значит, что пред людьми я мокрая курица и уж, конечно, не барону "бить меня палкой". Мне захотелось над всеми ними насмеяться, а самому выйти молодцом. Пусть посмотрят. Небось! она испугается скандала и кликнет меня опять. А и не кликнет, так все-таки увидит, что я не мокрая курица...

(Удивительное известие: сейчас только услышал от нашей няни, которую встретил на лестнице, что Марья Филипповна отправилась сегодня, одна-одинешенька, в Карлсбад, с вечерним поездом, к двоюродной сестре. Это что за известие? Няня говорит, что она давно собиралась; но как же этого никто не знал? Впрочем, может, я только не знал. Няня проговорилась мне, что Марья Филипповна с генералом еще третьего дня крупно поговорила. Понимаю-с. Это, наверное, - mademoiselle Blanche. Да, у нас наступает что-то решительное).

Глава VII

Наутро я позвал кельнера и объявил, чтобы счет мне писали особенно. Номер мой был не так еще дорог, чтоб очень пугаться и совсем выехать из отеля. У меня было шестнадцать фридрихсдоров, а там... там, может быть, богатство! Странное дело, я еще не выиграл, но поступаю, чувствую и мыслю, как богач, и не могу представлять себя иначе.

Я располагал, несмотря на ранний час, тотчас же отправиться к мистеру Астлею в отель d'Angletterre, очень недалеко от нас, как вдруг вошел ко мне Де-Грие. Этого никогда еще не случалось, да, сверх того, с этим господином во всё последнее время мы были в самых чуждых и в самых натянутых отношениях. Он явно не скрывал своего ко мне пренебрежения, даже старался не скрывать; а я - я имел свои собственные причины его не жаловать. Одним словом, я его ненавидел. Приход его меня очень удивил. Я тотчас же смекнул, что тут что-нибудь особенное заварилось.

Вошел он очень любезно и сказал мне комплимент насчет моей комнаты. Видя, что я со шляпой в руках, он осведомился, неужели я так рано выхожу гулять. Когда же услышал, что я иду к мистеру Астлею по делу, подумал, сообразил, и лицо его приняло чрезвычайно озабоченный вид.

Де-Грие был, как все французы, то есть веселый и любезный, когда это надо и выгодно, и нестерпимо скучный, когда быть веселым и любезным переставала необходимость. Француз редко натурально любезен; он любезен всегда как бы по приказу, из расчета. Если, например, видит необходимость быть фантастичным, оригинальным, понеобыденнее, то фантазия его, самая глупая и неестественная, слагается из заранее принятых и давно уже опошлившихся форм. Натуральный же француз состоит из самой мещанской, мелкой, обыденной положительности, - одним словом, скучнейшее существо в мире. По-моему, только новички и особенно русские барышни прельщаются французами. Всякому же порядочному существу тотчас же заметна и нестерпима эта казенщина раз установившихся форм салонной любезности, развязности и веселости.

- Я к вам по делу, - начал он чрезвычайно независимо, хотя, впрочем, вежливо, - и не скрою, что к вам послом или, лучше сказать, посредником от генерала. Очень плохо зная русский язык, я ничего почти вчера не понял; но генерал мне подробно объяснил, и признаюсь...

- Но послушайте, monsieur Де-Грие, - перебил я его, - вы вот и в этом деле взялись быть посредником. Я, конечно, "un outchitel" и никогда не претендовал на честь быть близким другом этого дома или на какие-нибудь особенно интимные отношения, а потому и не знаю всех обстоятельств; но разъясните мне: неужели вы уж теперь совсем принадлежите к членам этого семейства? Потому что вы, наконец, во всем берете такое участие, непременно, сейчас же во всем посредником... Вопрос мой ему не понравился. Для него он был слишком прозрачен, а проговариваться он не хотел.

- Меня связывают с генералом отчасти дела, отчасти некоторые особенные обстоятельства, - сказал он сухо. - Генерал прислал меня просить вас оставить ваши вчерашние намерения. Всё, что вы выдумали, конечно, очень остроумно; но он именно просил меня представить вам, что вам совершенно не удастся; мало того - вас барон не примет, и, наконец, во всяком случае он ведь имеет все средства избавиться от дальнейших неприятностей с вашей стороны. Согласитесь сами. К чему же, скажите, продолжать? Генерал же вам обещает, наверное, принять вас опять в свой дом, при первых удобных обстоятельствах, а до того времени зачесть ваше жалованье, vos appointements[16]. Ведь это довольно выгодно, не правда ли?

Я возразил ему весьма спокойно, что он несколько ошибается; что, может быть, меня от барона и не прогонят, а, напротив, выслушают, и попросил его признаться, что, вероятно, он затем и пришел, чтоб выпытать: как именно я примусь за всё это дело?

- О боже, если генерал так заинтересован, то, разумеется, ему приятно будет узнать, что и как вы будете делать? Это так естественно!

Я принялся объяснять, а он начал слушать, развалясь, несколько склонив ко мне набок голову, с явным, нескрываемым ироническим оттенком в лице. Вообще он держал себя чрезвычайно свысока. Я старался всеми силами притвориться, что смотрю на дело с самой серьезной точки зрения. Я объяснил, что так как барон обратился к генералу с жалобою на меня, точно на генеральскую слугу, то, во-первых, лишил меня этим места, а во-вторых, третировал меня как лицо, которое не в состоянии за себя ответить и с которым не стоит и говорить. Конечно, я чувствую себя справедливо обиженным; однако, понимая разницу лет, положения в обществе и прочее, и прочее (я едва удерживался от смеха в этом месте), не хочу брать на себя еще нового легкомыслия, то есть прямо потребовать от барона или даже только предложить ему об удовлетворении. Тем не менее я считаю себя совершенно вправе предложить ему, и особенно баронессе, мои извинения, тем более что действительно в последнее время я чувствую себя нездоровым, расстроенным и, так сказать, фантастическим и прочее, и прочее. Однако ж сам барон вчерашним обидным для меня обращением к генералу и настоянием, чтобы генерал лишил меня места, поставил меня в такое положение, что теперь я уже не могу представить ему и баронессе мои извинения, потому что и он, и баронесса, и весь свет, наверно, подумают, что я пришел с извинениями со страха, чтоб получить назад свое место. Из всего этого следует, что я нахожусь теперь вынужденным просить барона, чтобы он первоначально извинился предо мною сам, в самых умеренных выражениях, - например, сказал бы, что он вовсе не желал меня обидеть. И когда барон это выскажет, тогда я уже, с развязанными руками, чистосердечно и искренно принесу ему и мои извинения. Одним словом, заключил я, я прошу только, чтобы барон развязал мне руки.

- Фи, какая щепетильность и какие утонченности! И чего вам извиняться? Ну согласитесь, monsieur... monsieur... что вы затеваете всё это нарочно, чтобы досадить генералу... а может быть, имеете какие-нибудь

---

[16] ваше жалованье (франц.).

особые цели... mon cher monsieur, pardon, j'ai oublié votre nom, monsieur Alexis?.. n'est ce pas?[17]

- Но позвольте, mon cher marquis[18], да вам что за дело?

- Mais le général[19]...

- А генералу что? Он вчера что-то говорил, что держать себя на какой-то ноге должен... и так тревожился... но я ничего не понял.

- Тут есть, - тут именно существует особое обстоятельство, - подхватил Де-Грие просящим тоном, в котором всё более и более слышалась досада. - Вы знаете mademoiselle de Cominges?

- То есть mademoiselle Blanche?

- Ну да, mademoiselle Blanche de Cominges... et madame sa mère[20]... согласитесь сами, генерал... одним словом, генерал влюблен и даже... даже, может быть, здесь совершится брак. И представьте при этом разные скандалы, истории...

- Я не вижу тут ни скандалов, ни историй, касающихся брака.

- Ho le baron est si irascible, un caractère prussien, vous savez, enfin il fera une querelle d'Allemand[21].

- Так мне же, а не вам, потому что я уже не принадлежу к дому... (Я нарочно старался быть как можно бестолковее). Но позвольте, так это решено, что mademoiselle Blanche выходит за генерала? Чего же ждут? Я хочу сказать - что скрывать об этом, по крайней мере от нас, от домашних?

- Я вам не могу... впрочем, это еще не совсем... однако... вы знаете, ждут из России известия; генералу надо устроить дела...

- A, a! la baboulinka!

Де-Грие с ненавистью посмотрел на меня.

- Одним словом, - перебил он, - я вполне надеюсь на вашу врожденную любезность, на ваш ум, на такт... вы, конечно, сделаете это для того семейства, в котором вы были приняты как родной, были любимы, уважаемы...

- Помилуйте, я был выгнан! Вы вот утверждаете теперь, что это для виду; но согласитесь, если вам скажут: "Я, конечно, не хочу тебя выдрать за уши, но для виду позволь себя выдрать за уши..." Так ведь это почти всё равно?

- Если так, если никакие просьбы не имеют на вас влияния, - начал он

---

[17] дорогой мой, простите, я забыл ваше имя, Алексей?.. Не так ли? (франц.).

[18] дорогой маркиз (франц.).

[19] Но генерал (франц.).

[20] мадемуазель Бланш де Коменж и ее мамашу (франц.).

[21] барон так вспыльчив, прусский характер, знаете, он может устроить ссору из-за пустяков (франц.).

строго и заносчиво, - то позвольте вас уверить, что будут приняты меры. Тут есть начальство, вас вышлют сегодня же, - que diable! in blan-bec comme vous[22] хочет вызвать на дуэль такое лицо, как барон! И вы думаете, что вас оставят в покое? И поверьте, вас никто здесь не боится! Если я просил, то более от себя, потому что вы беспокоили генерала. И неужели, неужели вы думаете, что барон не велит вас просто выгнать лакею?

- Да ведь я не сам пойду, - отвечал я с чрезвычайным спокойствием, - вы ошибаетесь, monsieur Де-Грие, всё это обойдется гораздо приличнее, чем вы думаете. Я вот сейчас же отправлюсь к мистеру Астлею и попрошу его быть моим посредником, одним словом, быть моим second[23]. Этот человек меня -любит и, наверное, не откажет. Он пойдет к барону, и барон его примет. Если сам я un outchitel и кажусь чем-то subalterne[24], ну и, наконец, без защиты, то мистер Астлей - племянник лорда, настоящего лорда, это известно всем, лорда Пиброка, и лорд этот здесь. Поверьте, что барон будет вежлив с мистером Астлеем и выслушает его. А если не выслушает, то мистер Астлей почтет это себе за личную обиду (вы знаете, как англичане настойчивы) и пошлет к барону от себя приятеля, а у него приятели хорошие. Разочтите теперь, что выйдет, может быть, и не так, как вы полагаете.

Француз решительно струсил; действительно, всё это было очень похоже на правду, а стало быть, выходило, что я и в самом деле был в силах затеять историю.

- Но прошу же вас, - начал он совершенно умоляющим голосом, - оставьте всё это! Вам точно приятно, что выйдет история! Вам не удовлетворения надобно, а истории! Я сказал, что всё это выйдет забавно и даже остроумно, чего, может быть, вы и добиваетесь, но, одним словом, - заключил он, видя, что я встал и беру шляпу, - я пришел вам передать эти два слова от одной особы, прочтите, - мне поручено ждать ответа.

Сказав это, он вынул из кармана и подал мне маленькую, сложенную и запечатанную облаткою записочку.

Рукою Полины было написано:

"Мне показалось, что вы намерены продолжать эту историю. Вы рассердились и начинаете школьничать. Но тут есть особые обстоятельства, и я вам их потом, может быть, объясню; а вы, пожалуйста, перестаньте и уймитесь. Какие всё это глупости! Вы мне нужны и сами обещались слушаться. Вспомните Шлангенберг. Прошу вас быть послушным и, если надо, приказываю. Ваша П.

P. S. Если на меня за вчерашнее сердитесь, то простите меня".

---

[22] кой черт! молокосос, как вы (франц

[23] секундантом (франц.).

[24] подчиненным (франц.).

У меня как бы всё перевернулось в глазах, когда я прочел эти строчки. Губы у меня побелели, и я стал дрожать. Проклятый француз смотрел с усиленно скромным видом и отводя от меня глаза, как бы для того, чтобы не видеть моего смущения. Лучше бы он захохотал надо мною.

- Хорошо, - ответил я, - скажите, чтобы mademoiselle была спокойна. Позвольте же, однако, вас спросить, - прибавил я резко, - почему вы так долго не передавали мне эту записку? Вместо того чтобы болтать о пустяках, мне кажется, вы должны были начать с этого... если вы именно и пришли с этим поручением.

- О, я хотел... вообще всё это так странно, что вы извините мое натуральное нетерпение. Мне хотелось поскорее узнать самому лично, от вас самих, ваши намерения. Я, впрочем, не знаю, что в этой записке, и думал, что всегда успею передать.

- Понимаю, вам просто-запросто велено передать это только в крайнем случае, а если уладите на словах, то и не передавать. Так ли? Говорите прямо, monsieur Де-Грие!

- Peut-être[25], - сказал он, принимая вид какой-то особенной сдержанности и смотря на меня каким-то особенным взглядом.

Я взял шляпу; он кивнул головой и вышел. Мне показалось, что на губах его насмешливая улыбка. Да и как могло быть иначе?

- Мы с тобой еще сочтемся, французишка, померимся! - бормотал я, сходя с лестницы. Я еще ничего не мог сообразить, точно что мне в голову ударило. Воздух несколько освежил меня.

Минуты через две, чуть-чуть только я стал ясно соображать, мне ярко представились две мысли: первая - что из таких пустяков, из нескольких школьнических, невероятных угроз мальчишки, высказанных вчера на лету, поднялась такая всеобщая тревога! и вторая мысль - каково же, однако, влияние этого француза на Полину? Одно его слово - и она делает всё, что ему нужно, пишет записку и лаже просит меня. Конечно, их отношения и всегда для меня были загадкою с самого начала, с тех пор как я их знать начал; однако ж в эти последние дни я заметил в ней решительное отвращение и даже презрение к нему, а он даже и не смотрел на нее, даже просто бывал с ней невежлив. Я это заметил. Полина сама мне говорила об отвращении; у ней уже прорывались чрезвычайно значительные признания... Значит, он просто владеет ею, она у него в каких-то цепях...

---

[25] Может быть (франц.).

Глава VIII

На променаде, как здесь называют, то есть в каштановой аллее, я встретил моего англичанина.

- О, о! - начал он, завидя меня, - я к вам, а вы ко мне. Так вы уж расстались с вашими?

- Скажите, во-первых, почему всё это вы знаете, - спросил я в удивлении, - неужели всё это всем известно?

- О нет, все неизвестно; да и не стоит, чтоб было известно. Никто не говорит.

- Так почему вы это знаете?

- Я знаю, то есть имел случай узнать. Теперь куда вы отсюда уедете? Я люблю вас и потому к вам пришел.

- Славный вы человек, мистер Астлей, - сказал я (меня, впрочем, ужасно поразило: откуда он знает?), - и так как я еще не пил кофе, да и вы, вероятно, его плохо пили, то пойдемте к воксалу в кафе, там сядем, закурим, и я вам всё расскажу, и... вы тоже мне расскажете.

Кафе был во ста шагах. Нам принесли кофе, мы уселись, я закурил папиросу, мистер Астлей ничего не закурил и, уставившись на меня, приготовился слушать.

- Я никуда не еду, я здесь остаюсь, - начал я.

- И я был уверен, что вы останетесь, - одобрительно произнес мистер Астлей.

Идя к мистеру Астлею, я вовсе не имел намерения и даже нарочно не хотел рассказывать ему что-нибудь о моей любви к Полине. Во все эти дни я не сказал с ним об этом почти ни одного слова. К тому же он был очень застенчив. Я с первого раза заметил, что Полина произвела на него чрезвычайное впечатление, но он никогда не упоминал ее имени. Но странно, вдруг, теперь, только что он уселся и уставился на меня своим пристальным оловянным взглядом, во мне, неизвестно почему, явилась охота рассказать ему всё, то есть всю мою любовь и со всеми ее оттенками. Я рассказывал целые полчаса, и мне было это чрезвычайно приятно, в первый раз я об этом рассказывал! Заметив же, что в некоторых, особенно пылких местах, он смущается, я нарочно усиливал пылкость моего рассказа. В одном раскаиваюсь: я, может быть, сказал кое-что лишнее про француза...

Мистер Астлей слушал, сидя против меня, неподвижно, не издавая ни слова, ни звука и глядя мне в глаза; но когда я заговорил про француза, он вдруг осадил меня и строго спросил: имею ли я право упоминать об этом постороннем обстоятельстве? Мистер Астлей всегда очень странно задавал вопросы.

- Вы правы: боюсь, что нет, - ответил я.

- Об этом маркизе и о мисс Полине вы ничего не можете сказать точного, кроме одних предположений?

Я опять удивился такому категорическому вопросу от такого застенчивого человека, как мистер Астлей.

- Нет, точного ничего, - ответил я, - конечно, ничего.

- Если так, то вы сделали дурное дело не только тем, что заговорили об этом со мною, но даже и тем, что про себя это подумали.

- Хорошо, хорошо! Сознаюсь; но теперь не в том дело, - перебил я, про себя удивляясь. Тут я ему рассказал всю вчерашнюю историю во всех подробностях, выходку Полины, мое приключение с бароном, мою отставку, необыкновенную трусость генерала и, наконец, в подробности изложил сегодняшнее посещение Де-Грие, со всеми оттенками; в заключение показал ему записку.

- Что вы из этого выводите? - спросил я. - Я именно пришел узнать ваши мысли. Что же до меня касается, то я, кажется, убил бы этого французишку и, может быть, это сделаю.

- И я, - сказал мистер Астлей. - Что же касается до мисс Полины, то... вы знаете, мы вступаем в сношения даже с людьми нам ненавистными, если нас вызывает к тому необходимость. Тут могут быть сношения вам неизвестные, зависящие от обстоятельств посторонних. Я думаю, что вы можете успокоиться - отчасти, разумеется.

Что же касается до вчерашнего поступка ее, то он, конечно, странен, - не потому, что она пожелала от вас отвязаться и послала вас под дубину барона (которую, я не понимаю почему, он не употребил, имея в руках), а потому, что такая выходка для такой... для такой превосходной мисс - неприлична. Разумеется, она не могла предугадать, что вы буквально исполните ее насмешливое желание...

- Знаете ли что? - вскричал я вдруг, пристально всматриваясь в мистера Астлея, - мне сдается, что вы уже о всем об этом слышали, знаете от кого? - от самой мисс Полины!

Мистер Астлей посмотрел на меня с удивлением.

- У вас глаза сверкают, и я читаю в них подозрение, - проговорил он, тотчас же возвратив себе прежнее спокойствие, - но вы не имеете ни малейших прав обнаруживать ваши подозрения. Я не могу признать этого права и вполне отказываюсь отвечать на ваш вопрос.

- Ну, довольно! И не надо! - закричал я, странно волнуясь и не понимая, почему вскочило это мне в мысль! И когда, где, каким образом мистер Астлей мог бы быть выбран Полиною в поверенные? В последнее время, впрочем, я отчасти упустил из виду мистера Астлея, а Полина и всегда была для меня загадкой, - до того загадкой, что, например, теперь, пустившись рассказывать всю историю моей любви мистеру Астлею, я вдруг, во время самого рассказа, был поражен тем, что почти ничего не мог сказать об моих отношениях с нею точного и положительного. Напротив того, всё было фантастическое, странное, неосновательное и даже ни на что не похожее.

- Ну, хорошо, хорошо; я сбит с толку и теперь еще многого не могу сообразить, - отвечал я, точно запыхавшись. - Впрочем, вы хороший человек. Теперь другое дело, и я прошу вашего - не совета, а мнения.

Я помолчал и начал:

- Как вы думаете, почему так струсил генерал? почему из моего глупейшего шалопайничества они все вывели такую историю? Такую историю, что даже сам Де-Грие нашел необходимым вмешаться (а он вмешивается только в самых важных случаях), посетил меня (каково!), просил, умолял меня - он, Де-Грие, меня! Наконец, заметьте себе, он пришел в девять часов, в конце девятого, и уж записка мисс Полины была в его руках. Когда же, спрашивается, она была написана? Может быть, мисс Полину разбудили для этого! Кроме того, что из этого я вижу, что мисс Полина его раба (потому что даже у меня просит прощения!); кроме этого, ей-то что во всем этом, ей лично? Она для чего так интересуется? Чего они испугались какого-то барона? И что ж такое, что генерал женится на mademoiselle Blanche de Cominges? Они говорят, что им как-то особенно держать себя вследствие этого обстоятельства надо, - но ведь это уж слишком особенно, согласитесь сами! Как вы думаете? Я по глазам вашим убежден, что вы и тут более меня знаете!

Мистер Астлей усмехнулся и кивнул головой.

- Действительно, я, кажется, и в этом гораздо больше вашего знаю, - сказал он. - Тут всё дело касается одной mademoiselle Blanche, и я уверен, что это совершенная истина.

- Ну что ж mademoiselle Blanche? - вскричал я с нетерпением (у меня вдруг явилась надежда, что теперь что-нибудь откроется о mademoiselle Полине).

- Мне кажется, что mademoiselle Blanche имеет в настоящую минуту особый интерес всячески избегать встречи с бароном и баронессой, - тем более встречи неприятной, еще хуже - скандальной.

- Ну! Ну!

- Mademoiselle Blanche третьего года, во время сезона уже была здесь, в Рулетенбурге. И я тоже здесь находился. Mademoiselle Blanche тогда не называлась mademoiselle de Cominges, равномерно и мать ее madame veuve[26] Cominges тогда не существовала. По крайней мере о ней не было и

---

[26] вдова (франц.).

помину. Де-Грие - Де-Грие тоже не было. Я питаю глубокое убеждение, что они не только не родня между собой, но даже и знакомы весьма недавно. Маркизом Де-Грие стал тоже весьма недавно - я в этом уверен по одному обстоятельству. Даже можно предположить, что он и Де-Грие стал называться недавно. Я знаю здесь одного человека, встречавшего его и под другим именем.

- Но ведь он имеет действительно солидный круг знакомства?

- О, это может быть. Даже mademoiselle Blanche его может иметь. Но третьего года mademoiselle Blanche, по жалобе этой самой баронессы, получила приглашение от здешней полиции покинуть город и покинула его.

- Как так?

- Она появилась тогда здесь сперва с одним итальянцем, каким-то князем, с историческим именем что-то вроде Барберини или что-то похожее. Человек весь в перстнях и бриллиантах, и даже не фальшивых. Они ездили в удивительном экипаже. Mademoiselle Blanche играла в trente et quarante сначала хорошо, потом ей стало сильно изменять счастие; так я припоминаю. Я помню, в один вечер она проиграла чрезвычайную сумму. Но всего хуже, что un beau matin[27] ее князь исчез неизвестно куда; исчезли и лошади, и экипаж - всё исчезло. Долг в отеле ужасный. Mademoiselle Зельма (вместо Барберини она вдруг обратилась в mademoiselle Зельму) была в последней степени отчаяния. Она выла и визжала на весь отель и разорвала в бешенстве свое платье. Тут же в отеле стоял один польский граф (все путешествующие поляки - графы), и mademoiselle Зельма, разрывавшая свои платья и царапавшая, как кошка, свое лицо своими прекрасными, вымытыми в духах руками, произвела на него некоторое впечатление. Они переговорили, и к обеду она утешилась. Вечером он появился с ней под руку в воксале. Mademoiselle Зельма смеялась, по своему обыкновению, весьма громко, и в манерах ее оказалось несколько более развязности. Она поступила прямо в тот разряд играющих на рулетке дам, которые, подходя к столу, изо всей силы отталкивают плечом игрока, чтобы очистить себе место. Это особенный здесь шик у этих дам. Вы их, конечно, заметили?

- О, да.

- Не стоит и замечать. К досаде порядочной публики, они здесь не переводятся, по крайней мере те из них, которые меняют каждый день у стола тысячефранковые билеты. Впрочем, как только они перестают менять билеты, их тотчас просят удалиться. Mademoiselle Зельма еще продолжала менять билеты, но игра ее шла еще несчастливее. Заметьте

---

[27] в одно прекрасное утро (франц.).

себе, что эти дамы весьма часто играют счастливо; у них удивительное владение собою. Впрочем, история моя кончена. Однажды, точно так же как и князь, исчез и граф. Mademoiselle Зельма явилась вечером играть уже одна; на этот раз никто не явился предложить ей руку. В два дня она проигралась окончательно. Поставив последний луидор и проиграв его, она осмотрелась кругом и увидела подле себя барона Вурмергельма, который очень внимательно и с глубоким негодованием ее рассматривал. Но mademoiselle Зельма не разглядела негодования и, обратившись к барону с известной улыбкой, попросила поставить за нее на красную десять луидоров. Вследствие этого, по жалобе баронессы, она к вечеру получила приглашение не показываться более в воксале. Если вы удивляетесь, что мне известны все эти мелкие и совершенно неприличные подробности, то это потому, что слышал я их окончательно от мистера Фидера, одного моего родственника, который в тот же вечер увез в своей коляске mademoiselle Зельму из Рулетенбурга в Спа. Теперь поймите: mademoiselle Blanche хочет быть генеральшей, вероятно для того, чтобы впредь не получать таких приглашений, как третьего года от полиции воксала. Теперь она уже не играет; но это потому, что теперь у ней по всем признакам есть капитал, который она ссужает здешним игрокам на проценты. Это гораздо расчетливее. Я даже подозреваю, что ей должен и несчастный генерал. Может быть, должен и Де-Грие. Может быть, Де-Грие с ней в компании. Согласитесь сами, что, по крайней мере до свадьбы, она бы не желала почему-либо обратить на себя внимание баронессы и барона. Одним словом, в ее положении ей всего менее выгоден скандал. Вы же связаны с их домом, и ваши поступки могли возбудить скандал, тем более что она каждодневно является в публике под руку с генералом или с мисс Полиною. Теперь понимаете?

- Нет, не понимаю! - вскричал я, изо всей силы стукнув по столу так, что garçon[28] прибежал в испуге.

- Скажите, мистер Астлей, - повторил я в исступлении, - если вы уже знали всю эту историю, а следственно знаете наизусть, что такое mademoiselle Blanche de Cominges, то каким образом не предупредили вы хоть меня, самого генерала, наконец, а главное, мисс Полину, которая показывалась здесь в воксале, в публике, с mademoiselle Blanche под руку? Разве это возможно?

- Вас предупреждать мне было нечего, потому что вы ничего не могли сделать, - спокойно отвечал мистер Астлей. - А впрочем, и о чем предупреждать? Генерал, может быть, знает о mademoiselle Blanche еще более, чем я, и все-таки прогуливается с нею и с мисс Полиной. Генерал -

---

[28] официант (франц.).

несчастный человек. Я видел вчера, как mademoiselle Blanche скакала на прекрасной лошади с monsieur Де-Грие и с этим маленьким русским князем, а генерал скакал за ними на рыжей лошади. Он утром говорил, что у него болят ноги, но посадка его была хороша. И вот в это-то мгновение мне вдруг пришло на мысль, что это совершенно погибший человек. К тому же всё это не мое дело, и я только недавно имел честь узнать мисс Полину. А впрочем (спохватился вдруг мистер Астлей), я уже сказал вам, что не могу признать ваши права на некоторые вопросы, несмотря на то, что искренно вас люблю...

- Довольно, - сказал я, вставая, - теперь мне ясно, как день, что и мисс Полине всё известно о mademoiselle Blanche, но что она не может расстаться со своим французом, а потому и решается гулять с mademoiselle Blanche. Поверьте, что никакие другие влияния не заставили бы ее гулять с mademoiselle Blanche и умолять меня в записке не трогать барона. Тут именно должно быть это влияние, пред которым всё склоняется! И, однако, ведь она же меня и напустила на барона! Черт возьми, тут ничего не разберешь!

- Вы забываете, во-первых, что эта mademoiselle de Cominges - невеста генерала, а во-вторых, что у мисс Полины, падчерицы генерала, есть маленький брат и маленькая сестра, родные дети генерала, уж совершенно брошенные этим сумасшедшим человеком, а кажется, и ограбленные.

- Да, да! это так! уйти от детей - значит уж совершенно их бросить, остаться - значит защитить их интересы, а может быть, и спасти клочки имения. Да, да, всё это правда! Но все-таки, все-таки! О, я понимаю, почему все они так теперь интересуются бабуленькой!

- О ком? - спросил мистер Астлей.

- О той старой ведьме в Москве, которая не умирает и о которой ждут телеграммы, что она умрет.

- Ну да, конечно, весь интерес в ней соединился. Всё дело в наследстве! Объявится наследство, и генерал женится; мисс Полина будет тоже развязана, а Де-Грие...

- Ну, а Де-Грие?

- А Де-Грие будут заплачены деньги; он того только здесь и ждет.

- Только! вы думаете, только этого и ждет?

- Более я ничего не знаю, - упорно замолчал мистер Астлей.

- А я знаю, я знаю! - повторил я в ярости, - он тоже ждет наследства, потому что Полина получит приданое, а получив деньги, тотчас кинется ему на шею. Все женщины таковы! И самые гордые из них - самыми-то пошлыми рабами и выходят! Полина способна только страстно любить и больше ничего! Вот мое мнение о ней! Поглядите на нее, особенно когда она сидит одна, задумавшись... это - что-то предназначенное, приговоренное, проклятое! Она способна на все ужасы жизни и страсти... она... она... но кто это зовет меня? - воскликнул я вдруг. - Кто кричит? Я слышал, закричали по-русски: "Алексей Иванович!" Женский голос, слышите, слышите!

В это время мы подходили к нашему отелю. Мы давно уже, почти не замечая того, оставили кафе.

- Я слышал женские крики, но не знаю, кого зовут; это по-русски; теперь я вижу, откуда крики, - указывал мистер Астлей, - это кричит та женщина, которая сидит в большом кресле и которую внесли сейчас на крыльцо столько лакеев. Сзади несут чемоданы, значит, только что приехал поезд.

- Но почему она зовет меня? Она опять кричит; смотрите, она нам машет.

- Я вижу, что она машет, - сказал мистер Астлей.

- Алексей Иванович! Алексей Иванович! Ах, господи, что это за олух! - раздавались отчаянные крики с крыльца отеля.

Мы почти побежали к подъезду. Я вступил на площадку и... руки мои опустились от изумления, а ноги так и приросли к камню.

Глава IX

На верхней площадке широкого крыльца отеля, внесенная по ступеням в креслах и окруженная слугами, служанками и многочисленною подобострастною челядью отеля, в присутствии самого обер-кельнера, вышедшего встретить высокую посетительницу, приехавшую с таким треском и шумом, с собственною прислугою и с столькими баулами и чемоданами, восседала - бабушка! Да, это была она сама, грозная и богатая, семидесятипятилетняя Антонида Васильевна Тарасевичева, помещица и московская барыня, la baboulinka, о которой пускались и получались телеграммы, умиравшая и не умершая и которая вдруг сама, собственнолично, явилась к нам как снег на голову.

Она явилась, хотя и без ног, носимая, как и всегда, во все последние пять лет, в креслах, но, по обыкновению своему, бойкая, задорная, самодовольная, прямо сидящая, громко и повелительно кричащая, всех бранящая, - ну точь-в-точь такая, как я имел честь видеть ее раза два, с того времени как определился в генеральский дом учителем. Естественно, что я стоял пред нею истуканом от удивления. Она же разглядела меня своим рысьим взглядом еще за сто шагов, когда ее вносили в креслах, узнала и кликнула меня по имени и отчеству, что тоже, по обыкновению своему, раз навсегда запомнила. "И эдакую-то ждали видеть в гробу, схороненную и оставившую наследство, - пролетело у меня в мыслях, - да она всех нас и весь отель переживет! Но, боже, что ж это будет теперь с нашими, что будет теперь с генералом! Она весь отель теперь перевернет на сторону!"

- Ну что ж ты, батюшка, стал предо мною, глаза выпучил! - продолжала кричать на меня бабушка, - поклониться-поздороваться не умеешь, что ли? Аль загордился, не хочешь? Аль, может, не узнал? Слышишь, Потапыч, - обратилась она к седому старичку, во фраке, в белом галстуке и с розовой лысиной, своему дворецкому, сопровождавшему ее в вояже, - слышишь, не узнаёт! Схоронили! Телеграмму за телеграммою посылали: умерла али не умерла? Ведь я всё знаю! А я, вот видишь, и живехонька.

- Помилуйте, Антонида Васильевна, с чего мне-то вам худого желать? - весело отвечал я очнувшись, - я только был удивлен... Да и как же не подивиться, так неожиданно...

- А что тебе удивительного? Села да поехала. В вагоне покойно, толчков нет. Ты гулять ходил, что ли?

- Да, прошелся к воксалу.

- Здесь хорошо, - сказала бабушка, озираясь, - тепло и деревья богатые. Это я люблю! Наши дома? Генерал?

- О! дома, в этот час, наверно, все дома.

- А у них и здесь часы заведены и все церемонии? Тону задают. Экипаж, я слышала, держат, les seigneurs russes![29] Просвистались, так и за границу! И Прасковья с ним?

- И Полина Александровна тоже.

- И французишка? Ну да сама всех увижу. Алексей Иванович, показывай дорогу, прямо к нему. Тебе-то здесь хорошо ли?

- Так себе, Антонида Васильевна.

- А ты, Потапыч, скажи этому олуху, кельнеру, чтоб мне удобную квартиру отвели, хорошую, не высоко, туда и вещи сейчас перенеси. Да чего всем-то соваться меня нести? Чего они лезут? Экие рабы! Это кто с тобой? - обратилась она опять ко мне.

- Это мистер Астлей, - отвечал я.

- Какой такой мистер Астлей?

- Путешественник, мой добрый знакомый; знаком и с генералом.

- Англичанин. То-то он уставился на меня и зубов не разжимает. Я, впрочем, люблю англичан. Ну, тащите наверх, прямо к ним на квартиру; где они там?

---

[29] русские вельможи! (франц.).

Бабушку понесли; я шел впереди по широкой лестнице отеля. Шествие наше было очень эффектное. Все, кто попадались, - останавливались и смотрели во все глаза. Наш отель считался самым лучшим, самым дорогим и самым аристократическим на водах. На лестнице и в коридорах всегда встречаются великолепные дамы и важные англичане. Многие осведомлялись внизу у обер-кельнера, который, с своей стороны, был глубоко поражен. Он, конечно, отвечал всем спрашивавшим, что это важная иностранка, une russe, une comtesse, grande dame[30] и что она займет то самое помещение, которое за неделю тому назад занимала la grande duchesse de N[31]. Повелительная и властительная наружность бабушки, возносимой в креслах, была причиною главного эффекта. При встрече со всяким новым лицом она тотчас обмеривала его любопытным взглядом и о всех громко меня расспрашивала. Бабушка была из крупной породы, и хотя и не вставала с кресел, но предчувствовалось, глядя на нее, что она весьма высокого роста. Спина ее держалась прямо, как доска, и не опиралась на кресло. Седая, большая ее голова, с крупными и резкими чертами лица, держалась вверх; глядела она как-то даже заносчиво и с вызовом; и видно было, что взгляд и жесты ее совершенно натуральны. Несмотря на семьдесят пять лет, лицо ее было довольно свежо и даже зубы не совсем пострадали. Одета она была в черном шелковом платье и в белом чепчике.

- Она чрезвычайно интересует меня, - шепнул мне, подымаясь рядом со мною, мистер Астлей.

"О телеграммах она знает, - подумал я, - Де-Грие ей тоже известен, но mademoiselle Blanche еще, кажется, мало известна". Я тотчас же сообщил об этом мистеру Астлею.

Грешный человек! только что прошло мое первое удивление, я ужасно обрадовался громовому удару, который мы произведем сейчас у генерала. Меня точно что подзадоривало, и я шел впереди чрезвычайно весело.

Наши квартировали в третьем этаже; я не докладывал и даже не постучал в дверь, а просто растворил ее настежь, и бабушку внесли с триумфом. Все они были, как нарочно, в сборе, в кабинете генерала. Было двенадцать часов, и, кажется, проектировалась какая-то поездка, - одни сбирались в колясках, другие верхами, всей компанией; кроме того, были еще приглашенные из знакомых. Кроме генерала, Полины с детьми, их нянюшки, находились в кабинете: Де-Грие, mademoiselle Blanche, опять в амазонке, ее мать madame veuve Cominges, маленький князь и еще какой-то ученый путешественник, немец, которого я видел у них еще в первый раз. Кресла с бабушкой прямо опустили посредине кабинета, в трех шагах

---

[30] русская, графиня, важная дама (франц.).
[31] великая княгиня де Н. (франц.).

от генерала. Боже, никогда не забуду этого впечатления! Пред нашим входом генерал что-то рассказывал, а Де-Грие его поправлял. Надо заметить, что mademoiselle Blanche и Де-Грие вот уже два-три дня почему-то очень ухаживали за маленьким князем - à la barbe du pauvre général[32], 1 и компания хоть, может быть, и искусственно, но была настроена на самый веселый и радушно-семейный тон. При виде бабушки генерал вдруг остолбенел, разинул рот и остановился на полслове. Он смотрел на нее, выпучив глаза, как будто околдованный взглядом василиска. Бабушка смотрела на него тоже молча, неподвижно, - но что это был за торжествующий, вызывающий и насмешливый взгляд! Они просмотрели так друг на друга секунд десять битых, при глубоком молчании всех окружающих. Де-Грие сначала оцепенел, но скоро необыкновенное беспокойство замелькало в его лице. Mademoiselle Blanche подняла брови, раскрыла рот и дико разглядывала бабушку. Князь и ученый в глубоком недоумении созерцали всю эту картину. Во взгляде Полины выразилось чрезвычайное удивление и недоумение, но вдруг она побледнела, как платок; чрез минуту кровь быстро ударила ей в лицо и залила ей щеки. Да, это была катастрофа для всех! Я только и делал, что переводил мои взгляды от бабушки на всех окружающих и обратно. Мистер Астлей стоял в стороне, по своему обыкновению, спокойно и чинно.

- Ну, вот и я! Вместо телеграммы-то! - разразилась наконец бабушка, прерывая молчание. - Что, не ожидали?

- Антонида Васильевна... тетушка... но каким же образом... - пробормотал несчастный генерал. Если бы бабушка не заговорила еще несколько секунд, то, может быть, с ним был бы удар.

- Как каким образом? Села да поехала. А железная-то дорога на что? А вы все думали: я уж ноги протянула и вам наследство оставила? Я ведь знаю, как ты отсюда телеграммы-то посылал. Денег-то что за них переплатил, я думаю. Отсюда не дешево. А я ноги на плечи, да и сюда. Это тот француз? Monsieur Де-Грие, кажется?

- Oui, madame, - подхватил Де-Грие, - et croyez, je suis si enchanté... votre santé... c'est un miracle... vous voir ici, une surprise charmante[33]...

- То-то charmante; знаю я тебя, фигляр ты эдакой, да я-то тебе вот на столечко не верю! - и она указала ему свой мизинец. - Это кто такая, - обратилась она, указывая на mademoiselle Blanche. Эффектная француженка, в амазонке, с хлыстом в руке, видимо, ее поразила. - Здешняя, что ли?

---

[32] под носом у бедного генерала (франц.).

[33] Да, сударыня... И поверьте, я в таком восторге... ваше здоровье... это чудо... видеть вас здесь... прелестный сюрприз (франц.).

- Это mademoiselle Blanche de Cominges, а вот и маменька ее madame de Cominges; они квартируют в здешнем отеле, - доложил я.

- Замужем дочь-то? - не церемонясь, расспрашивала бабушка.

- Mademoiselle de Cominges девица, - отвечал я как можно почтительнее и нарочно вполголоса.

- Веселая?

Я было не понял вопроса.

- Не скучно с нею? По-русски понимает? Вот Де-Грие у нас в Москве намастачился по-нашему-то, с пятого на десятое.

Я объяснил ей, что mademoiselle de Cominges никогда не была в России.

- Bonjour![34] - сказала бабушка, вдруг резко обращаясь к mademoiselle Blanche.

- Bonjour, madame, - церемонно и изящно присела mademoiselle Blanche, поспешив, под покровом необыкновенной скромности и вежливости, выказать всем выражением лица и фигуры чрезвычайное удивление к такому странному вопросу и обращению.

- О, глаза опустила, манерничает и церемонничает; сейчас видна птица; актриса какая-нибудь. Я здесь в отеле внизу остановилась, - обратилась она вдруг к генералу, - соседка тебе буду; рад или не рад?

- О тетушка! Поверьте искренним чувствам... моего удовольствия, - подхватил генерал. Он уже отчасти опомнился, а так как при случае он умел говорить удачно, важно и с претензиею на некоторый эффект, то принялся распространяться и теперь. - Мы были так встревожены и поражены известиями о вашем нездоровье... Мы получали такие безнадежные телеграммы, и вдруг...

- Ну, врешь, врешь! - перебила тотчас бабушка.

- Но каким образом, - тоже поскорей перебил и возвысил голос генерал, постаравшись не заметить этого "врешь", - каким образом вы, однако, решились на такую поездку? Согласитесь сами, что в ваших летах и при вашем здоровье... по крайней мере всё это так неожиданно, что понятно наше удивление. Но я так рад... и мы все (он начал умильно и восторженно улыбаться) постараемся изо всех сил сделать вам здешний сезон наиприятнейшим препровождением...

- Ну, довольно; болтовня пустая; нагородил по обыкновению; я и сама сумею прожить. Впрочем, и от вас не прочь; зла не помню. Каким образом, ты спрашиваешь. Да что тут удивительного? Самым простейшим образом. И чего они все удивляются. Здравствуй, Прасковья. Ты здесь что делаешь?

---

[34] Здравствуйте (франц.).

- Здравствуйте, бабушка, - сказала Полина, приближаясь к ней, - давно ли в дороге?

- Ну, вот эта умнее всех спросила, а то: ах да ах! Вот видишь ты: лежала-лежала, лечили-лечили, я докторов прогнала и позвала пономаря от Николы. Он от такой же болезни сенной трухой одну бабу вылечил. Ну, и мне помог; на третий день вся вспотела и поднялась. Потом опять собрались мои немцы, надели очки и стали рядить: "Если бы теперь, говорят, за границу на воды и курс взять, так совсем бы завалы прошли". А почему же нет, думаю? Дурь-Зажигины разахались: "Куда вам, говорят, доехать!". Ну, вот-те на! В один день собралась и на прошлой неделе в пятницу взяла девушку, да Потапыча, да Федора лакея, да этого Федора из Берлина и прогнала, потому: вижу, совсем его не надо, и одна-одинешенька доехала бы... Вагон беру особенный, а носильщики на всех станциях есть, за двугривенный куда хочешь донесут. Ишь вы квартиру нанимаете какую! - заключила она осматриваясь. - Из каких это ты денег, батюшка? Ведь всё у тебя в залоге. Одному этому французишке что должен деньжищ-то! Я ведь всё знаю, всё знаю!

- Я, тетушка... - начал генерал, весь сконфузившись, - я удивляюсь, тетушка... я, кажется, могу и без чьего-либо контроля... притом же мои расходы не превышают моих средств, и мы здесь...

- У тебя-то не превышают? сказал! У детей-то, должно быть, последнее уж заграбил, опекун!

- После этого, после таких слов... - начал генерал в негодовании, - я уже и не знаю...

- То-то не знаешь! небось здесь от рулетки не отходишь? Весь просвистался?

Генерал был так поражен, что чуть не захлебнулся от прилива взволнованных чувств своих.

- На рулетке! Я? При моем значении... Я? Опомнитесь, тетушка, вы еще, должно быть, нездоровы...

- Ну, врешь, врешь; небось оттащить не могут; всё врешь! Я вот посмотрю, что это за рулетка такая, сегодня же. Ты, Прасковья, мне расскажи, где что здесь осматривают, да вот и Алексей Иванович покажет, а ты, Потапыч, записывай все места, куда ехать. Что здесь осматривают? - обратилась вдруг она опять к Полине.

- Здесь есть близко развалины замка, потом Шлангенберг.

- Что это Шлангенберг? Роща, что ли?

- Нет, не роща, это гора; там пуант...

- Какой такой пуант?

- Самая высшая точка на горе, огороженное место. Оттуда вид бесподобный.

- Это на гору-то кресла тащить? Встащат аль нет?

- О, носильщиков сыскать можно, - отвечал я.

В это время подошла здороваться к бабушке Федосья, нянюшка, и подвела генеральских детей.

- Ну, нечего лобызаться! Не люблю целоваться с детьми: все дети сопливые. Ну, ты как здесь, Федосья?

- Здесь очинно, очинно хорошо, матушка Антонида Васильевна, - ответила Федосья. - Как вам-то было, матушка? Уж мы так про вас изболезновались.

- Знаю, ты-то простая душа. Это что у вас, всё гости, что ли? - обратилась она опять к Полине. - Это кто плюгавенький-то, в очках?

- Князь Нильский, бабушка, - прошептала ей Полина.

- А русский? А я думала, не поймет! Не слыхал, может быть! Мистера Астлея я уже видела. Да вот он опять, - увидала его бабушка, - здравствуйте! - обратилась она вдруг к нему.

Мистер Астлей молча ей поклонился.

- Ну, что вы мне скажете хорошего? Скажите что-нибудь! Переведи ему это, Полина. Полина перевела.

- То, что я гляжу на вас с большим удовольствием и радуюсь, что вы в добром здоровье, - серьезно, но с чрезвычайною готовностью ответил мистер Астлей. Бабушке перевели, и ей, видимо, это понравилось.

- Как англичане всегда хорошо отвечают, - заметила она. - Я почему-то всегда любила англичан, сравнения нет с французишками! Заходите ко мне, - обратилась она опять к мистеру Астлею. - Постараюсь вас не очень обеспокоить. Переведи это ему, да скажи ему, что я здесь внизу, здесь внизу, - слышите, внизу, внизу, - повторяла она мистеру Астлею, указывая пальцем вниз.

Мистер Астлей был чрезвычайно доволен приглашением.

Бабушка внимательным и довольным взглядом оглядела с ног до головы Полину.

- Я бы тебя, Прасковья, любила, - вдруг сказала она, - девка ты славная, лучше их всех, да характеришко у тебя - ух! Ну да и у меня характер; повернись-ка; это у тебя не накладка в волосах-то?

- Нет, бабушка, свои.

- То-то, не люблю теперешней глупой моды. Хороша ты очень. Я бы в тебя влюбилась, если б была кавалером. Чего замуж-то не выходишь? Но, однако, пора мне. И погулять хочется, а то всё вагон да вагон... Ну что ты, всё еще сердишься? - обратилась она к генералу.

- Помилуйте, тетушка, полноте! - спохватился обрадованный генерал, - я понимаю, в ваши лета...

- Cette vieille est tombée en enfance[35], - шепнул мне Де-Грие.

- Я вот всё хочу здесь рассмотреть. Ты мне Алексея Ивановича-то уступишь? - продолжала бабушка генералу.

- О, сколько угодно, но я и сам... и Полина и monsieur Де-Грие... мы все, все сочтем за удовольствие вас сопутствовать...

- Mais, madame, cela sera un plaisir[36], - подвернулся Де-Грие с обворожительной улыбкой.

- То-то, plaisir. Смешон ты мне, батюшка. Денег-то я тебе, впрочем, не дам, - прибавила она вдруг генералу. - Ну, теперь в мой номер: осмотреть надо, а потом и отправимся по всем местам. Ну, подымайте.

Бабушку опять подняли, и все отправились гурьбой, вслед за креслами, вниз по лестнице. Генерал шел, как будто ошеломленный ударом дубины по голове. Де-Грие что-то соображал. Mademoiselle Blanche хотела было остаться, но почему-то рассудила тоже пойти со всеми. За нею тотчас же отправился и князь, и наверху, в квартире генерала, остались только немец и madame veuve Cominges.

Глава X

На водах - да, кажется, и во всей Европе - управляющие отелями и обер-кельнеры при отведении квартир посетителям руководствуются не столько требованиями и желаниями их, сколько собственным личным своим на них взглядом; и, надо заметить, редко ошибаются. Но бабушке, уж неизвестно почему, отвели такое богатое помещение, что даже пересолили: четыре великолепно убранные комнаты, с ванной, помещениями для прислуги, особой комнатой для камеристки и прочее, и прочее. Действительно, в этих комнатах неделю тому назад останавливалась какая-то grande duchesse, о чем, конечно, тотчас же и объявлялось новым посетителям, для придания еще большей цены квартире. Бабушку пронесли, или лучше сказать, прокатили по всем комнатам, и она внимательно и строго оглядывала их. Обер-кельнер, уже пожилой человек, с плешивой головой, почтительно сопровождал ее при этом первом осмотре.

Не знаю, за кого они все приняли бабушку, но, кажется, за чрезвычайно важную и, главное, богатейшую особу. В книгу внесли

---

[35] Эта старуха впала в детство (франц.).

[36] Но, сударыня, это будет удовольствие (франц.).

тотчас: "Madame la générale princesse de Tarassevitcheva"[37], хотя бабушка никогда не была княгиней. Своя прислуга, особое помещение в вагоне, бездна ненужных баулов, чемоданов и даже сундуков, прибывших с бабушкой, вероятно, послужили началом престижа; а кресла, резкий тон и голос бабушки, ее эксцентрические вопросы, делаемые с самым не стесняющимся и не терпящим никаких возражений видом, одним словом, вся фигура бабушки - прямая, резкая, повелительная, - довершали всеобщее к ней благоговение. При осмотре бабушка вдруг иногда приказывала останавливать кресла, указывала на какую-нибудь вещь в меблировке и обращалась с неожиданными вопросами к почтительно улыбавшемуся, но уже начинавшему трусить обер-кельнеру. Бабушка предлагала вопросы на французском языке, на котором говорила, впрочем, довольно плохо, так что я обыкновенно переводил. Ответы обер-кельнера большею частию ей не нравились и казались неудовлетворительными. Да и она-то спрашивала всё как будто не об деле, а бог знает о чем. Вдруг, например, остановилась пред картиною - довольно слабой копией с какого-то известного оригинала с мифологическим сюжетом.

- Чей портрет?

Обер-кельнер объявил, что, вероятно, какой-нибудь графини.

- Как же ты не знаешь? Здесь живешь, а не знаешь. Почему он здесь? Зачем глаза косые?

На все эти вопросы обер-кельнер удовлетворительно отвечать не мог и даже потерялся.

- Вот болван-то! - отозвалась бабушка по-русски. Ее понесли далее. Та же история повторилась с одной саксонской статуэткой, которую бабушка долго рассматривала и потом велела вынесть, неизвестно за что.

Наконец пристала к обер-кельнеру: что стоили ковры в спальне и где их ткут? Обер-кельнер обещал справиться.

- Вот ослы-то! - ворчала бабушка и обратила всё свое внимание на кровать.

- Эдакий пышный балдахин! Разверните его. s Постель развернули.

- Еще, еще, всё разверните. Снимите подушки, наволочки, подымите перину.

Всё перевернули. Бабушка осмотрела внимательно.

- Хорошо, что у них клопов нет. Всё белье долой! Постлать мое белье и мои подушки. Однако всё это слишком пышно, куда мне, старухе, такую квартиру: одной скучно. Алексей Иванович, ты бывай ко мне чаще, когда детей перестанешь учить.

---

[37] Госпожа генеральша, княгиня Тарасевичева (франц.).

- Я со вчерашнего дня не служу более у генерала, - ответил я, - и живу в отеле совершенно сам по себе.

- Это почему так?

- На днях приехал сюда один знатный немецкий барон с баронессой, супругой, из Берлина. Я вчера, на гулянье, заговорил с ним по-немецки, не придерживаясь берлинского произношения.

- Ну, так что же?

- Он счел это дерзостью и пожаловался генералу, а генерал вчера же уволил меня в отставку.

- Да что ж ты обругал, что ли, его, барона-то? (Хоть бы и обругал, так ничего!)

- О нет. Напротив, барон на меня палку поднял.

- И ты, слюняй, позволил так обращаться с своим учителем, - обратилась она вдруг к генералу, - да еще его с места прогнал! Колпаки вы, - все колпаки, как я вижу.

- Не беспокойтесь, тетушка, - отвечал генерал с некоторым высокомерно-фамильярным оттенком, - я сам умею вести мои дела. К тому же Алексей Иванович не совсем вам верно передал.

- А ты так и снес? - обратилась она ко мне.

- Я хотел было на дуэль вызвать барона, - отвечал я как можно скромнее и спокойнее, - да генерал воспротивился.

- Это зачем ты воспротивился? - опять обратилась бабушка к генералу. (А ты, батюшка, ступай, придешь, когда позовут, - обратилась она тоже и к обер-кельнеру, - нечего разиня-то рот стоять. Терпеть не могу эту харю нюрнбергскую!) - Тот откланялся и вышел, конечно, не поняв комплимента бабушки.

- Помилуйте, тетушка, разве дуэли возможны? - отвечал с усмешкой генерал.

- А почему невозможны? Мужчины все петухи; вот бы и дрались. Колпаки вы все, как я вижу, не умеете отечества своего поддержать. Ну, подымите! Потапыч, распорядись, чтоб всегда были готовы два носильщика, найми и уговорись. Больше двух не надо. Носить приходится только по лестницам, а по гладкому, по улице - катить, так и расскажи; да заплати еще им вперед, почтительнее будут. Ты же сам будь всегда при мне, а ты, Алексей Иванович, мне этого барона покажи на гулянье: какой такой фон-барон, хоть бы поглядеть на него. Ну, где же эта рулетка?

Я объяснил, что рулетки расположены в воксале, в залах. Затем последовали вопросы: много ли их? много ль играют? целый ли день играют? как устроены? Я отвечал, наконец, что всего лучше осмотреть это собственными глазами, а что так описывать довольно трудно.

- Ну, так и нести прямо туда! Иди вперед, Алексей Иванович!

- Как, неужели, тетушка, вы даже и не отдохнете с дороги? - заботливо спросил генерал. Он немного как бы засуетился, да и все они как-то замешались и стали переглядываться. Вероятно, им было несколько щекотливо, даже стыдно сопровождать бабушку прямо в воксал, где она, разумеется, могла наделать каких-нибудь эксцентричностей, но уже публично; между тем все они сами вызвались сопровождать ее.

- А чего мне отдыхать? Не устала; и без того пять дней сидела. А потом осмотрим, какие тут ключи и воды целебные и где они. А потом... как этот, - ты сказала, Прасковья, - пуант, что ли?

- Пуант, бабушка.

- Ну пуант, так пуант. А еще что здесь есть?

- Тут много предметов, бабушка, - затруднилась было Полина.

- Ну, сама не знаешь! Марфа, ты тоже со мной пойдешь, - сказала она своей камеристке.

- Но зачем же ей-то, тетушка? - захлопотал вдруг генерал, - и, наконец, это нельзя; и Потапыча вряд ли в самый воксал пустят.

- Ну, вздор! Что она слуга, так и бросить ее! Тоже ведь живой человек; вот уж неделю по дорогам рыщем, тоже и ей посмотреть хочется. С кем же ей, кроме меня? Одна-то и нос на улицу показать не посмеет.

- Но, бабушка...

- Да тебе стыдно, что ли, со мной? Так оставайся дома, не спрашивают. Ишь, какой генерал; я и сама генеральша. Да и чего вас такой хвост за мной, в самом деле, потащится? Я и с Алексеем Ивановичем всё осмотрю...

Но Де-Грие решительно настоял, чтобы всем сопутствовать, и пустился в самые любезные фразы насчет удовольствия ее сопровождать и прочее. Все тронулись.

- Elle est tombée en enfance, - повторял Де-Грие генералу, - seule elle fera des bêtises[38]... Далее я не расслышал, но у него, очевидно, были какие-то намерения, а может быть, даже возвратились и надежды.

До воксала было с полверсты. Путь наш шел по каштановой аллее, до сквера, обойдя который вступали прямо в воксал. Генерал несколько успокоился, потому что шествие наше хотя и было довольно эксцентрично, но тем не менее было чинно и прилично. Да и ничего удивительного не было в том факте, что на водах явился больной и расслабленный человек, без ног. Но, очевидно, генерал боялся воксала: зачем больной человек, без ног, да еще старушка, пойдет на рулетку? Полина и mademoiselle Blanche шли обе по сторонам, рядом с катившимся креслом. Mademoiselle Blanche смеялась, была скромно весела и даже весьма любезно заигрывала иногда с бабушкой, так что та ее наконец

---

[38] одна она наделает глупостей (франц).

похвалила. Полина, с другой стороны, обязана была отвечать на поминутные и бесчисленные вопросы бабушки, вроде того: кто это прошел? какая это проехала? велик ли город? велик ли сад? это какие деревья? это какие горы? летают ли тут орлы? какая это смешная крыша? Мистер Астлей шел рядом со мной и шепнул мне, что многого ожидает в это утро. Потапыч и Марфа шли сзади, сейчас за креслами, - Потапыч в своем фраке, в белом галстухе, но в картузе, а Марфа - сорокалетняя, румяная, но начинавшая уже седеть девушка - в чепчике, в ситцевом платье и в скрипучих козловых башмаках. Бабушка весьма часто к ним оборачивалась и с ними заговаривала. Де-Грие и генерал немного отстали и говорили о чем-то с величайшим жаром. Генерал был очень уныл; Де-Грие говорил с видом решительным. Может быть, он генерала ободрял; очевидно, что-то советовал. Но бабушка уже произнесла давеча роковую фразу: "Денег я тебе не дам". Может быть, для Де-Грие это известие казалось невероятным, но генерал знал свою тетушку. Я заметил, что Де-Грие и mademoiselle Blanche продолжали перемигиваться. Князя и немца-путешественника я разглядел в самом конце аллеи: они отстали и куда-то ушли от нас.

В воксал мы прибыли с триумфом. В швейцаре и в лакеях обнаружилась та же почтительность, как и в прислуге отеля. Смотрели они, однако, с любопытством. Бабушка сначала велела обнести себя по всем залам; иное похвалила, к другому осталась совершенно равнодушна; обо всем расспрашивала. Наконец дошли и до игорных зал. Лакей, стоявший у запертых дверей часовым, как бы пораженный, вдруг отворил двери настежь.

Появление бабушки у рулетки произвело глубокое впечатление на публику. За игорными рулеточными столами и на другом конце залы, где помещался стол с trente et quarante, толпилось, может быть, полтораста или двести игроков, в несколько рядов. Те, которые успевали протесниться к самому столу, по обыкновению, стояли крепко и не упускали своих мест до тех пор, пока не проигрывались; ибо так стоять простыми зрителями и даром занимать игорное место не позволено. Хотя кругом стола и уставлены стулья, но немногие из игроков садятся, особенно при большом стечении публики, потому что стоя можно установиться теснее и, следовательно, выгадать место, да и ловчее ставить. Второй и третий ряды теснились за первыми, ожидая и наблюдая свою очередь; но в нетерпении просовывали иногда чрез первый ряд руку, чтоб поставить свои куши. Даже из третьего ряда изловчались таким образом просовывать ставки; от этого не проходило десяти и даже пяти минут, чтоб на каком-нибудь конце стола не началась "история" за спорные ставки. Полиция воксала, впрочем, довольно хороша. Тесноты, конечно, избежать нельзя; напротив, наплыву публики рады, потому что это выгодно; но восемь круперов, сидящих кругом стола, смотрят во все глаза за ставками, они же и рассчитываются, а при возникающих спорах они же их и разрешают. В крайних же случаях зовут полицию, и дело кончается в минуту. Полицейские помещаются тут же в зале, в партикулярных платьях, между зрителями, так что их и узнать нельзя. Они особенно смотрят за воришками и промышленниками, которых на рулетках особенно много, по необыкновенному удобству промысла. В самом деле, везде в других местах воровать приходится из карманов и из-под замков, а это, в случае неудачи, очень хлопотливо оканчивается. Тут же, просто-запросто, стоит только к рулетке подойти, начать играть и вдруг, явно и гласно, взять чужой выигрыш и положить в свой карман; если же затеется спор, то мошенник вслух и громко настаивает, что ставка - его собственная. Если дело сделано ловко и свидетели колеблются, то вор очень часто успевает оттягать деньги себе, разумеется если сумма не очень значительная. В последнем случае она, наверное, бывает замечена круперами или кем-нибудь из других игроков еще прежде. Но если сумма не так значительна, то настоящий хозяин даже иногда просто отказывается продолжать спор, совестясь скандала, и отходит. Но если успевают вора изобличить, то тотчас же выводят со скандалом.

На всё это бабушка смотрела издали, с диким любопытством. Ей очень понравилось, что воришек выводят. Trente et quarante мало возбудило ее любопытство; ей больше понравилась рулетка и что катается шарик. Она пожелала, наконец, разглядеть игру поближе. Не понимаю, как это случилось, но лакеи и некоторые другие суетящиеся агенты (преимущественно проигравшиеся полячки, навязывающие свои услуги счастливым игрокам и всем иностранцам) тотчас нашли и очистили бабушке место, несмотря на всю эту тесноту, у самой средины стола, подле главного крупера, и подкатили туда ее кресло. Множество посетителей, не играющих, но со стороны наблюдающих игру (преимущественно англичане с их семействами), тотчас же затеснились к столу, чтобы из-за игроков поглядеть на бабушку. Множество лорнетов обратилось в ее сторону. У круперов родились надежды: такой эксцентрический игрок действительно как будто обещал что-нибудь необыкновенное. Семидесятилетняя женщина без ног и желающая играть - конечно, был случай не обыденный. Я протеснился тоже к столу и устроился подле бабушки. Потапыч и Марфа остались где-то далеко в стороне, между народом. Генерал, Полина, Де-Грие и mademoiselle Blanche тоже поместились в стороне, между зрителями.

Бабушка сначала стала осматривать игроков. Она задавала мне резкие, отрывистые вопросы полушепотом: кто это такой? это кто такая? Ей особенно понравился в конце стола один очень молодой человек, игравший в очень большую игру, ставивший тысячами и наигравший, как шептали кругом, уже тысяч до сорока франков, лежавших перед ним в куче, золотом и в банковых билетах. Он был бледен; у него сверкали глаза и тряслись руки; он ставил уже без всякого расчета, сколько рука захватит, а между тем всё выигрывал да выигрывал, всё загребал да загребал. Лакеи суетились кругом него, подставляли ему сзади кресла, очищали вокруг него место, чтоб ему было просторнее, чтоб его не теснили, - всё это в ожидании богатой благодарности. Иные игроки с выигрыша дают им иногда не считая, а так, с радости, тоже сколько рука из кармана захватит. Подле молодого человека уже устроился один полячок, суетившийся изо всех сил, и почтительно, но беспрерывно что-то шептал ему, вероятно, указывая, как ставить, советуя и направляя игру, - разумеется, тоже ожидая впоследствии подачки. Но игрок почти и не смотрел на него, ставил зря и всё загребал. Он, видимо, терялся.

Бабушка наблюдала его несколько минут.

- Скажи ему, - вдруг засуетилась бабушка, толкая меня, - скажи ему, чтоб бросил, чтоб брал поскорее деньги и уходил. Проиграет, сейчас всё проиграет! - захлопотала она, чуть не задыхаясь от волнения. - Где Потапыч? Послать к нему Потапыча! Да скажи же, скажи же, - толкала она меня, - да где же, в самом деле, Потапыч! Sortez, sortez![39] - начала было она сама кричать молодому человеку. - Я нагнулся к ней и решительно прошептал, что здесь так кричать нельзя и даже разговаривать чуть-чуть громко не позволено, потому что это мешает счету, и что нас сейчас прогонят.

- Экая досада! Пропал человек, значит сам хочет... смотреть на него не могу, всю ворочает. Экой олух! - и бабушка поскорей оборотилась в другую сторону.

Там, налево, на другой половине стола, между игроками, заметна была одна молодая дама и подле нее какой-то карлик. Кто был этот карлик - не знаю: родственник ли ее, или так она брала его для эффекта. Эту барыню я замечал и прежде; она являлась к игорному столу каждый день, в час пополудни, и уходила ровно в два; каждый день играла по одному часу. Ее уже знали и тотчас же подставляли ей кресла. Она вынимала из кармана несколько золота, несколько тысячефранковых билетов и начинала ставить тихо, хладнокровно, с расчетом, отмечая на бумажке карандашом цифры и стараясь отыскать систему, по которой в данный момент группировались шансы. Ставила она значительными кушами. Выигрывала каждый день одну, две, много три тысячи франков - не более и, выиграв, тотчас же уходила. Бабушка долго ее рассматривала.

- Ну, эта не проиграет! эта вот не проиграет! Из каких? Не знаешь? Кто такая?

---

[39] Уходите, уходите! (франц.)

- Француженка, должно быть, из эдаких, - шепнул я.

- А, видна птица по полету. Видно, что ноготок востер. Растолкуй ты мне теперь, что каждый поворот значит и как надо ставить?

Я по возможности растолковал бабушке, что значат эти многочисленные комбинации ставок, rouge et noir, pair et impair, manque et passe[40] и, наконец, разные оттенки в системе чисел. Бабушка слушала внимательно, запоминала, переспрашивала и заучивала. На каждую систему ставок можно было тотчас же привести и пример, так что многое заучивалось и запоминалось очень легко и скоро. Бабушка осталась весьма довольна.

- А что такое zéro?[41] Вот этот крупер, курчавый, главный-то, крикнул сейчас zéro? И почему он всё загреб, что ни было на столе? Эдакую кучу, всё себя взял? Это что такое?

- А zéro, бабушка, выгода банка. Если шарик упадет на zéro, то всё, что ни поставлено на столе, принадлежит банку без расчета. Правда, дается еще удар на розыгрыш, но зато банк ничего не платит.

- Вот-те на! а я ничего не получаю?

- Нет, бабушка, если вы пред этим ставили на zéro, то когда выйдет zéro, вам платят в тридцать пять раз больше.

- Как, в тридцать пять раз, и часто выходит? Что ж они, дураки, не ставят?

- Тридцать шесть шансов против, бабушка.

- Вот вздор! Потапыч! Потапыч! Постой, и со мной есть деньги - вот! Она вынула из кармана туго набитый, кошелек и взяла из него фридрихсдор. - На, поставь сейчас на zéro.

- Бабушка, zéro только что вышел, - сказал я, - стало быть, теперь долго не выйдет. Вы много проставите; подождите хоть немного.

- Ну, врешь, ставь!

- Извольте, но он до вечера, может быть, не выйдет, вы до тысячи проставите, это случалось.

- Ну, вздор, вздор! Волка бояться - в лес не ходить. Что? проиграл? Ставь еще!

Проиграли и второй фридрихсдор; поставили третий. Бабушка едва сидела на месте, она так и впилась горящими глазами в прыгающий по зазубринам вертящегося колеса шарик. Проиграли и третий. Бабушка из себя выходила, на месте ей не сиделось, даже кулаком стукнула по столу, когда крупер провозгласил "trente six"[42] вместо ожидаемого zéro.

- Эк ведь его! - сердилась бабушка, - да скоро ли этот зеришка

---

[40] красное и черное, чет и нечет, недобор и перебор (франц.).

[41] ноль (франц.).

[42] тридцать шесть (франц.)

проклятый выйдет? Жива не хочу быть, а уж досижу до zéro! Это этот проклятый курчавый круперишка делает, у него никогда не выходит! Алексей Иванович, ставь два золотых за раз! Это столько проставишь, что и выйдет zéro, так ничего не возьмешь.

- Бабушка!

- Ставь, ставь! Не твои.

Я поставил два фридрихсдора. Шарик долго летал по колесу, наконец стал прыгать по зазубринам. Бабушка замерла и стиснула мою руку, и вдруг - хлоп!

- Zéro, - провозгласил крупер.

- Видишь, видишь! - быстро обернулась ко мне бабушка, вся сияющая и довольная. - Я ведь сказала, сказала тебе! И надоумил меня сам господь поставить два золотых. Ну, сколько же я теперь получу? Что ж не выдают? Потапыч, Марфа, где же они? Наши все куда же ушли? Потапыч, Потапыч!

- Бабушка, после, - шептал я, - Потапыч у дверей, его сюда не пустят. Смотрите, бабушка, вам деньги выдают, получайте! Бабушке выкинули запечатанный в синей бумажке тяжеловесный сверток с пятьюдесятью фридрихсдорами и отсчитали не запечатанных еще двадцать фридрихсдоров. Всё это я пригреб к бабушке лопаткой.

- Faites le jeu, messieurs! Faites le jeu, messieurs! Rien ne va plus?[43] - возглашал крупер, приглашая ставить и готовясь вертеть рулетку.

- Господи! опоздали! сейчас завертят! Ставь, ставь! - захлопотала бабушка, - да не мешкай, скорее, - выходила она из себя, толкая меня изо всех сил.

- Да куда ставить-то, бабушка?

- На zéro, на zéro! опять на zéro! Ставь как можно больше! Сколько у нас всего? Семьдесят фридрихсдоров? Нечего их жалеть, ставь по двадцати фридрихсдоров разом.

- Опомнитесь, бабушка! Он иногда по двести раз не выходит! Уверяю вас, вы весь капитал проставите.

- Ну, врешь, врешь! ставь! Вот язык-то звенит! Знаю, что делаю, - даже затряслась в исступлении бабушка.

- По уставу разом более двенадцати фридрихсдоров на zéro ставить не позволено, бабушка, - ну вот я поставил.

- Как не позволено? Да ты не врешь ли! Мусье! мусье! - затолкала она крупера, сидевшего тут же подле нее слева и приготовившегося вертеть, - combien zéro? douze? douze?[44]

---

[43] Делайте вашу ставку, господа! Делайте вашу ставку! Больше никто не ставит? (франц.).

Я поскорее растолковал вопрос по-французски.

- Oui, madame[45], - вежливо подтвердил крупер, - равно как всякая единичная ставка не должна превышать разом четырех тысяч флоринов, по уставу, - прибавил он в пояснение.

- Ну, нечего делать, ставь двенадцать.

- Le jeu est fait![46] - крикнул крупер. Колесо завертелось, и вышло тринадцать. Проиграли!

- Еще! еще! еще! ставь еще! - кричала бабушка. Я уже не противоречил и, пожимая плечами, поставил еще двенадцать фридрихсдоров. Колесо вертелось долго. Бабушка просто дрожала, следя за колесом. "Да неужто она и в самом деле думает опять zéro выиграть?" - подумал я, смотря на нее с удивлением. Решительное убеждение в выигрыше сияло на лице ее, непременное ожидание, что вот-вот сейчас крикнут: zéro! Шарик вскочил в клетку.

- Zéro! - крикнул крупер.

- Что!!! - с неистовым торжеством обратилась ко мне бабушка.

Я сам был игрок; я почувствовал это в ту самую минуту. У меня руки-ноги дрожали, в голову ударило. Конечно, это был редкий случай, что на каких-нибудь десяти ударах три раза выскочил zéro; но особенно удивительного тут не было ничего. Я сам был свидетелем, как третьего дня вышло три zéro сряду и при этом один из игроков, ревностно отмечавший на бумажке удары, громко заметил, что не далее, как вчера, этот же самый zéro упал в целые сутки один раз.

С бабушкой, как с выигравшей самый значительный выигрыш, особенно внимательно и почтительно рассчитались. Ей приходилось получить ровно четыреста двадцать фридрихсдоров, то есть четыре тысячи флоринов и двадцать фридрихсдоров. Двадцать фридрихсдоров ей выдали золотом, а четыре тысячи - банковыми билетами.

Но этот раз бабушка не звала Потапыча; она была занята не тем. Она даже не толкалась и не дрожала снаружи. Она, если можно так выразиться, дрожала изнутри. Вся на чем-то сосредоточилась, так и прицелилась:

- Алексей Иванович! он сказал, зараз можно только четыре тысячи флоринов поставить? На, бери, ставь эти все четыре на красную, - решила бабушка.

Было бесполезно отговаривать. Колесо завертелось.

- Rouge! - провозгласил крупер. Опять выигрыш в четыре тысячи флоринов, всего, стало быть, восемь.

---

[44] сколько ноль? двенадцать? двенадцать? (франц.).

[45] Да, сударыня (франц.).

[46] Игра сделана! (франц.).

- Четыре сюда мне давай, а четыре ставь опять на красную, - командовала бабушка. Я поставил опять четыре тысячи.

- Rouge! - провозгласил снова крупер.

- Итого двенадцать! Давай их все сюда. Золото ссыпай сюда, в кошелек, а билеты спрячь.

- Довольно! Домой! Откатите кресла!

Глава XI

Кресла откатили к дверям, на другой конец залы. Бабушка сияла. Все наши стеснились тотчас же кругом нее с поздравлениями. Как ни эксцентрично было поведение бабушки, но ее триумф покрывал многое, и генерал уже не боялся скомпрометировать себя в публике родственными отношениями с такой странной женщиной. С снисходительною и фамильярно-веселою улыбкою, как бы теша ребенка, поздравил он бабушку. Впрочем, он был видимо поражен, равно как и все зрители. Кругом говорили и указывали на бабушку. Многие проходили мимо нее, чтобы ближе ее рассмотреть. Мистер Астлей толковал о ней в стороне с двумя своими знакомыми англичанами. Несколько величавых зрительниц, дам, с величавым недоумением рассматривали ее как какое-то чудо. Де-Грие так и рассыпался в поздравлениях и улыбках.

- Quelle victoire![47] - говорил он.

- Mais, madame, c'était du feu![48] - прибавила с заигрывающей улыбкой mademoiselle Blanche.

- Да-с, вот взяла да и выиграла двенадцать тысяч флоринов! Какое двенадцать, а золото-то? G золотом почти что тринадцать выйдет. Это сколько по-нашему? Тысяч шесть, что ли, будет?

Я доложил, что и за семь перевалило, а по теперешнему курсу, пожалуй, и до восьми дойдет.

- Шутка, восемь тысяч! А вы-то сидите здесь, колпаки, ничего не делаете! Потапыч, Марфа, видели?

- Матушка, да как это вы? Восемь тысяч рублей, - восклицала, извиваясь, Марфа.

- Нате, вот вам от меня по пяти золотых, вот! Потапыч и Марфа бросились целовать ручки.

- И носильщикам дать по фридрихсдору. Дай им по золотому,

---

[47] Какая победа! (франц.).

[48] Но, сударыня, это было блестяще! (франц.)

Алексей Иванович. Что это лакей кланяется, и другой тоже? Поздравляют? Дай им тоже по фридрихсдору.

- Madame la princesse... un pauvre expatrié... malheur continuel... les princes russes sont si généreux[49], - увивалась около кресел одна личность в истасканном сюртуке, пестром жилете, в усах, держа картуз на отлете и с подобострастною улыбкой...

- Дай ему тоже фридрихсдор. Нет, дай два; ну, довольно, а то конца с ними не будет. Подымите, везите! Прасковья, - обратилась она к Полине Александровне, - я тебе завтра на платье куплю, и той куплю mademoiselle... как ее, mademoiselle Blanche, что ли, ей тоже на платье куплю. Переведи ей, Прасковья!

- Merci, madame, - умильно присела mademoiselle Blanche, искривив рот в насмешливую улыбку, которою обменялась с Де-Грие и генералом. Генерал отчасти конфузился и ужасно был рад, когда мы добрались до аллеи.

- Федосья, Федосья-то, думаю, как удивится теперь, - говорила бабушка, вспоминая о знакомой генеральской нянюшке. - И ей нужно на платье подарить. Эй, Алексей Иванович, Алексей Иванович, подай этому нищему!

По дороге проходил какой-то оборванец, с скрюченною спиной, и глядел на нас.

- Да это, может быть, и не нищий, а какой-нибудь прощелыга, бабушка.

- Дай! дай! дай ему гульден!

Я подошел и подал. Он посмотрел на меня с диким недоумением, однако молча взял гульден. От него пахло вином.

- А ты, Алексей Иванович, не пробовал еще счастия?

- Нет, бабушка.

- А у самого глаза горели, я видела.

- Я еще попробую, бабушка, непременно, потом.

- И прямо ставь на zéro! Вот увидишь! Сколько у тебя капиталу?

- Всего только двадцать фридрихсдоров, бабушка.

- Немного. Пятьдесят фридрихсдоров я тебе дам взаймы, если хочешь. Вот этот самый сверток и бери, а ты, батюшка, все-таки не жди, тебе не дам! - вдруг обратилась она к генералу.

Того точно перевернуло, но он промолчал. Де-Грие нахмурился.

- Que diable, c'est une terrible vieille![50] 1 - прошептал он сквозь зубы генералу.

---

[49] Госпожа княгиня... бедный эмигрант... постоянное несчастье... русские князья так щедры (франц.).
[50] Черт возьми, ужасная старуха! (франц.).

- Нищий, нищий, опять нищий! - закричала бабушка. - Алексей Иванович, дай и этому гульден.

На этот раз повстречался седой старик, с деревянной ногой, в каком-то синем длиннополом сюртуке и с длинною тростью в руках. Он похож был на старого солдата. Но когда я протянул ему гульден, он сделал шаг назад и грозно осмотрел меня.

- Was ist's der Teufel![51] - крикнул он, прибавив к этому еще с десяток ругательств.

- Ну дурак! - крикнула бабушка, махнув рукою. - Везите дальше! Проголодалась! Теперь сейчас обедать, потом немного поваляюсь и опять туда.

- Вы опять хотите играть, бабушка? - крикнул я.

- Как бы ты думал? Что вы-то здесь сидите да киснете, так и мне на вас смотреть?

- Mais, madame, - приблизился Де-Грие, - les chances peuvent tourner, une seule mauvaise chance et vous perdrez tout... surtout avec votre jeu... c'était terrible![52]

- Vous perdrez absolument[53], - защебетала mademoiselle Blanche.

- Да вам-то всем какое дело? Не ваши проиграю - свои! А где этот мистер Астлей? - спросила она меня.

- В воксале остался, бабушка.

- Жаль; вот этот так хороший человек.

Прибыв домой, бабушка еще на лестнице, встретив обер-кельнера, подозвала его и похвасталась своим выигрышем; затем позвала Федосью, подарила ей три фридрихсдора и велела подавать обедать. Федосья и Марфа так и рассыпались пред нею за обедом.

- Смотрю я на вас, матушка, - трещала Марфа, - и говорю Потапычу, что это наша матушка хочет делать. А на столе денег-то, денег-то, батюшки! всю-то жизнь столько денег не видывала, а всё кругом господа, всё одни господа сидят. И откуда, говорю, Потапыч, это всё такие здесь господа? Думаю, помоги ей сама мати-божия. Молюсь я за вас, матушка, а сердце вот так и замирает, так и замирает, дрожу, вся дрожу. Дай ей, господи, думаю, а тут вот вам господь и послал. До сих пор, матушка, так и дрожу, так вот вся и дрожу.

- Алексей Иванович, после обеда, часа в четыре, готовься, пойдем. А теперь покамест прощай, да докторишку мне какого-нибудь позвать не забудь, тоже и воды пить надо. А то и позабудешь, пожалуй!

---

[51] Черт побери, что это такое! (нем.).

[52] Но, сударыня, удача может изменить, один неудачный ход - и вы проиграете всё... особенно с вашими ставками... это ужасно! (франц.).

[53] Вы проиграете непременно (франц.).

Я вышел от бабушки как одурманенный. Я старался себе представить, что теперь будет со всеми нашими и какой оборот примут дела? Я видел ясно, что они (генерал преимущественно) еще не успели прийти в себя, даже и от первого впечатления. Факт появления бабушки вместо ожидаемой с часу на час телеграммы об ее смерти (а стало быть, и о наследстве) до того раздробил всю систему их намерений и принятых решений, что они с решительным недоумением и с каким-то нашедшим на всех столбняком относились к дальнейшим подвигам бабушки на рулетке.

А между тем этот второй факт был чуть ли не важнее первого, потому что хоть бабушка и повторила два раза, что денег генералу не даст, но ведь кто знает, - все-таки не должно было еще терять надежды. Не терял же ее Де-Грие, замешанный во все дела генерала. Я уверен, что и mademoiselle Blanche, тоже весьма замешанная (еще бы: генеральша и значительное наследство!), не потеряла бы надежды и употребила бы все обольщения кокетства над бабушкой - в контраст с неподатливою и неумеющею приласкаться гордячкой Полиной. Но теперь, теперь, когда бабушка совершила такие подвиги на рулетке, теперь, когда личность бабушки отпечаталась пред ними так ясно и типически (строптивая, властолюбивая старуха et tombée en enfance), теперь, пожалуй, и всё погибло: ведь она, как ребенок, рада, что дорвалась, и, как водится, проиграется в пух. "Боже! - подумал я (и прости меня, господи, с самым злорадным смехом), - боже, да ведь каждый фридрихсдор, поставленный бабушкою давеча, ложился болячкою на сердце генерала, бесил Де-Грие и доводил до исступления mademoiselle de Cominges, у которой мимо рта проносили ложку. Вот и еще факт: даже с выигрыша, с радости, когда бабушка раздавала всем деньги и каждого прохожего принимала за нищего, даже и тут у ней вырвалось к генералу: "А тебе-то все-таки не дам!" Это значит: села на этой мысли, уперлась, слово такое себе дала; - опасно! опасно!"

Все эти соображения ходили в моей голове в то время, как я поднимался от бабушки по парадной лестнице, в самый верхний этаж, в свою каморку. Всё это занимало меня сильно; хотя, конечно, я и прежде мог предугадывать главные толстейшие нити, связывавшие предо мною актеров, но все-таки окончательно не знал всех средств и тайн этой игры. Полина никогда не была со мною вполне доверчива. Хоть и случалось, правда, что она открывала мне подчас, как бы невольно, свое сердце, но я заметил, что часто, да почти и всегда, после этих открытий или в смех обратит всё сказанное, или запутает и с намерением придаст всему ложный вид. О! она многое скрывала! Во всяком случае, я предчувствовал, что подходит финал всего этого таинственного и напряженного состояния. Еще один удар - и всё будет кончено и обнаружено. О своей участи, тоже во всем этом заинтересованный, я почти не заботился. Странное у меня настроение: в кармане всего двадцать фридрихсдоров; я далеко на чужой стороне, без места и без средств к существованию, без надежды, без расчетов и - не забочусь об этом! Если бы не дума о Полине, то я просто весь отдался бы одному комическому интересу предстоящей развязки и хохотал бы во всё горло. Но Полина смущает меня; участь ее решается, это я предчувствовал, но, каюсь, совсем не участь ее меня беспокоит. Мне хочется проникнуть в ее тайны; мне хотелось бы, чтобы она пришла ко мне и сказала: "Ведь я люблю тебя", а если нет, если это безумство немыслимо, то тогда... ну, да чего пожелать? Разве я знаю, чего желаю? Я сам как потерянный; мне только бы быть при ней, в ее ореоле, в ее сиянии, навечно, всегда, всю жизнь. Дальше я ничего не знаю! И разве я могу уйти от нее?

В третьем этаже, в их коридоре, меня что-то как толкнуло. Я обернулся и, в двадцати шагах или более, увидел выходящую из двери Полину. Она точно выжидала и высматривала меня и тотчас же к себе поманила.

- Полина Александровна...

- Тише! - предупредила она.

- Представьте себе, - зашептал я, - меня сейчас точно что толкнуло в бок; оглядываюсь - вы! Точно электричество исходит из вас какое-то!

- Возьмите это письмо, - заботливо и нахмуренно произнесла Полина, наверное не расслышав того, что я сказал, - и передайте лично мистеру Астлею сейчас. Поскорее, прошу вас. Ответа не надо. Он сам...

Она не договорила.

- Мистеру Астлею? - переспросил я в удивлении. Но Полина уже скрылась в дверь.

- Ага, так у них переписка! - я, разумеется, побежал тотчас же отыскивать мистера Астлея, сперва в его отеле, где его не застал, потом в воксале, где обегал все залы, и наконец, в досаде, чуть не в отчаянии, возвращаясь домой, встретил его случайно, в кавалькаде каких-то англичан и англичанок, верхом. Я поманил его, остановил и передал ему письмо. Мы не успели и переглянуться. Но я подозреваю, что мистер Астлей нарочно поскорее пустил лошадь.

Мучила ли меня ревность? Но я был в самом разбитом состоянии духа. Я и удостовериться не хотел, о чем они переписываются. Итак, он ее поверенный! "Друг-то друг, - думал я, - и это ясно (и когда он успел сделаться), но есть ли тут любовь?" "Конечно, нет", - шептал мне рассудок. Но ведь одного рассудка в эдаких случаях мало. Во всяком случае предстояло и это разъяснить. Дело неприятно усложнялось.

Не успел я войти в отель, как швейцар и вышедший из своей комнаты обер-кельнер сообщили мне, что меня требуют, ищут, три раза посылали наведываться: где я? - просят как можно скорее в номер к генералу. Я был в самом скверном расположении духа. У генерала в кабинете я нашел, кроме самого генерала, Де-Грие и mademoiselle Blanche, одну, без матери. Мать была решительно подставная особа, употреблявшаяся только для парада; но когда доходило до настоящего дела, то mademoiselle Blanche орудовала одна. Да и вряд ли та что-нибудь знала про дела своей названной дочки.

Они втроем о чем-то горячо совещались, и даже дверь кабинета была заперта, чего никогда не бывало. Подходя к дверям, я расслышал громкие голоса - дерзкий и язвительный разговор Де-Грие, нахально-ругательный и бешеный крик Blanche и жалкий голос генерала, очевидно в чем-то оправдывавшегося. При появлении моем все они как бы поприудержались и подправились. Де-Грие поправил волосы и из сердитого лица сделал улыбающееся, - тою скверною, официально-учтивою, французскою улыбкою, которую я так ненавижу. Убитый и потерявшийся генерал приосанился, но как-то машинально. Одна только mademoiselle Blanche почти не изменила своей сверкающей гневом физиономии и только замолкла, устремив на меня взор с нетерпеливым ожиданием. Замечу, что она до невероятности небрежно доселе со мною обходилась, даже не отвечала на мои поклоны, - просто не примечала меня.

- Алексей Иванович, - начал нежно распекающим тоном генерал, - позвольте вам объявить, что странно, в высочайшей степени странно... одним словом, ваши поступки относительно меня и моего семейства... одним словом, в высочайшей степени странно...

- Eh! ce n'est pas ça, - с досадой и презрением перебил Де-Грие. (Решительно, он всем заправлял!) - Mon cher monsieur, notre cher général se trompe[54], - впадая в такой тон (продолжаю его речь по-русски), но он хотел вам сказать... то есть вас предупредить или, лучше сказать, просить вас убедительнейше, чтобы вы не губили его, - ну да, не губили! Я употребляю именно это выражение...

- Но чем же, чем же? - прервал я.

- Помилуйте, вы беретесь быть руководителем (или как это сказать?) этой старухи, cette pauvre terrible vieille[55], - сбивался сам Де-Грие, - но ведь она проиграется; она проиграется вся в пух! Вы сами видели, вы были свидетелем, как она играет! Если она начнет проигрывать, то она уж и не отойдет от стола, из упрямства, из злости, и всё будет играть, всё будет играть, а в таких случаях никогда не отыгрываются, и тогда... тогда...

---

[54] Это не то... Дорогой мой, наш милый генерал ошибается (франц.).
[55] этой бедной, ужасной старухи (франц.).

- И тогда, - подхватил генерал, - тогда вы погубите всё семейство! Я и мое семейство, мы - ее наследники, у ней нет более близкой родни. Я вам откровенно скажу: дела мои расстроены, крайне расстроены. Вы сами отчасти знаете... Если она проиграет значительную сумму или даже, пожалуй, всё состояние (о боже!), что тогда будет с ними, с моими детьми! (генерал оглянулся на Де-Грие) - со мною! (Он поглядел на mademoiselle Blanche, с презрением от него отвернувшуюся). Алексей Иванович, спасите, спасите нас!..

- Да чем же, генерал, скажите, чем я могу... Что я-то тут значу?

- Откажитесь, откажитесь, бросьте ее!..

- Так другой найдется! - вскричал я.

- Ce n'est pas ça, ce n'est pas ça, - перебил опять Де-Грие, - que diable! Нет, не покидайте, но по крайней мере усовестите, уговорите, отвлеките... Ну, наконец, не дайте ей проиграть слишком много, отвлеките ее как-нибудь.

- Да как я это сделаю? Если бы вы сами взялись за это, monsieur Де-Грие, - прибавил я как можно наивнее.

Тут я заметил быстрый, огненный, вопросительный взгляд mademoiselle Blanche на Де-Грие. В лице самого Де-Грие мелькнуло что-то особенное, что-то откровенное, от чего он не мог удержаться.

- То-то и есть, что она меня не возьмет теперь! - вскричал, махнув рукой, Де-Грие. - Если б!.. потом...

Де-Грие быстро и значительно поглядел на mademoiselle Blanche.

- O mon cher monsieur Alexis, soyez si bon[56], - шагнула ко мне с обворожительною улыбкою сама mademoiselle Blanche, схватила меня за обе руки и крепко сжала. Черт возьми! это дьявольское лицо умело в одну секунду меняться. В это мгновение у ней явилось такое просящее лицо, такое милое, детски улыбающееся и даже шаловливое; под конец фразы она плутовски мне подмигнула, тихонько от всех; срезать разом, что ли, меня хотела? И недурно вышло, - только уж грубо было это, однако, ужасно.

Подскочил за ней и генерал, - именно подскочил.

- Алексей Иванович, простите, что я давеча так с вами начал, я не то совсем хотел сказать... Я вас прошу, умоляю, в пояс вам кланяюсь по-русски, - вы один, один можете нас спасти! Я и mademoiselle Cominges вас умоляем, - вы понимаете, ведь вы понимаете? - умолял он, показывая мне глазами на mademoiselle Blanche. Он был очень жалок.

В эту минуту раздались три тихие и почтительные удара в дверь; отворили - стучал коридорный слуга, а за ним, в нескольких шагах, стоял

---

[56] О дорогой господин Алексей, будьте так добры (франц.).

Потапыч. Послы были от бабушки. Требовалось сыскать и доставить меня немедленно, "сердятся", - сообщил Потапыч.

- Но ведь еще только половина четвертого!

- Они и заснуть не могли, всё ворочались, потом вдруг встали, кресла потребовали и за вами. Уж они теперь на крыльце-с...

- Quelle mégère![57] - крикнул Де-Грие.

Действительно, я нашел бабушку уже на крыльце, выходящую из терпения, что меня нет. До четырех часов она не выдержала.

- Ну, подымайте! - крикнула она, и мы отправились опять на рулетку.

Глава XII

Бабушка была в нетерпеливом и раздражительном состоянии духа; видно было, что рулетка у ней крепко засела в голове. Ко всему остальному она была невнимательна и вообще крайне рассеянна. Ни про что, например, по дороге не расспрашивала, как давеча. Увидя одну богатейшую коляску, промчавшуюся мимо нас вихрем, она было подняла руку и спросила: "Что такое? Чьи?" - но, кажется, и не расслышала моего ответа; задумчивость ее беспрерывно прерывалась резкими и нетерпеливыми телодвижениями и выходками. Когда я ей показал издали, уже подходя к воксалу, барона и баронессу Вурмергельм, она рассеянно посмотрела и совершенно равнодушно сказала: "А!" - и, быстро обернувшись к Потапычу и Марфе, шагавшим сзади, отрезала им:

- Ну, вы зачем увязались? Не каждый раз брать вас! Ступайте домой! Мне и тебя довольно, - прибавила она мне, когда те торопливо поклонились и воротились домой.

В воксале бабушку уже ждали. Тотчас же отгородили ей то же самое место, возле крупера. Мне кажется, эти круперы, всегда такие чинные и представляющие из себя обыкновенных чиновников, которым почти решительно всё равно: выиграет ли банк или проиграет, - вовсе не равнодушны к проигрышу банка и, уж конечно, снабжены кой-какими инструкциями для привлечения игроков и для вящего наблюдения казенного интереса, за что непременно и сами получают призы и премии. По крайней мере на бабушку смотрели уж как на жертвочку. Затем, что у нас предполагали, то и случилось.

Вот как было дело.

Бабушка прямо накинулась на zéro и тотчас же велела ставить по

---

[57] Какая мегера! (франц).

двенадцати фридрихсдоров. Поставили раз, второй, третий - zéro не выходил. "Ставь, ставь!" - толкала меня бабушка в нетерпении. Я слушался.

- Сколько раз проставили? - спросила она наконец, скрежеща зубами от нетерпения.

- Да уж двенадцатый раз ставил, бабушка. Сто сорок четыре фридрихсдора проставили. Я вам говорю, бабушка, до вечера, пожалуй...

- Молчи! - перебила бабушка. - Поставь на zéro и поставь сейчас на красную тысячу гульденов. На, вот билет.

Красная вышла, а zéro опять лопнул; воротили тысячу гульденов.

- Видишь, видишь! - шептала бабушка, - почти всё, что проставили, воротили. Ставь опять на zéro; еще раз десять поставим и бросим.

Но на пятом разе бабушка совсем соскучилась.

- Брось этот пакостный зеришко к черту. На, ставь все четыре тысячи гульденов на красную, - приказала она.

- Бабушка! много будет; ну как не выйдет красная, - умолял я; но бабушка чуть меня не прибила. (А впрочем, она так толкалась, что почти, можно сказать, и дралась). Нечего было делать, я поставил на красную все четыре тысячи гульденов, выигранные давеча. Колесо завертелось. Бабушка сидела спокойно и гордо выпрямившись, не сомневаясь в непременном выигрыше.

- Zéro, - возгласил крупер.

Сначала бабушка не поняла, но когда увидела, что крупер загреб ее четыре тысячи гульденов, вместе со всем, что стояло на столе, и узнала, что zéro, который так долго не выходил и на котором мы проставили почти двести фридрихсдоров, выскочил, как нарочно, тогда, когда бабушка только что его обругала и бросила, то ахнула и на всю залу сплеснула руками. Кругом даже засмеялись.

- Батюшки! Он тут-то проклятый и выскочил! - вопила бабушка, - ведь эдакой, эдакой окаянный! Это ты! Это всё ты! - свирепо накинулась на меня, толкаясь. - Это ты меня отговорил.

- Бабушка, я вам дело говорил, как могу отвечать я за все шансы?

- Я-те дам шансы! - шептала она грозно, - пошел вон от меня.

- Прощайте, бабушка, - повернулся я уходить.

- Алексей Иванович, Алексей Иванович, останься! Куда ты? Ну, чего, чего? Ишь рассердился! Дурак! Ну побудь, побудь еще, ну, не сердись, я сама дура! Ну скажи, ну что теперь делать!

- Я, бабушка, не возьмусь вам подсказывать, потому что вы меня же будете обвинять. Играйте сами; приказывайте, я ставить буду.

- Ну, ну! ну ставь еще четыре тысячи гульденов на красную! Вот бумажник, бери. - Она вынула из кармана и подала мне бумажник. - Ну, бери скорей, тут двадцать тысяч рублей чистыми деньгами.

- Бабушка, - прошептал я, - такие куши...

- Жива не хочу быть - отыграюсь. Ставь! - Поставили и проиграли. , - Ставь, ставь, все восемь ставь!

- Нельзя, бабушка, самый большой куш четыре!..

- Ну ставь четыре!

На этот раз выиграли. Бабушка ободрилась.

- Видишь, видишь! - затолкала она меня, - ставь опять четыре!

Поставили - проиграли; потом еще и еще проиграли.

- Бабушка, все двенадцать тысяч ушли, - доложил я.

- Вижу, что все ушли, - проговорила она в каком-то спокойствии бешенства, если так можно выразиться, - вижу, батюшка, вижу, - бормотала она, смотря пред собою неподвижно и как будто раздумывая, - эх! жива не хочу быть, ставь еще четыре тысячи гульденов!

- Да денег нет, бабушка; тут в бумажнике наши пятипроцентные и еще какие-то переводы есть, а денег нет.

- А в кошельке?

- Мелочь осталась, бабушка.

- Есть здесь меняльные лавки? Мне сказали, что все наши бумаги разменять можно, - решительно спросила бабушка.

- О, сколько угодно! Но что вы потеряете за промен, так... сам жид ужаснется!

- Вздор! Отыграюсь! Вези. Позвать этих болванов! Я откатил кресла, явились носильщики, и мы покатили из воксала.

- Скорей, скорей, скорей! - командовала бабушка. - Показывай дорогу, Алексей Иванович, да поближе возьми... а далеко?

- Два шага, бабушка.

Но на повороте из сквера в аллею встретилась нам вся наша компания: генерал, Де-Грие и mademoiselle Blanche с маменькой. Полины Александровны с ними не было, мистера Астлея тоже.

- Ну, ну, ну! не останавливаться! - кричала бабушка, - ну, чего вам такое? Некогда с вами тут! Я шел сзади; Де-Грие подскочил ко мне.

- Всё давешнее проиграла и двенадцать тысяч гульденов своих просадила. Едем пятипроцентные менять, - шепнул я ему наскоро.

Де-Грие топнул ногою и бросился сообщить генералу. Мы продолжали катить бабушку.

- Остановите, остановите! - зашептал мне генерал в исступлении.

- А вот попробуйте-ка ее остановить, - шепнул я ему.

- Тетушка! - приблизился генерал, - тетушка... мы сейчас... мы сейчас... - голос у него дрожал и падал, - нанимаем лошадей и едем за город... Восхитительнейший вид... пуант... мы шли вас приглашать.

- И, ну тебя и с пуантом! - раздражительно отмахнулась от него бабушка.

- Там деревня... там будем чай пить... - продолжал генерал уже с полным отчаянием.

- Nous boirons du lait, sur l'herbe fraîche[58], - прибавил Де-Грие с зверскою злобой.

Du lait, de l'herbe fraîche - это всё, что есть идеально идиллического у парижского буржуа; в этом, как известно, взгляд его на "nature et la vérité!"[59]

- И, ну тебя с молоком! Хлещи сам, а у меня от него брюхо болит. Да и чего вы пристали?! - закричала бабушка, - говорю некогда!

- Приехали, бабушка! - закричал я, - здесь!

Мы подкатили к дому, где была контора банкира. Я пошел менять; бабушка осталась ждать у подъезда; Де-Грие, генерал и Blanche стояли в стороне, не зная, что им делать. Бабушка гневно на них посмотрела, и они ушли по дороге к вокзалу.

Мне предложили такой ужасный расчет, что я не решился и воротился к бабушке просить инструкций.

- Ах, разбойники! - закричала она, всплеснув руками. - Ну! Ничего! - меняй! - крикнула она решительно, - стой, позови ко мне банкира!

- Разве кого-нибудь из конторщиков, бабушка?

- Ну конторщика, всё равно. Ах, разбойники!

Конторщик согласился выйти, узнав, что его просит к себе старая, расслабленная графиня, которая не может ходить. Бабушка долго, гневно и громко упрекала его в мошенничестве и торговалась с ним смесью русского, французского и немецкого языков, причем я помогал переводу. Серьезный конторщик посматривал на нас обоих и молча мотал головой. Бабушку осматривал он даже с слишком пристальным любопытством, что уже было невежливо; наконец он стал улыбаться.

- Ну, убирайся! - крикнула бабушка. - Подавись моими деньгами! Разменяй у него, Алексей Иванович, некогда, а то бы к другому поехать...

- Конторщик говорит, что у других еще меньше дадут.

Наверное не помню тогдашнего расчета, но он был ужасен. Я наменял до двенадцати тысяч флоринов золотом и билетами, взял расчет и вынес бабушке.

- Ну! ну! ну! Нечего считать, - замахала она руками, скорей, скорей, скорей!

- Никогда на этот проклятый zéro не буду ставить и на красную тоже, - промолвила она, подъезжая к вокзалу.

На этот раз я всеми силами старался внушить ей ставить как можно

---

[58] Мы будем пить молоко на свежей траве (франц.).

[59] "природу и истину!" (франц.).

меньше, убеждая ее, что при обороте; шансов всегда будет время поставить и большой куш. Но она была так нетерпелива, что хоть и соглашалась сначала, но возможности не было сдержать ее во время игры. Чуть только она начинала выигрывать ставки в десять, в двадцать фридрихсдоров, - "Ну, вот! Ну, вот! - начинала она толкать меня, - ну вот, выиграли же, - стояло бы четыре тысячи вместо десяти, мы бы четыре тысячи выиграли, а то что теперь? Это всё ты, всё ты!"

И как ни брала меня досада, глядя на ее игру, а я наконец решился молчать и не советовать больше ничего.

Вдруг подскочил Де-Грие. Они все трое были возле; я заметил, что mademoiselle Blanche стояла с маменькой в стороне и любезничала с князьком. Генерал был в явной немилости, почти в загоне. Blanche даже и смотреть на него не хотела, хоть он и юлил подле нее всеми силами. Бедный генерал! Он бледнел, краснел, трепетал и даже уж не следил за игрою бабушки. Blanche и князек наконец вышли; генерал побежал за ними.

- Madame, madame, - медовым голосом шептал бабушке Де-Грие, протеснившись к самому ее уху. - Madame, эдак ставка нейдет... нет, нет, не можно... - коверкал он по-русски, - нет!

- А как же? Ну, научи! - обратилась к нему бабушка.

Де-Грие вдруг быстро заболтал по-французски, начал советовать, суетился, говорил, что надо ждать шансу, стал рассчитывать какие-то цифры... бабушка ничего не понимала. Он беспрерывно обращался ко мне, чтоб я переводил; тыкал пальцем в стол, указывал; наконец схватил карандаш и начал было высчитывать на бумажке. Бабушка потеряла наконец терпение.

- Ну, пошел, пошел! Всё вздор мелешь! "Madame, madame", а сам и дела-то не понимает; пошел!

- Mais, madame, - защебетал Де-Грие и снова начал толкать и показывать. Очень уж его разбирало.

- Ну, поставь раз, как он говорит, - приказала мне бабушка, - посмотрим: может, и в самом деле выйдет.

Де-Грие хотел только отвлечь ее от больших кушей: он предлагал ставить на числа, поодиночке и в совокупности. Я поставил, по его указанию, по фридрихсдору на ряд нечетных чисел в первых двенадцати и по пяти фридрихсдоров на группы чисел от двенадцати до восемнадцати и от восемнадцати до двадцати четырех: всего поставили шестнадцать фридрихсдоров.

Колесо завертелось. "Zéro", - крикнул крупер. Мы всё проиграли.

- Эдакой болван! - крикнула бабушка, обращаясь к Де-Грие. - Эдакой ты мерзкий французишка! Ведь посоветует же изверг! Пошел, пошел! Ничего не понимает, а туда же суется!

Страшно обиженный Де-Грие пожал плечами, презрительно посмотрел на бабушку и отошел. Ему уж самому стало стыдно, что связался; слишком уж не утерпел.

Через час, как мы ни бились, - всё проиграли.

- Домой! - крикнула бабушка.

Она не промолвила ни слова до самой аллеи. В аллее, и уже подъезжая к отелю, у ней начали вырываться восклицания:

- Экая дура! экая дурында! Старая ты, старая дурында!

Только что въехали в квартиру:

- Чаю мне! - закричала бабушка, - и сейчас собираться! Едем!

- Куда, матушка, ехать изволите? - начала было Марфа.

- А тебе какое дело? Знай сверчок свой шесток! Потапыч, собирай всё, всю поклажу. Едем назад, в Москву! Я пятнадцать тысяч целковых профершпилила!

- Пятнадцать тысяч, матушка! Боже ты мой! - крикнул было Потапыч, умилительно всплеснув руками, вероятно, предполагая услужиться.

- Ну, ну, дурак! Начал еще хныкать! Молчи! Собираться! Счет, скорее, скорей!

- Ближайший поезд отправится в девять с половиною часов, бабушка, - доложил я, чтоб остановить ее фурор.

- А теперь сколько?

- Половина восьмого.

- Экая досада! Ну всё равно! Алексей Иванович, денег у меня ни копейки. Вот тебе еще два билета, сбегай туда, разменяй мне и эти. А то не с чем и ехать.

Я отправился. Через полчаса возвратившись в отель, я застал всех наших у бабушки. Узнав, что бабушка уезжает совсем в Москву, они были поражены, кажется, еще больше, чем ее проигрышем. Положим, отъездом спасалось ее состояние, но зато что же теперь станется с генералом? Кто заплатит Де-Грие? Mademoiselle Blanche, разумеется, ждать не будет, пока помрет бабушка, и, наверное, улизнет теперь с князьком или с кем-нибудь другим. Они стояли перед нею, утешали ее и уговаривали. Полины опять не было. Бабушка неистово кричала на них.

- Отвяжитесь, черти! Вам что за дело? Чего эта козлиная борода ко мне лезет, - кричала она на Де-Грие, - а тебе, пигалица, чего надо? - обратилась она к mademoiselle Blanche. - Чего юлишь?

- Diantre![60] - прошептала mademoiselle Blanche, бешено сверкнув глазами, но вдруг захохотала и вышла.

- Elle vivra cent ans![61] - крикнула она, выходя из дверей, генералу.

---

[60] Черт возьми! (франц.).

[61] Она сто лет проживет! (франц.).

- А, так ты на мою смерть рассчитываешь? - завопила бабушка генералу, - пошел! Выгони их всех, Алексей Иванович! Какое вам дело? Я свое просвистала, а не ваше!

Генерал пожал плечами, согнулся и вышел. Де-Грие за ним.

- Позвать Прасковью, - велела бабушка Марфе.

Через пять минут Марфа воротилась с Полиной. Всё это время Полина сидела в своей комнате с детьми и, кажется, нарочно решилась весь день не выходить. Лицо ее было серьезно, грустно и озабочено.

- Прасковья, - начала бабушка, - правда ли, что я давеча стороной узнала, что будто бы этот дурак, отчим-то твой, хочет жениться на этой глупой вертушке француженке, - актриса, что ли, она, или того еще хуже? Говори, правда это?

- Наверное про это я не знаю, бабушка, - ответила Полина, - но по словам самой mademoiselle Blanche, которая не находит нужным скрывать, заключаю...

- Довольно! - энергически прервала бабушка, - всё понимаю! Я всегда считала, что от него это станется, и всегда считала его самым пустейшим и легкомысленным человеком. Натащил на себя форсу, что генерал (из полковников, по отставке получил), да и важничает. Я, мать моя, всё знаю, как вы телеграмму за телеграммой в Москву посылали - "скоро ли, дескать, старая бабка ноги протянет?" Наследства ждали; без денег-то его эта подлая девка, как ее - de Cominges, что ли, - и в лакеи к себе не возьмет, да еще со вставными-то зубами. У ней, говорят, у самой денег куча, на проценты дает, добром нажила. Я, Прасковья, тебя не виню; не ты телеграммы посылала; и об старом тоже поминать не хочу. Знаю, что характеришка у тебя скверный - оса! укусишь, так вспухнет, да жаль мне тебя, потому: покойницу Катерину, твою мать, я любила. Ну, хочешь? бросай всё здесь и поезжай со мною. Ведь тебе деваться-то некуда; да и неприлично тебе с ними теперь. Стой! - прервала бабушка начинавшую было отвечать Полину, - я еще не докончила. От тебя я ничего не потребую. Дом у меня в Москве, сама знаешь, - дворец, хоть целый этаж занимай и хоть по неделям ко мне не сходи, коль мой характер тебе не покажется. Ну, хочешь или нет?

- Позвольте сперва вас спросить: неужели вы сейчас ехать хотите?

- Шучу, что ли, я, матушка? Сказала и поеду. Я сегодня пятнадцать тысяч целковых просадила на растреклятой вашей рулетке. В подмосковной я, пять лет назад, дала обещание церковь из деревянной в каменную перестроить, да вместо того здесь просвисталась. Теперь, матушка, церковь поеду строить.

- А воды-то, бабушка? Ведь вы приехали воды пить?

- И, ну тебя с водами твоими! Не раздражай ты меня, Прасковья; нарочно, что ли, ты? Говори, едешь аль нет?

- Я вас очень, очень благодарю, бабушка, - с чувством начала Полина, - за убежище, которое вы мне предлагаете. Отчасти вы мое положение угадали. Я вам так признательна, что, поверьте, к вам приду, может быть, даже и скоро; а теперь есть причины... важные... и решиться я сейчас, сию минуту, не могу. Если бы вы остались хоть недели две...

- Значит, не хочешь?

- Значит, не могу. К тому же во всяком случае я не могу брата и сестру оставить, а так как... так как... так как действительно может случиться, что они останутся, как брошенные, то... если возьмете меня с малютками, бабушка, то, конечно, к вам поеду и, поверьте, заслужу вам это! - прибавила она с жаром, - а без детей не могу, бабушка.

- Ну, не хнычь! (Полина и не думала хныкать, да она и никогда не плакала), - и для цыплят найдется место; велик курятник. К тому же им в школу пора. Ну так не едешь теперь? Ну, Прасковья, смотри! Желала бы я тебе добра, а ведь я знаю, почему ты не едешь. Всё я знаю, Прасковья! Не доведет тебя этот французишка до добра.

Полина вспыхнула. Я так и вздрогнул. (Все знают! Один я, стало быть, ничего не знаю!)

- Ну, ну, не хмурься. Не стану размазывать. Только смотри, чтоб не было худа, понимаешь? Ты девка умная; жаль мне тебя будет. Ну, довольно, не глядела бы я на вас на всех! Ступай! прощай!

- Я, бабушка, еще провожу вас, - сказала Полина.

- Не надо; не мешай, да и надоели вы мне все. Полина поцеловала у бабушки руку, но та руку отдернула и сама поцеловала ее в щеку.

Проходя мимо меня, Полина быстро на меня поглядела и тотчас отвела глаза.

- Ну, прощай и ты, Алексей Иванович! Всего час до поезда. Да и устал ты со мною, я думаю. На, возьми себе эти пятьдесят золотых.

- Покорно благодарю вас, бабушка, мне совестно...

- Ну, ну! - крикнула бабушка, но до того энергично и грозно, что я не посмел отговариваться и принял.

- В Москве, как будешь без места бегать, - ко мне приходи; отрекомендую куда-нибудь. Ну, убирайся!

Я пришел к себе в номер и лег на кровать. Я думаю, я лежал с полчаса навзничь, закинув за голову руки. Катастрофа уж разразилась, было о чем подумать. Завтра я решил настоятельно говорить с Полиной. А! французишка? Так, стало быть, правда! Но что же тут могло быть, однако? Полина и Де-Грие! Господи, какое сопоставление!

Всё это было просто невероятно. Я вдруг вскочил вне себя, чтоб идти тотчас же отыскать мистера Астлея и во что бы то ни стало заставить его говорить. Он, конечно, и тут больше меня знает. Мистер Астлей? вот еще для меня загадка!

Но вдруг в дверях моих раздался стук. Смотрю - Потапыч.

- Батюшка, Алексей Иванович: к барыне, требуют!

- Что такое? Уезжает, что ли? До поезда еще двадцать минут.

- Беспокоятся, батюшка, едва сидят. "Скорей, скорей!" - вас то есть, батюшка; ради Христа, не замедлите.

Тотчас же я сбежал вниз. Бабушку уже вывезли в коридор. В руках ее был бумажник.

- Алексей Иванович, иди вперед, пойдем!..

- Куда, бабушка?

- Жива не хочу быть, отыграюсь! Ну, марш, без расспросов! Там до полночи ведь игра идет?

Я остолбенел, подумал, но тотчас же решился.

- Воля ваша, Антонида Васильевна, не пойду.

- Это почему? Это что еще? Белены, что ли, вы все объелись!

- Воля ваша: я потом сам упрекать себя стану; не хочу! Не хочу быть ни свидетелем, ни участником; избавьте, Антонида Васильевна. Вот ваши пятьдесят фридрихсдоров назад; прощайте! - И я, положив сверток с фридрихсдорами тут же на столик, подле которого пришлись кресла бабушки, поклонился и ушел.

- Экой вздор! - крикнула мне вслед бабушка, - да не ходи, пожалуй, я и одна дорогу найду! Потапыч, иди со мною! Ну, подымайте, несите.

Мистера Астлея я не нашел и воротился домой. Поздно, уже в первом часу пополуночи, я узнал от Потапыча, чем кончился бабушкин день. Она всё проиграла, что ей давеча я наменял, то есть, по-нашему, еще десять тысяч рублей. К ней прикомандировался там тот самый полячок, которому она дала давеча два фридрихсдора, и всё время руководил ее в игре. Сначала, до полячка, она было заставляла ставить Потапыча, но скоро прогнала его; тут-то и подскочил полячок. Как нарочно, он понимал по-русски и даже болтал кое-как, смесью трех языков, так что они кое-как уразумели друг друга. Бабушка всё время нещадно ругала его, и хоть тот беспрерывно "стелился под стопки паньски", но уж "куда сравнить с вами, Алексей Иванович, - рассказывал Потапыч. - С вами она точно с барином обращалась, а тот - так, я сам видел своими глазами, убей бог на месте, - тут же у ней со стола воровал. Она его сама раза два на столе поймала, и уж костила она его, костила всяческими-то, батюшка, словами, даже за волосенки раз отдергала; право, не лгу, так что кругом смех пошел. Всё, батюшка, проиграла; всё как есть, всё, что вы ей наменяли. Довезли мы ее, матушку, сюда - только водицы спросила испить, перекрестилась, и в постельку. Измучилась, что ли, она, тотчас заснула. Пошли бог сны ангельские! Ох, уж эта мне заграница! - заключил Потапыч, - говорил, что не к добру. И уж поскорей бы в нашу Москву! И чего-чего у нас дома нет, в Москве? Сад, цветы, каких здесь и не бывает, дух, яблоньки наливаются, простор, - нет: надо было за границу! Ох-хо-хо!.."

Глава XIII

Вот уже почти целый месяц прошел, как я не притрогивался к этим заметкам моим, начатым под влиянием впечатлений, хотя и беспорядочных, но сильных. Катастрофа, приближение которой я тогда предчувствовал, наступила действительно, но во сто раз круче и неожиданнее, чем я думал. Всё это было нечто странное, безобразное и даже трагическое, по крайней мере со мной. Случились со мною некоторые происшествия - почти чудесные; так по крайней мере я до сих пор гляжу на них, хотя на другой взгляд и, особенно судя по круговороту, в котором я тогда кружился, они были только что разве не совсем обыкновенные. Но чудеснее всего для меня то, как я сам отнесся ко всем этим событиям. До сих пор не понимаю себя! И всё это пролетело как сон, - даже страсть моя, а она ведь была сильна и истинна, но... куда же она теперь делась? Право: нет-нет, да мелькнет иной раз теперь в моей голове: "Уж не сошел ли я тогда с ума и не сидел ли всё это время где-нибудь в сумасшедшем доме, а может быть, и теперь сижу, - так что мне всё это показалось и до сих пор только кажется..."

Я собрал и перечел мои листки. (Кто знает, может быть, для того, чтобы убедиться, не в сумасшедшем ли доме я их писал?) Теперь я один-одинешенек. Наступает осень, желтеет лист. Сижу в этом унылом городишке (о, как унылы германские городишки!) и, вместо того чтобы обдумать предстоящий шаг, живу под влиянием только что минувших ощущений, под влиянием свежих воспоминаний, под влиянием всего этого недавнего вихря, захватившего меня тогда в этот круговорот и опять куда-то выбросившего. Мне всё кажется порой, что я всё еще кружусь в том же вихре и что вот-вот опять промчится эта буря, захватит меня мимоходом своим крылом и я выскочу опять из порядка и чувства меры и закружусь, закружусь, закружусь..

Впрочем, я, может быть, и установлюсь как-нибудь и перестану кружиться, если дам себе, по возможности, точный отчет во всем приключившемся в этот месяц. Меня тянет опять к перу; да иногда и совсем делать нечего по вечерам. Странно, для того чтобы хоть чем-нибудь заняться, я беру в здешней паршивой библиотеке для чтения романы Поль де Кока (в немецком переводе!), которых я почти терпеть не могу, но читаю их и - дивлюсь на себя: точно я боюсь серьезною книгою или каким-нибудь серьезным занятием разрушить обаяние только что минувшего. Точно уж так дороги мне этот безобразный сон и все оставшиеся по нем впечатления, что я даже боюсь дотронуться до него чем-нибудь новым, чтобы он не разлетелся в дым! Дорого мне это всё так, что ли? Да, конечно, дорого; может, и через сорок лет вспоминать буду...

Итак, принимаюсь писать. Впрочем, всё это можно рассказать теперь отчасти и покороче: впечатления совсем не те...

Во-первых, чтоб кончить с бабушкой. На другой день она проигралась вся окончательно. Так и должно было случиться: кто раз, из таких, попадается на эту дорогу, тот - точно с снеговой горы в санках катится, всё быстрее и быстрее. Она играла весь день до восьми часов вечера; я при ее игре не присутствовал и знаю только по рассказам.

Потапыч продежурил при ней в воксале целый день. Полячки, руководившие бабушку, сменялись в этот день несколько раз. Она начала с того, что прогнала вчерашнего полячка, которого она драла за волосы, и взяла другого, но другой оказался почти что еще хуже. Прогнав этого и взяв опять первого, который не уходил и толкался во всё это время изгнания тут же, за ее креслами, поминутно просовывая к ней свою голову, - она впала наконец в решительное отчаяние. Прогнанный второй полячок тоже ни за что не хотел уйти; один поместился с правой стороны, а другой с левой. Всё время они спорили и ругались друг с другом за ставки и ходы, обзывали друг друга "лайдаками" и прочими польскими любезностями, потом опять мирились, кидали деньги без всякого порядка, распоряжались зря. Поссорившись, они ставили каждый с своей стороны, один, например, на красную, а другой тут же на черную. Кончилось тем, что они совсем закружили и сбили бабушку с толку, так что она наконец чуть не со слезами обратилась к старичку круперу с просьбою защитить ее, чтоб он их прогнал. Их действительно тотчас же прогнали, несмотря на их крики и протесты: они кричали оба разом и доказывали, что бабушка им же должна, что она их в чем-то обманула, поступила с ними бесчестно, подло. Несчастный Потапыч рассказывал мне всё это со слезами в тот самый вечер, после проигрыша, и жаловался, что они набивали свои карманы деньгами, что он сам видел, как они бессовестно воровали и поминутно совали себе в карманы. Выпросит, например, у бабушки за труды пять фридрихсдоров и начнет их тут же ставить на рулетке, рядом с бабушкиными ставками. Бабушка выиграет, а он кричит, что это его ставка выиграла, а бабушка проиграла. Когда их прогоняли, то Потапыч выступил и донес, что у них полны карманы золота. Бабушка тотчас же попросила крупера распорядиться, и как оба полячка ни кричали (точно два пойманные в руки петуха), но явилась полиция и тотчас карманы их были опустошены в пользу бабушки. Бабушка, пока не проигралась, пользовалась во весь этот день у круперов и у всего воксального начальства видимым авторитетом. Мало-помалу известность ее распространялась по всему городу. Все посетители вод, всех наций, обыкновенные и самые знатные, стекались посмотреть на "une vieille comtesse russe, tombée en enfance", которая уже проиграла "несколько миллионов". Но бабушка очень, очень мало выиграла от того, что избавили ее от двух полячишек. Взамен их тотчас же к услугам ее явился третий поляк, уже совершенно чисто говоривший по-русски, одетый джентльменом, хотя все-таки смахивавший на лакея, с огромными усами и с гонором. Он тоже целовал "стопки паньски" и "стелился под стопки паньски", но относительно окружающих вел себя заносчиво, распоряжался деспотически - словом, сразу поставил себя не слугою, а хозяином бабушки. Поминутно с каждым ходом обращался он к ней и клялся ужаснейшими клятвами, что он сам "гоноровый" пан и что он не возьмет ни единой копейки из денег бабушки. Он так часто повторял эти клятвы, что та окончательно струсила. Но так как этот пан действительно вначале как будто поправил ее игру и стал было выигрывать, то бабушка и сама уже не могла от него отстать. Час спустя оба прежние полячишки, выведенные из воксала, появились снова за стулом бабушки, опять с предложением услуг, хоть на посылки. Потапыч божился, что "гоноровый пан" с ними перемигивался и даже что-то им передавал в руки.

Так как бабушка не обедала и почти не сходила с кресел, то и действительно один из полячков пригодился: сбегал тут же рядом в обеденную залу воксала и достал ей чашку бульона, а потом и чаю. Они бегали, впрочем, оба. Но к концу дня, когда уже всем видно стало, что она проигрывает свой последний банковый билет, за стулом ее стояло уже до шести полячков, прежде невиданных и неслыханных. Когда же бабушка проигрывала уже последние монеты, то все они не только ее уж не слушались, но даже и не замечали, лезли прямо чрез нее к столу, сами хватали деньги, Сами распоряжались и ставили, спорили и кричали, переговариваясь с гоноровым паном за панибрата, а гоноровый пан чуть ли даже и не забыл о существовании бабушки. Даже тогда, когда бабушка, совсем всё проигравшая, возвращалась вечером в восемь часов в отель, то и тут три или четыре полячка всё еще не решались ее оставить и бежали около кресел, по сторонам, крича из всех сил и уверяя скороговоркою, что бабушка их в чем-то надула и должна им что-то отдать. Так дошли до самого отеля, откуда их наконец прогнали в толчки.

По расчету Потапыча, бабушка проиграла всего в этот день до девяноста тысяч рублей, кроме проигранных ею вчера денег. Все свои билеты - пятипроцентные, внутренних займов, все акции, бывшие с нею, она разменяла один за другим и одну за другой. Я подивился было, как она выдержала все эти семь или восемь часов, сидя в креслах и почти не отходя от стола, но Потапыч рассказывал, что раза три она действительно начинала сильно выигрывать; а увлеченная вновь надеждою, она уж и не могла отойти. Впрочем, игроки знают, как можно человеку просидеть чуть не сутки на одном месте за картами, не спуская глаз с правой и с левой.

Между тем во весь этот день у нас в отеле происходили тоже весьма решительные вещи. Еще утром, до одиннадцати часов, когда бабушка еще была дома, наши, то есть генерал и Де-Грие, решились было на последний шаг. Узнав, что бабушка и не думает уезжать, а, напротив, отправляется опять в воксал, они во всем конклаве (кроме Полины) пришли к ней переговорить с нею окончательно и даже откровенно. Генерал, трепетавший и замиравший душою ввиду ужасных для него последствий, даже пересолил: после получасовых молений и просьб, и даже откровенно признавшись во всем, то есть во всех долгах, и даже в своей страсти к mademoiselle Blanche (он совсем потерялся), генерал вдруг принял грозный тон и стал даже кричать и топать ногами на бабушку; кричал, что она срамит их фамилию, стала скандалом всего города, и, наконец... наконец: "Вы срамите русское имя, сударыня! - кричал генерал, - и что на то есть полиция!" Бабушка прогнала его наконец палкой (настоящей палкой). Генерал и Де-Грие совещались еще раз или два в это утро, и именно их занимало: нельзя ли, в самом деле, как-нибудь употребить полицию? Что вот, дескать, несчастная, но почтенная старушка выжила из ума, проигрывает последние деньги и т. д. Одним словом, нельзя ли выхлопотать какой-нибудь надзор или запрещение?.. Но Де-Грие только пожимал плечами и в глаза смеялся над генералом, уже совершенно заболтавшимся и бегавшим взад и вперед по кабинету. Наконец Де-Грие махнул рукою и куда-то скрылся. Вечером узнали, что он совсем выехал из отеля, переговорил наперед весьма решительно и таинственно с mademoiselle Blanche. Что же касается до mademoiselle Blanche, то она с самого еще утра приняла окончательные меры: она совсем отшвырнула от себя генерала и даже не пускала его к себе на глаза. Когда генерал побежал за нею в воксал и встретил ее под руку с князьком, то ни она, ни madame veuve Cominges его не узнали. Князек тоже ему не поклонился. Весь этот день mademoiselle Blanche пробовала и обработывала князя, чтоб он высказался наконец решительно. Но увы! Она жестоко обманулась в расчетах на князя! Эта маленькая катастрофа произошла уже вечером; вдруг открылось, что князь гол как сокол, и еще на нее же рассчитывал, чтобы занять у нее денег под вексель и поиграть на рулетке. Blanche с негодованием его выгнала и заперлась в своем номере.

Поутру в этот же день я ходил к мистеру Астлею или, лучше сказать, всё утро отыскивал мистера Астлея, но никак не мог отыскать его. Ни дома, ни в воксале или в парке его не было. В отеле своем он на этот раз не обедал. В пятом часу я вдруг увидел его идущего от дебаркадера железной дороги прямо в отель d'Angleterre. Он торопился и был очень озабочен, хотя и трудно различить заботу или какое бы то ни было замешательство в его лице. Он радушно протянул мне руку, с своим обычным восклицанием: "А!", но не останавливаясь на дороге и продолжая довольно спешным шагом путь. Я увязался за ним; но как-то он так сумел отвечать мне, что я ни о чем не успел и спросить его. К тому же мне было почему-то ужасно совестно заговаривать о Полине; он же сам ни слова о ней не спросил. Я рассказал ему про бабушку; он выслушал внимательно и серьезно и пожал плечами.

- Она всё проиграет, - заметил я.

- О да, - отвечал он, - ведь она пошла играть еще давеча, когда я уезжал, а потому я наверно и знал, что она проиграется. Если будет время, я зайду в воксал посмотреть, потому что это любопытно...

- Куда вы уезжали? - вскричал я, изумившись, что до сих пор не спросил.

- Я был во Франкфурте.

- По делам?

- Да, по делам.

Ну что же мне было спрашивать дальше? Впрочем, я всё еще шел подле него, но он вдруг повернул в стоявший на дороге отель "De quatre saisons"[62], кивнул мне головой и скрылся. Возвращаясь домой, я мало-помалу догадался, что если бы я и два часа с ним проговорил, то решительно бы ничего не узнал, потому... что мне не о чем было его спрашивать! Да, конечно, так! Я никаким образом не мог бы теперь формулировать моего вопроса.

Весь этот день Полина то гуляла с детьми и нянюшкой в парке, то сидела дома. Генерала она давно уже избегала и почти ничего с ним не говорила, по крайней мере о чем-нибудь серьезном. Я это давно заметил. Но зная, в каком генерал положении сегодня, я подумал, что он не мог миновать ее, то есть между ними не могло не быть каких-нибудь важных семейных объяснений. Однако ж, когда я, возвращаясь в отель после разговора с мистером Астлеем, встретил Полину с детьми, то на ее лице отражалось самое безмятежное спокойствие, как будто все семейные бури миновали только одну ее. На мой поклон она кивнула мне головой. Я пришел к себе совсем злой.

Конечно, я избегал говорить с нею и ни разу с нею не сходился после

---

[62] "Четырех времен года" (франц.).

происшествия с Вурмергельмами. При этом я отчасти форсил и ломался; но чем дальше шло время, тем всё более и более накипало во мне настоящее негодование. Если бы даже она и не любила меня нисколько, все-таки нельзя бы, кажется, так топтать мои чувства и с таким пренебрежением принимать мои признания. Ведь она знает же, что я взаправду люблю ее; ведь она сама допускала, позволяла мне так говорить с нею! Правда, это как-то странно началось у нас. Некоторое время, давно уж, месяца два назад, я стал замечать, что она хочет сделать меня своим другом, поверенным, и даже отчасти уж и пробует. Но это почему-то не пошло у нас тогда в ход; вот взамен того и остались странные теперешние отношения; оттого-то и стал я так говорить с нею. Но если ей противна моя любовь, зачем прямо не запретить мне говорить о ней?

Мне не запрещают; даже сама она вызывала иной раз меня на разговор и... конечно, делала это на смех. Я знаю наверное, я это твердо заметил, - ей было приятно, выслушав и раздражив меня до боли, вдруг меня огорошить какою-нибудь выходкою величайшего презрения и невнимания. И ведь знает же она, что я без нее жить не могу. Вот теперь три дня прошло после истории с бароном, а я уже не могу выносить нашей разлуки. Когда я ее встретил сейчас у воксала, у меня забилось сердце так, что я побледнел. Но ведь и она же без меня не проживет! Я ей нужен и - неужели, неужели только как шут Балакирев?

У ней тайна - это ясно! Разговор ее с бабушкой больно уколол мое сердце. Ведь я тысячу раз вызывал ее быть со мною откровенной, и ведь она знала, что я действительно готов за нее голову мою положить. Но она всегда отделывалась чуть не презрением или вместо жертвы жизнью, которую я предлагал ей, требовала от меня таких выходок, как тогда с бароном! Разве это не возмутительно? Неужели весь мир для нее в этом французе? А мистер Астлей? Но тут уже дело становилось решительно непонятным, а между тем - боже, как я мучился!

Придя домой, в порыве бешенства, я схватил перо и настрочил ей следующее:

"Полина Александровна, я вижу ясно, что пришла развязка, которая заденет, конечно, и вас. Последний раз повторяю: нужна или нет вам моя голова? Если буду нужен, хоть на что-нибудь, - располагайте, а я покамест сижу в своей комнате, по крайней мере большею частью, и никуда не уеду. Надо будет, - то напишите иль позовите".

Я запечатал и отправил эту записку с коридорным лакеем, с приказанием отдать прямо в руки. Ответа я не ждал, но через три минуты лакей воротился с известием, что "приказали кланяться".

Часу в седьмом меня позвали к генералу.

Он был в кабинете, одет как бы собираясь куда-то идти. Шляпа и палка лежали на диване. Мне показалось входя, что он стоял среди комнаты, расставив ноги, опустя голову, и что-то говорил вслух сам с собой. Но только что он завидел меня, как бросился ко мне чуть не с криком, так что я невольно отшатнулся и хотел было убежать; но он схватил меня за обе руки и потащил к дивану; сам сел на диван, меня посадил прямо против себя в кресла и, не выпуская моих рук, с дрожащими губами, со слезами, заблиставшими вдруг на его ресницах, умоляющим голосом проговорил:

- Алексей Иванович, спасите, спасите, пощадите!

Я долго не мог ничего понять; он всё говорил, говорил, говорил и всё повторял: "Пощадите, пощадите!" Наконец я догадался, что он ожидает от меня чего-то вроде совета; или, лучше сказать, всеми оставленный, в тоске и тревоге, он вспомнил обо мне и позвал меня, чтоб только говорить, говорить, говорить.

Он помешался, по крайней мере в высшей степени потерялся. Он складывал руки и готов был броситься предо мной на колени, чтобы (как вы думаете?) - чтоб я сейчас же шел к mademoiselle Blanche и упросил, усовестил ее воротиться к нему и выйти за него замуж.

- Помилуйте, генерал, - вскричал я, - да mademoiselle Blanche, может быть, еще и не заметила меня до сих пор? Что могу я сделать?

Но напрасно было и возражать: он не понимал, что ему говорят. Пускался он говорить и о бабушке, но только ужасно бессвязно; он всё еще стоял на мысли послать за полициею.

- У нас, у нас, - начинал он, вдруг вскипая негодованием, - одним словом, у нас, в благоустроенном государстве, где есть начальство, над такими старухами тотчас бы опеку устроили! Да-с, милостивый государь, да-с, - продолжал он, вдруг впадая в распекательный тон, вскочив с места и расхаживая по комнате; - вы еще не знали этого, милостивый государь, - обратился он к какому-то воображаемому милостивому государю в угол, - так вот и узнаете... да-с... у нас эдаких старух в дугу гнут, в дугу, в дугу-с, да-с... о, черт возьми!

И он бросался опять на диван, а чрез минуту, чуть не всхлипывая, задыхаясь, спешил рассказать мне, что mademoiselle Blanche оттого ведь за него не выходит, что вместо телеграммы приехала бабушка и что теперь уже ясно, что он не получит наследства. Ему казалось, что ничего еще этого я не знаю. Я было заговорил о Де-Грие; он махнул рукою:

- Уехал! у него всё мое в закладе; я гол как сокол! Те деньги, которые вы привезли... те деньги, - я не знаю, сколько там, кажется франков семьсот осталось, и - довольно-с, вот и всё, а дальше - не знаю-с, не знаю-с!..

- Как же вы в отеле расплатитесь? - вскричал я в испуге, - и... потом что же?

216

Он задумчиво посмотрел, но, кажется, ничего не понял и даже, может быть, не расслышал меня. Я попробовал было заговорить о Полине Александровне, о детях; он наскоро отвечал:

- Да! да! - но тотчас же опять пускался говорить о князе, о том, что теперь уедет с ним Blanche и тогда... и тогда - что же мне делать, Алексей Иванович? - обращался он вдруг ко мне. - Клянусь богом! Что же мне делать, - скажите, ведь это неблагодарность! Ведь это же неблагодарность?

Наконец он залился в три ручья слезами.

Нечего было делать с таким человеком; оставить его одного тоже было опасно; пожалуй, могло с ним что-нибудь приключиться. Я, впрочем, от него кое-как избавился, но дал знать нянюшке, чтоб та наведывалась почаще, да, кроме того, поговорил с коридорным лакеем, очень толковым малым; тот обещался мне тоже с своей стороны присматривать.

Едва только оставил я генерала, как явился ко мне Потапыч с зовом к бабушке. Было восемь часов, и она только что воротилась из воксала после окончательного проигрыша. Я отправился к ней: старуха сидела в креслах, совсем измученная и видимо больная. Марфа подавала ей чашку чая, которую почти насильно заставила ее выпить. И голос и тон бабушки ярко изменились.

- Здравствуйте, батюшка Алексей Иванович, - сказала она медленно и важно склоняя голову, - извините, что еще раз побеспокоила, простите старому человеку. Я, отец мой, всё там оставила, почти сто тысяч рублей. Прав ты был, что вчера не пошел со мною. Теперь я без денег, гроша нет. Медлить не хочу ни минуты, в девять с половиною и поеду. Послала я к этому твоему англичанину, Астлею, что ли, и хочу у него спросить три тысячи франков на неделю. Так убеди ты его, чтоб он как-нибудь чего не подумал и не отказал. Я еще, отец мой, довольно богата. У меня три деревни и два дома есть. Да и денег еще найдется, не все с собой взяла. Для того я это говорю, чтоб не усомнился он как-нибудь... А, да вот и он! Видно хорошего человека.

Мистер Астлей поспешил по первому зову бабушки. Нимало не думая и много не говоря, он тотчас же отсчитал ей три тысячи франков под вексель, который бабушка и подписала. Кончив дело, он откланялся и поспешил выйти.

- А теперь ступай и ты, Алексей Иванович. Осталось час с небольшим - хочу прилечь, кости болят. Не взыщи на мне, старой дуре. Теперь уж не буду молодых обвинять в легкомыслии, да и того несчастного, генерала-то вашего, тоже грешно мне теперь обвинять. Денег я ему все-таки не дам, как он хочет, потому - уж совсем он, на мой взгляд, глупехонек, только и я, старая дура, не умнее его. Подлинно, бог и на старости взыщет и накажет гордыню. Ну, прощай. Марфуша, подыми меня.

Я, однако, желал проводить бабушку. Кроме того, я был в каком-то ожидании, я всё ждал, что вот-вот сейчас что-то случится. Мне не сиделось у себя. Я выходил в коридор, даже на минутку вышел побродить по аллее. Письмо мое к ней было ясно и решительно, а теперешняя катастрофа - уж, конечно, окончательная. В отеле я услышал об отъезде Де-Грие. Наконец, если она меня и отвергнет, как друга, то, может быть, как слугу не отвергнет. Ведь нужен же я ей хоть на посылки; да пригожусь, как же иначе!

Ко времени поезда я сбегал на дебаркадер и усадил бабушку. Они все уселись в особый семейный вагон. "Спасибо тебе, батюшка, за твое бескорыстное участие, - простилась она со мною, - да передай Прасковье то, о чем я вчера ей говорила, - я ее буду ждать".

Я пошел домой. Проходя мимо генеральского номера, я встретил нянюшку и осведомился о генерале. "И, батюшка, ничего", - отвечала та уныло. Я, однако, зашел, но в дверях кабинета остановился в решительном изумлении. Mademoiselle Blanche и генерал хохотали о чем-то взапуски. Veuve Cominges сидела тут же на диване. Генерал был, видимо, без ума от радости, лепетал всякую бессмыслицу и заливался нервным длинным смехом, от которого всё лицо его складывалось в бесчисленное множество морщинок и куда-то прятались глаза. После я узнал от самой же Blanche, что она, прогнав князя и узнав о плаче генерала, вздумала его утешить и зашла к нему на минутку. Но не знал бедный генерал, что в эту минуту участь его была решена и что Blanche уже начала укладываться, чтоб завтра же, с первым утренним поездом, лететь в Париж. Постояв на пороге генеральского кабинета, я раздумал входить и вышел незамеченный. Поднявшись к себе и отворив дверь, я в полутемноте заметил вдруг какую-то фигуру, сидевшую на стуле, в углу, у окна. Она не поднялась при моем появлении. Я быстро подошел, посмотрел и - дух у меня захватило: это была Полина!

Глава XIV

Я так и вскрикнул.

- Что же? Что же? - странно спрашивала она. Она была бледна и смотрела мрачно.

- Как что же? Вы? здесь, у меня!

- Если я прихожу, то уж вся прихожу. Это моя привычка. Вы сейчас это увидите; зажгите свечу.

Я зажег свечку. Она встала, подошла к столу и положила предо мной распечатанное письмо.

- Прочтите, - велела она.

- Это, - это рука Де-Грие! - вскричал я, схватив письмо. Руки у меня тряслись, и строчки прыгали пред глазами. Я забыл точные выражения письма, но вот оно - хоть не слово в слово, так, по крайней мере, мысль в мысль.

"Mademoiselle, - писал Де-Грие, - неблагоприятные обстоятельства заставляют меня уехать немедленно. Вы, конечно, сами заметили, что я нарочно избегал окончательного объяснения с вами до тех пор, пока не разъяснились все обстоятельства. Приезд старой (de la vieille dame) вашей родственницы и нелепый ее поступок покончили все мои недоумения. Мои собственные расстроенные дела запрещают мне окончательно питать дальнейшие сладостные надежды, которыми я позволял себе упиваться некоторое время. Сожалею о прошедшем, но надеюсь, что в поведении моем вы не отыщете ничего, что недостойно жантилома и честного человека (gentilhomme et honnête homme[63]). Потеряв почти все мои деньги в долгах на отчиме вашем, я нахожусь в крайней необходимости воспользоваться тем, что мне остается: я уже дал знать в Петербург моим друзьям, чтоб немедленно распорядились продажею заложенного мне имущества; зная, однако же, что легкомысленный отчим ваш растратил ваши собственные деньги, я решился простить ему пятьдесят тысяч франков и на эту сумму возвращаю ему часть закладных на его имущество, так что вы поставлены теперь в возможность воротить всё, что потеряли, потребовав с него имение судебным порядком. Надеюсь, mademoiselle, что при теперешнем состоянии дел мой поступок будет для вас весьма выгоден. Надеюсь тоже, что этим поступком я вполне исполняю обязанность человека честного и благородного. Будьте уверены, что память о вас запечатлена навеки в моем сердце".

- Что же, это всё ясно, - сказал я, обращаясь к Полине, - неужели вы могли ожидать чего-нибудь другого, - прибавил я с негодованием.

- Я ничего не ожидала, - отвечала она, по-видимому спокойно, но что-то как бы вздрагивало в ее голосе; - я давно всё порешила; я читала его мысли и узнала, что он думает. Он думал, что я ищу... что я буду настаивать... (Она остановилась и, не договорив, закусила губу и замолчала). Я нарочно удвоила мое к нему презрение, - начала она опять, - я ждала, что от него будет? Если б пришла телеграмма о наследстве, я бы швырнула ему долг этого идиота (отчима) и прогнала его! Он мне был давно, давно ненавистен. О, это был не тот человек прежде, тысячу раз не тот, а теперь, а теперь!.. О, с каким бы счастием я бросила ему теперь, в его подлое лицо, эти пятьдесят тысяч и плюнула бы... и растерла бы плевок!

---

[63] дворянина и порядочного человека (франц.).

- Но бумага, - эта возвращенная им закладная на пятьдесят тысяч, ведь она у генерала? Возьмите и отдайте Де-Грие.

- О, не то! Не то!..

- Да, правда, правда, не то! Да и к чему генерал теперь способен? А бабушка? - вдруг вскричал я.

Полина как-то рассеянно и нетерпеливо на меня посмотрела.

- Зачем бабушка? - с досадой проговорила Полина, - я не могу идти к ней... Да и ни у кого не хочу прощения просить, - прибавила она раздражительно.

- Что же делать! - вскричал я, - и как, ну как это вы могли любить Де-Грие! О, подлец, подлец! Ну, хотите, я его убью на дуэли! Где он теперь?

- Он во Франкфурте и проживет там три дня.

- Одно ваше слово, и я еду, завтра же, с первым поездом! - проговорил я в каком-то глупом энтузиазме. Она засмеялась.

- Что же, он скажет еще, пожалуй: сначала возвратите пятьдесят тысяч франков. Да и за что ему драться?.. Какой это вздор!

- Ну так где же, где же взять эти пятьдесят тысяч франков, - повторил я, скрежеща зубами, - точно так и возможно вдруг их поднять на полу. - Послушайте: мистер Астлей? - спросил я, обращаясь к ней с началом какой-то странной идеи.

У ней глаза засверкали.

- Что же, разве ты сам хочешь, чтоб я от тебя ушла к этому англичанину? - проговорила она, пронзающим взглядом смотря мне в лицо и горько улыбаясь. Первый раз в жизни сказала она мне ты.

Кажется, у ней в эту минуту закружилась голова от волнения, и вдруг она села на диван, как бы в изнеможении.

Точно молния опалила меня; я стоял и не верил глазам, не верил ушам! Что же, стало быть, она меня любит! Она пришла ко мне, а не к мистеру Астлею! Она, одна, девушка, пришла ко мне в комнату, в отели, - стало быть, компрометировала себя всенародно, - и я, я стою перед ней и еще не понимаю!

Одна дикая мысль блеснула в моей голове.

- Полина! Дай мне только один час! Подожди здесь только час и... я вернусь! Это... это необходимо! Увидишь! Будь здесь, будь здесь!

И я выбежал из комнаты, не отвечая на ее удивленный вопросительный взгляд; она крикнула мне что-то вслед, но я не воротился.

Да, иногда самая дикая мысль, самая с виду невозможная мысль, до того сильно укрепляется в голове, что ее принимаешь наконец за что-то осуществимое... Мало того: если идея соединяется с сильным, страстным желанием, то, пожалуй, иной раз примешь ее наконец за нечто фатальное, необходимое, предназначенное, за нечто такое, что уже не может не быть и не случиться! Может быть, тут есть еще что-нибудь, какая-нибудь комбинация предчувствий, какое-нибудь необыкновенное усилие воли, самоотравление собственной фантазией или еще что-нибудь - не знаю; но со мною в этот вечер (который я никогда в жизни не позабуду) случилось происшествие чудесное.

Оно хоть и совершенно оправдывается арифметикою, но тем не менее - для меня еще до сих пор чудесное. И почему, почему эта уверенность так глубоко, крепко засела тогда во мне, и уже с таких давних пор? Уж, верно, я помышлял об этом, - повторяю вам, - не как о случае, который может быть в числе прочих (а стало быть, может и не быть), но как о чем-то таком, что никак уж не может не случиться!

Было четверть одиннадцатого; я вошел в воксал в такой твердой надежде и в то же время в таком волнении, какого я еще никогда не испытывал. В игорных залах народу было еще довольно, хоть вдвое менее утрешнего.

В одиннадцатом часу у игорных столов остаются настоящие, отчаянные игроки, для которых на водах существует только одна рулетка, которые и приехали для нее одной, которые плохо замечают, что вокруг них происходит, и ничем не интересуются во весь сезон, а только играют с утра до ночи и готовы были бы играть, пожалуй, и всю ночь до рассвета, если б можно было. И всегда они с досадой расходятся, когда в двенадцать часов закрывают рулетку. И когда старший крупер перед закрытием рулетки, около двенадцати часов, возглашает: "Les trois derniers coups, messieurs!"[64], то они готовы проставить иногда на этих трех последних ударах всё, что у них есть в кармане, - и действительно тут-то наиболее и проигрываются. Я прошел к тому самому столу, где давеча сидела бабушка. Было не очень тесно, так что я очень скоро занял место у стола стоя. Прямо предо мной, на зеленом сукне, начерчено было слово: "Passe". "Passe" - это ряд цифр от девятнадцати включительно до тридцати шести. Первый же ряд, от первого до восемнадцати включительно, называется "Manque": но какое мне было до этого дело? Я не рассчитывал, я даже не слыхал, на какую цифру лег последний удар, и об этом не справился, начиная игру, как бы сделал всякий чуть-чуть рассчитывающий игрок. Я вытащил все мои двадцать фридрихсдоров и бросил на бывший предо мною "passe".

- Vingt deux![65] - закричал крупер.

Я выиграл - и опять поставил всё: и прежнее, и выигрыш.

---

[64] Три последних игры (букв.: удара), господа! (франц.).

[65] Двадцать два! (франц.).

- Trente et un[66], - прокричал крупер. Опять выигрыш! Всего уж, стало быть, у меня восемьдесят фридрихсдоров! Я двинул все восемьдесят на двенадцать средних цифр (тройной выигрыш, но два шанса против себя) - колесо завертелось, и вышло двадцать четыре. Мне выложили три свертка по пятидесяти фридрихсдоров и десять золотых монет; всего, с прежним, очутилось у меня двести фридрихсдоров.

Я был как в горячке и двинул всю эту кучу денег на красную - и вдруг опомнился! И только раз во весь этот вечер, во всю игру, страх прошел по мне холодом и отозвался дрожью в руках и ногах. Я с ужасом ощутил и мгновенно сознал: что для меня теперь значит проиграть! Стояла на ставке вся моя жизнь!

- Rouge! - крикнул крупер, - и я перевел дух, огненные мурашки посыпались по моему телу. Со мною расплатились банковыми билетами; стало быть, все уж четыре тысячи флоринов и восемьдесят фридрихсдоров! (Я еще мог следить тогда за счетом).

Затем, помнится, я поставил две тысячи флоринов опять на двенадцать средних и проиграл; поставил мое золото и восемьдесят фридрихсдоров и проиграл. Бешенство овладело мною: я схватил последние оставшиеся мне две тысячи флоринов и поставил на двенадцать первых - так, на авось, зря, без расчета! Впрочем, было одно мгновение ожидания, похожее, может быть, впечатлением на впечатление, испытанное madame Blanchard, когда она, в Париже, летела с воздушного шара на землю.

- Quatre![67] - крикнул крупер. Всего, с прежнею ставкою, опять очутилось шесть тысяч флоринов. Я уже смотрел как победитель, я уже ничего, ничего теперь не боялся и бросил четыре тысячи флоринов на черную. Человек девять бросилось, вслед за мною, тоже ставить на черную. Круперы переглядывались и переговаривались. Кругом говорили и ждали.

Вышла черная. Не помню я уж тут ни расчета, ни порядка моих ставок. Помню только, как во сне, что я уже выиграл, кажется, тысяч шестнадцать флоринов; вдруг, тремя несчастными ударами, спустил из них двенадцать; потом двинул последние четыре тысячи на "passe" (но уж почти ничего не ощущал при этом; я только ждал, как-то механически, без мысли) - и опять выиграл; затем, выиграл еще четыре раза сряду. Помню только, что я забирал деньги тысячами; запоминаю я тоже, что чаще всех выходили двенадцать средних, к которым я и привязался. Они появлялись как-то регулярно - непременно раза три, четыре сряду, потом исчезали на

---

[66] Тридцать один (франц.).

[67] Четыре! (франц.).

два раза и потом возвращались опять раза на три или на четыре кряду. Эта удивительная регулярность встречается иногда полосами - и вот это-то и сбивает с толку записных игроков, рассчитывающих с карандашом в руках. И какие здесь случаются иногда ужасные насмешки судьбы!

Я думаю, с моего прибытия времени прошло не более получаса. Вдруг крупер уведомил меня, что я выиграл тридцать тысяч флоринов, а так как банк за один раз больше не отвечает, то, стало быть, рулетку закроют до завтрашнего утра. Я схватил всё мое золото, ссыпал его в карманы, схватил все билеты и тотчас перешел на другой стол, в другую залу, где была другая рулетка; за мною хлынула вся толпа; там тотчас же очистили мне место, и я пустился ставить опять, зря и не считая. Не понимаю, что меня спасло!

Иногда, впрочем, начинал мелькать в голове моей расчет. Я привязывался к иным цифрам и шансам, но скоро оставлял их и ставил опять, почти без сознания. Должно быть, я был очень рассеян; помню, что круперы несколько раз поправляли мою игру. Я делал грубые ошибки. Виски мои были смочены потом и руки дрожали. Подскакивали было и полячки с услугами, но я никого не слушал. Счастье не прерывалось! Вдруг кругом поднялся громкий говор и смех. "Браво, браво!" - кричали все, иные даже захлопали в ладоши. Я сорвал и тут тридцать тысяч флоринов, и банк опять закрыли до завтра!

- Уходите, уходите, - шептал мне чей-то голос справа. Это был какой-то франкфуртский жид; он всё время стоял подле меня и, кажется, помогал мне иногда в игре.

- Ради бога уходите, - прошептал другой голос над левым моим ухом. Я мельком взглянул. Это была весьма скромно и прилично одетая дама, лет под тридцать, с каким-то болезненно бледным, усталым лицом, но напоминавшим и теперь ее чудную прежнюю красоту. В эту минуту я набивал карманы билетами, которые так и комкал, и собирал оставшееся на столе золото. Захватив последний сверток в пятьдесят фридрихсдоров, я успел, совсем неприметно, сунуть его в руку бледной даме; мне это ужасно захотелось тогда сделать, и тоненькие, худенькие ее пальчики, помню, крепко сжали мою руку в знак живейшей благодарности. Всё это произошло в одно мгновение.

Собрав всё, я быстро перешел на trente et quarante.

За trente et quarante сидит публика аристократическая. Это не рулетка, это карты. Тут банк отвечает за сто тысяч талеров разом. Наибольшая ставка тоже четыре тысячи флоринов. Я совершенно не знал игры и не знал почти ни одной ставки, кроме красной и черной, которые тут тоже были. К ним-то я и привязался. Весь воксал столпился кругом. Не помню, вздумал ли я в это время хоть раз о Полине. Я тогда ощущал какое-то непреодолимое наслаждение хватать и загребать банковые билеты, нараставшие кучею предо мной.

Действительно, точно судьба толкала меня. На этот раз, как нарочно, случилось одно обстоятельство, довольно, впрочем, часто повторяющееся в игре. Привяжется счастие, например, к красной и не оставляет ее раз десять, даже пятнадцать сряду. Я слышал еще третьего дня, что красная, на прошлой неделе, вышла двадцать два раза сряду; этого даже и не запомнят на рулетке и рассказывали с удивлением. Разумеется, все тотчас же оставляют красную и уже после десяти раз, например, почти никто не решается на нее ставить. Но и на черную, противоположную красной, не ставит тогда никто из опытных игроков. Опытный игрок знает, что значит это "своенравие случая". Например, казалось бы, что после шестнадцати раз красной семнадцатый удар непременно ляжет на черную. На это бросаются новички толпами, удвоивают и утроивают куши, и страшно проигрываются.

Но я, по какому-то странному своенравию, заметив, что красная вышла семь раз сряду, нарочно к ней привязался. Я убежден, что тут наполовину было самолюбия; мне хотелось удивить зрителей безумным риском, и - о странное ощущение - я помню отчетливо, что мною вдруг действительно без всякого вызова самолюбия овладела ужасная жажда риску. Может быть, перейдя через столько ощущений, душа не насыщается, а только раздражается ими и требует ощущений еще, и всё сильней и сильней, до окончательного утомления. И, право не лгу, если б устав игры позволял поставить пятьдесят тысяч флоринов разом, я бы поставил их наверно. Кругом кричали, что это безумно, что красная уже выходит четырнадцатый раз!

- Monsieur a gagné déjà cent mille florins[68], - раздался подле меня чей-то голос.

Я вдруг очнулся. Как? я выиграл в этот вечер сто тысяч флоринов! Да к чему же мне больше? Я бросился на билеты, скомкал их в карман, не считая, загреб всё мое золото, все свертки и побежал из воксала. Кругом все смеялись, когда я проходил по залам, глядя на мои оттопыренные карманы и на неровную походку от тяжести золота. Я думаю, его было гораздо более полупуда. Несколько рук протянулось ко мне; я раздавал горстями, сколько захватывалось. Два жида остановили меня у выхода.

- Вы смелы! вы очень смелы! - сказали они мне, - но уезжайте завтра утром непременно, как можно раньше, не то вы всё-всё проиграете...

Я их не слушал. Аллея была темна, так что руки своей нельзя было различить. До отеля было с полверсты. Я никогда не боялся ни воров, ни

---

[68] Господин выиграл уже сто тысяч флоринов (франц.).

разбойников, даже маленький; не думал о них и теперь. Я, впрочем, не помню, о чем я думал дорогою; мысли не было. Ощущал я только какое-то ужасное наслаждение удачи, победы, могущества - не знаю, как выразиться. Мелькал предо мною и образ Полины; я помнил и сознавал, что иду к ней, сейчас с ней сойдусь и буду ей рассказывать, покажу... но я уже едва вспомнил о том, что она мне давеча говорила, и зачем я пошел, и все те недавние ощущения, бывшие всего полтора часа назад, казались мне уж теперь чем-то давно прошедшим, исправленным, устаревшим - о чем мы уже не будем более поминать, потому что теперь начнется всё сызнова. Почти уж в конце аллеи вдруг страх напал на меня: "Что, если меня сейчас убьют и ограбят?" С каждым шагом мой страх возрастал вдвое. Я почти бежал. Вдруг в конце аллеи разом блеснул весь наш отель, освещенный бесчисленными огнями, - слава богу: дома!

Я добежал в свой этаж и быстро растворил дверь. Полина была тут и сидела на моем диване, перед зажженною свечою, скрестя руки. С изумлением она на меня посмотрела, и, уж конечно, в эту минуту я был довольно странен на вид. Я остановился пред нею и стал выбрасывать на стол всю мою груду денег.

Глава XV

Помню, она ужасно пристально смотрела в мое лицо, но не трогаясь с места, не изменяя даже своего положения.

- Я выиграл двести тысяч франков, - вскричал я, выбрасывая последний сверток. Огромная груда билетов и свертков золота заняла весь стол, я не мог уж отвести от нее моих глаз; минутами я совсем забывал о Полине. То начинал я приводить в порядок эти кучи банковых билетов, складывал их вместе, то откладывал в одну общую кучу золото; то бросал всё и пускался быстрыми шагами ходить по комнате, задумывался, потом вдруг опять подходил к столу, опять начинал считать деньги. Вдруг, точно опомнившись, я бросился к дверям и поскорее запер их, два раза обернув ключ. Потом остановился в раздумье пред маленьким моим чемоданом.

- Разве в чемодан положить до завтра? - спросил я, вдруг обернувшись к Полине, и вдруг вспомнил о ней. Она же всё сидела не шевелясь, на том же месте, но пристально следила за мной. Странно как-то было выражение ее лица; не понравилось мне это выражение! Не ошибусь, если скажу, что в нем была ненависть.

Я быстро подошел к ней.

- Полина, вот двадцать пять тысяч флоринов - это пятьдесят тысяч франков, даже больше. Возьмите, бросьте их ему завтра в лицо.

Она не ответила мне.

- Если хотите, я отвезу сам, рано утром. Так?

Она вдруг засмеялась. Она смеялась долго.

Я с удивлением и с скорбным чувством смотрел на нее. Этот смех очень похож был на недавний, частый, насмешливый смех ее надо мной, всегда приходившийся во время самых страстных моих объяснений. Наконец она перестала и нахмурилась; строго оглядывала она меня исподлобья.

- Я не возьму ваших денег, - проговорила она презрительно.

- Как? Что это? - закричал я. - Полина, почему же?

- Я даром денег не беру.

- Я предлагаю вам, как друг; я вам жизнь предлагаю. Она посмотрела на меня долгим, пытливым взглядом, как бы пронзить меня им хотела.

- Вы дорого даете, - проговорила она усмехаясь, - любовница Де-Грие не стоит пятидесяти тысяч франков.

- Полина, как можно так со мною говорить! - вскричал я с укором, - разве я Де-Грие?

- Я вас ненавижу! Да... да!.. я вас не люблю больше, чем Де-Грие, - вскричала она, вдруг засверкав глазами.

Тут она закрыла вдруг руками лицо, и с нею сделалась истерика. Я бросился к ней.

Я понял, что с нею что-то без меня случилось. Она была совсем как бы не в своем уме.

- Покупай меня! Хочешь? хочешь? за пятьдесят тысяч франков, как Де-Грие? - вырывалось у ней с судорожными рыданиями. Я обхватил ее, целовал ее руки, ноги, упал пред нею на колени.

Истерика ее проходила. Она положила обе руки на мои плечи и пристально меня рассматривала; казалось, что-то хотела прочесть на моем лице. Она слушала меня, но, видимо, не слыхала того, что я ей говорил. Какая-то забота и вдумчивость явились в лице ее. Я боялся за нее; мне решительно казалось, что у ней ум мешается. То вдруг начинала она тихо привлекать меня к себе; доверчивая улыбка уже блуждала в ее лице; и вдруг она меня отталкивала и опять омраченным взглядом принималась в меня всматриваться.

Вдруг она бросилась обнимать меня.

- Ведь ты меня любишь, любишь? - говорила она, - ведь ты, ведь ты... за меня с бароном драться хотел! - И вдруг она расхохоталась, точно что-то смешное и милое мелькнуло вдруг в ее памяти. Она и плакала, и смеялась - всё вместе. Ну что мне было делать? Я сам был как в лихорадке.

Помню, она начинала мне что-то говорить, но я почти ничего не мог понять. Это был какой-то бред, какой-то лепет, - точно ей хотелось что-то поскорей мне рассказать, - бред, прерываемый иногда самым веселым смехом, который начинал пугать меня. "Нет, нет, ты милый, милый! - повторяла она. - Ты мой верный!" - и опять клала мне руки свои на плечи, опять в меня всматривалась и продолжала повторять: "Ты меня любишь... любишь... будешь любить?" Я не сводил с нее глаз; я еще никогда не видал ее в этих припадках нежности и любви; правда, это, конечно, был бред, но... заметив мой страстный взгляд, она вдруг начинала лукаво улыбаться; ни с того ни с сего она вдруг заговаривала о мистере Астлее.

Впрочем, о мистере Астлее она беспрерывно заговаривала (особенно когда силилась мне что-то давеча рассказать), но что именно, я вполне не мог схватить; кажется, она даже смеялась над ним; повторяла беспрерывно, что он ждет... и что знаю ли я, что он наверное стоит теперь под окном? "Да, да, под окном, - ну отвори, посмотри, посмотри, он здесь, здесь!" Она толкала меня к окну, но только я делал движение идти, она заливалась смехом, и я оставался при ней, а она бросалась меня обнимать.

- Мы уедем? Ведь мы завтра уедем? - приходило ей вдруг беспокойно в голову, - ну... (и она задумалась) - ну, а догоним мы бабушку, как ты думаешь? В Берлине, я думаю, догоним. Как ты думаешь, что она скажет, когда мы ее догоним и она нас увидит? А мистер Астлей?.. Ну, этот не соскочит с Шлангенберга, как ты думаешь? (Она захохотала). Ну, послушай: знаешь, куда он будущее лето едет? Он хочет на Северный полюс ехать для ученых исследований и меня звал с собою, ха-ха-ха! Он говорит, что мы, русские, без европейцев ничего не знаем и ни к чему не способны... Но он тоже добрый! Знаешь, он "генерала" извиняет; он говорит, что Blanche... что страсть, - ну не знаю, не знаю, - вдруг повторила она, как бы заговорясь и потерявшись. - Бедные они, как мне их жаль, и бабушку... Ну, послушай, послушай, ну где тебе убить Де-Грие? И неужели, неужели ты думал, что убьешь? О глупый! Неужели ты мог подумать, что я пущу тебя драться с Де-Грие? Да ты и барона-то не убьешь, - прибавила она, вдруг засмеявшись. - О, как ты был тогда смешон с бароном; я глядела на вас обоих со скамейки; и как тебе не хотелось тогда идти, когда я тебя посылала. Как я тогда смеялась, как я тогда смеялась, - прибавила она хохоча.

И вдруг она опять целовала и обнимала меня, опять страстно и нежно прижимала свое лицо к моему. Я уж более ни о чем не думал и ничего не слышал. Голова моя закружилась...

Я думаю, что было около семи часов утра, когда я очнулся; солнце светило в комнату. Полина сидела подле меня и странно осматривалась, как будто выходя из какого-то мрака и собирая воспоминания. Она тоже только что проснулась и пристально смотрела на стол и деньги. Голова моя была тяжела и болела. Я было хотел взять Полину за руку; она вдруг оттолкнула меня и вскочила с дивана. Начинавшийся день был пасмурный; пред рассветом шел дождь. Она подошла к окну, отворила его, выставила голову и грудь и, подпершись руками, а локти положив на косяк окна, пробыла так минуты три, не оборачиваясь ко мне и не слушая того, что я ей говорил. Со страхом приходило мне в голову: что же теперь будет и чем это кончится? Вдруг она поднялась с окна, подошла к столу и, смотря на меня с выражением бесконечной ненависти, с дрожавшими от злости губами, сказала мне:

- Ну, отдай же мне теперь мои пятьдесят тысяч франков!

- Полина, опять, опять! - начал было я.

- Или ты раздумал? ха-ха-ха! Тебе, может быть, уже и жалко?

Двадцать пять тысяч флоринов, отсчитанные еще вчера, лежали на столе; я взял и подал ей.

- Ведь они уж теперь мои? Ведь так? Так? - злобно спрашивала она меня, держа деньги в руках.

- Да они и всегда были твои, - сказал я.

- Ну так вот же твои пятьдесят тысяч франков! - Она размахнулась и пустила их в меня. Пачка больно ударила мне в лицо и разлетелась по полу. Совершив это, Полина выбежала из комнаты.

Я знаю, она, конечно, в ту минуту была не в своем уме, хоть я и не понимаю этого временного помешательства. Правда, она еще и до сих пор, месяц спустя, еще больна. Что было, однако, причиною этого состояния, а главное, этой выходки? Оскорбленная ли гордость? Отчаяние ли о том, что она решилась даже прийти ко мне? Не показал ли я ей виду, что тщеславлюсь моим счастием и в самом деле точно так же, как и Де-Грие, хочу отделаться от нее, подарив ей пятьдесят тысяч франков? Но ведь этого не было, я знаю по своей совести. Думаю, что виновато было тут отчасти и ее тщеславие: тщеславие подсказало ей не поверить мне и оскорбить меня, хотя всё это представлялось ей, может быть, и самой неясно. В таком случае я, конечно, ответил за Де-Грие и стал виноват, может быть, без большой вины. Правда, всё это был только бред; правда и то, что я знал, что она в бреду, и... не обратил внимания на это обстоятельство. Может быть, она теперь не может мне простить этого? Да, но это теперь; но тогда, тогда? Ведь не так же сильны были ее бред и болезнь, чтобы она уж совершенно забыла, что делает, идя ко мне с письмом Де-Грие? Значит, она знала, что делает.

Я кое-как, наскоро, сунул все мои бумаги и всю мою кучу золота в постель, накрыл ее и вышел минут десять после Полины. Я был уверен, что она побежала домой, и хотел потихоньку пробраться к ним и в передней спросить у няни о здоровье барышни. Каково же было мое изумление, когда от встретившейся мне на лестнице нянюшки я узнал, что Полина домой еще не возвращалась и что няня сама шла ко мне за ней.

- Сейчас, - говорил я ей, - сейчас только ушла от меня, минут десять тому назад, куда же могла она деваться?

Няня с укоризной на меня поглядела.

А между тем вышла целая история, которая уже ходила по отелю. В швейцарской и у обер-кельнера перешептывались, что фрейлейн утром, в шесть часов, выбежала из отеля, в дождь, и побежала по направлению к hôtel d'Angleterre. По их словам и намекам я заметил, что они уже знают, что она провела всю ночь в моей комнате. Впрочем, уже рассказывалось о всем генеральском семействе: стало известно, что генерал вчера сходил с ума и плакал на весь отель. Рассказывали при этом, что приезжавшая бабушка была его мать, которая затем нарочно и появилась из самой России, чтоб воспретить своему сыну брак с mademoiselle de Cominges, а за ослушание лишить его наследства, и так как он действительно не послушался, то графиня, в его же глазах, нарочно и проиграла все свои деньги на рулетке, чтоб так уже ему и недоставалось ничего. "Diese Russen!"[69] - повторял обер-кельнер с негодованием, качая головой. Другие смеялись. Обер-кельнер готовил счет. Мой выигрыш был уже известен; Карл, мой коридорный лакей, первый поздравил меня. Но мне было не до них. Я бросился в отель d'Angleterre.

Еще было рано; мистер Астлей не принимал никого; узнав же, что это я, вышел ко мне в коридор и остановился предо мной, молча устремив на меня свой оловянный взгляд, и ожидал: что я скажу? Я тотчас спросил о Полине.

- Она больна, - отвечал мистер Астлей, по-прежнему смотря на меня в упор и не сводя с меня глаз.

- Так она в самом деле у вас?

- О да, у меня.

- Так как же вы... вы намерены ее держать у себя?

- О да, я намерен.

- Мистер Астлей, это произведет скандал; этого нельзя. К тому же она совсем больна; вы, может быть, не заметили?

- О да, я заметил и уже вам сказал, что она больна. Если б она была не больна, то у вас не провела бы ночь.

- Так вы и это знаете?

- Я это знаю. Она шла вчера сюда, и я бы отвел ее к моей родственнице, но так как она была больна, то ошиблась и пришла к вам.

---

[69] Эти русские! (нем.).

- Представьте себе! Ну поздравляю вас, мистер Астлей. Кстати, вы мне даете идею: не стояли ли вы всю ночь у нас под окном? Мисс Полина всю ночь заставляла меня открывать окно и смотреть, - не стоите ли вы под окном, и ужасно смеялась.

- Неужели? Нет, я под окном не стоял; но я ждал в коридоре и кругом ходил.

- Но ведь ее надо лечить, мистер Астлей.

- О да, я уж позвал доктора, и если она умрет, то вы дадите мне отчет в ее смерти. Я изумился:

- Помилуйте, мистер Астлей, что это вы хотите?

- А правда ли, что вы вчера выиграли двести тысяч талеров?

- Всего только сто тысяч флоринов.

- Ну вот видите! Итак, уезжайте сегодня утром в Париж.

- Зачем?

- Все русские, имея деньги, едут в Париж, - пояснил мистер Астлей голосом и тоном, как будто прочел это по книжке.

- Что я буду теперь, летом, в Париже делать? Я ее люблю, мистер Астлей! Вы знаете сами.

- Неужели? Я убежден, что нет. Притом же, оставшись здесь, вы проиграете наверное всё, и вам не на что будет ехать в Париж. Но прощайте, я совершенно убежден, что бы сегодня уедете в Париж.

- Хорошо, прощайте, только я в Париж не поеду. Подумайте, мистер Астлей, о том, что теперь будет у нас? Одним словом, генерал... и теперь это приключение с мисс Полиной - ведь это на весь город пойдет.

- Да, на весь город; генерал же, я думаю, об этом не думает, и ему не до этого. К тому же мисс Полина имеет полное право жить, где ей угодно. Насчет же этого семейства можно правильно сказать, что это семейство уже не существует.

Я шел и посмеивался странной уверенности этого англичанина, что я уеду в Париж. "Однако он хочет меня застрелить на дуэли, - думал я, - если mademoiselle Полина умрет, - вот еще комиссия!" Клянусь, мне было жаль Полину, но странно, - с самой той минуты, как я дотронулся вчера до игорного стола и стал загребать пачки денег, - моя любовь отступила как бы на второй план. Это я теперь говорю; но тогда еще я не замечал всего этого ясно. Неужели я и в самом деле игрок, неужели я и в самом деле... так странно любил Полину? Нет, я до сих пор люблю ее, видит бог! А тогда, когда я вышел от мистера Астлея и шел домой, я искренно страдал и винил себя. Но... но тут со мной случилась чрезвычайно странная и глупая история.

Я спешил к генералу, как вдруг невдалеке от их квартиры отворилась дверь и меня кто-то кликнул. Это была madame veuve Cominges и кликнула меня по приказанию mademoiselle Blanche. Я вошел в квартиру mademoiselle Blanche.

У них был небольшой номер, в две комнаты. Слышен был смех и крик mademoiselle Blanche из спальни. Она вставала с постели.

- A, c'est lui!! Viens donc, bêta! Правда ли, que tu as gagné une montagne d'or et d'argent? J'aimerais mieux l'or[70].

- Выиграл, - отвечал я смеясь.

- Сколько?

- Сто тысяч флоринов.

- Bibi, comme tu es bête. Да, войди же сюда, я ничего не слышу. Nous ferons bombance, n'est-ce pas?[71]

Я вошел к ней. Она валялась под розовым атласным одеялом, из-под которого выставлялись смуглые, здоровые, удивительные плечи, - плечи, которые разве только увидишь во сне, - кое-как прикрытые батистовою оточенною белейшими кружевами сорочкою, что удивительно шло к ее смуглой коже.

- Mon fils, as-tu du coeur?[72] - вскричала она, завидев меня, и захохотала. Смеялась она всегда очень весело и даже иногда искренно.

- Tout autre[73]... - начал было я, парафразируя Корнеля.

- Вот видишь, vois-tu, - затараторила она вдруг, - во-первых, сыщи чулки, помоги обуться, а во-вторых, si tu n'es pas trop bête, je te prends à Paris[74]. Ты знаешь, я сейчас еду.

- Сейчас?

- Чрез полчаса.

Действительно, всё было уложено. Все чемоданы и ее вещи стояли готовые. Кофе был уже давно подан.

- Eh bien! хочешь, tu verras Paris. Dis donc qu'est ce que c'est qu'un outchitel? Tu étais bien bête, quand tu étais outchitel[75]. Где же мои чулки? Обувай же меня, ну!

Она выставила действительно восхитительную ножку, смуглую, маленькую, неисковерканную, как все почти эти ножки, которые смотрят такими миленькими в ботинках. Я засмеялся и начал натягивать на нее

---

[70] Это он!! Иди же сюда, дурачок! Правда ли, что ты выиграл гору золота и серебра? Я предпочла бы золото (франц.).

[71] Биби, как ты глуп... Мы покутим, не правда ли? (франц.).

[72] Сын мой, храбр ли ты? (франц.).

[73] Всякий другой... (франц.).

[74] если ты не будешь слишком глуп, я возьму тебя в Париж (франц.).

[75] ты увидишь Париж. Скажи-ка, что это такое учитель? Ты был очень глуп, когда ты был учителем (франц.).

шелковый чулочек. Mademoiselle Blanche между тем сидела на постели и тараторила.

- Eh bien, que feras-tu, si je te prends avec? Во-первых, je veux cinquante mille francs. Ты мне их отдашь во Франкфурте. Nous allons à Paris; там мы живем вместе et je te ferai voir des étoiles en plein jour[76]. Ты увидишь таких женщин, каких ты никогда не видывал. Слушай...

- Постой, эдак я тебе отдам пятьдесят тысяч франков, а что же мне-то останется?

- Et cent cinquante mille francs[77], ты забыл, и, сверх того, я согласна жить на твоей квартире месяц, два, que sais-je![78] Мы, конечно, проживем в два месяца эти сто пятьдесят тысяч франков. Видишь, je suis bonne enfant[79] и тебе вперед говорю, mais tu verras des étoiles[80].

- Как, всё в два месяца?

- Как! Это тебя ужасает! Ah, vil esclave![81] Да знаешь ли ты, что один месяц этой жизни лучше всего твоего существования. Один месяц - et après le déluge! Mais tu ne peux comprendre, va! Пошел, пошел, ты этого не стоишь! Ай, que fais-tu?[82]

В эту минуту я обувал другую ножку, но не выдержал и поцеловал ее. Она вырвала и начала меня бить кончиком ноги по лицу. Наконец она прогнала меня совсем. "Eh bien, mon outchitel, je t'attends, si tu veux[83]; чрез четверть часа я еду!" - крикнула она мне вдогонку.

Воротясь домой, был я уже как закруженный. Что же, я не виноват, что mademoiselle Полина бросила мне целой пачкой в лицо и еще вчера предпочла мне мистера Астлея. Некоторые из распавшихся банковых билетов еще валялись на полу; я их подобрал. В эту минуту отворилась дверь и явился сам обер-кельнер (который на меня прежде и глядеть не хотел) с приглашением: не угодно ли мне перебраться вниз, в превосходный номер, в котором только что стоял граф В.

Я постоял, подумал.

---

[76] Ну что ты будешь делать, если я тебя возьму с собой?.. я хочу пятьдесят тысяч франков... Мы едем в Париж... и ты у меня увидишь звезды среди бела дня (франц.).

[77] А сто пятьдесят тысяч франков (франц.).

[78] почем я знаю! (франц.).

[79] я добрая девочка (франц.).

[80] но ты увидишь звезды (франц.).

[81] А, низкий раб! (франц.).

[82] а потом хоть потоп! Но ты не можешь этого понять, где тебе!.. Что ты делаешь? (франц.).

[83] Ну, мой учитель, я тебя жду, если хочешь (франц.).

- Счет! - закричал я, - сейчас еду, чрез десять минут. - "В Париж так в Париж! - подумал я про себя, - знать, на роду написано!"

Чрез четверть часа мы действительно сидели втроем в одном общем семейном вагоне: я, mademoiselle Blanche et madame veuve Cominges. Mademoiselle Blanche хохотала, глядя на меня, до истерики. Veuve Cominges ей вторила; не скажу, чтобы мне было весело. Жизнь переламывалась надвое, но со вчерашнего дня я уж привык всё ставить на карту. Может быть, и действительно правда, что я не вынес денег и закружился. Peut-être, je ne demandais pas mieux[84]. Мне казалось, что на время - но только на время - переменяются декорации. "Но чрез месяц я буду здесь, и тогда... и тогда мы еще с вами потягаемся, мистер Астлей!" Нет, как припоминаю теперь, мне и тогда было ужасно грустно, хоть я и хохотал взапуски с этой дурочкой Blanche.

- Да чего тебе! Как ты глуп! О, как ты глуп! - вскрикивала Blanche, прерывая свой смех и начиная серьезно бранить меня. - Ну да, ну Да, да, мы проживем твои двести тысяч франков, но зато, mais tu seras heureux, comme un petit roi[85]; я сама тебе буду повязывать галстук и познакомлю тебя с Hortense. А когда мы проживем все наши деньги, ты приедешь сюда и опять сорвешь банк. Что тебе сказали жиды? Главное - смелость, а у тебя она есть, и ты мне еще не раз будешь возить деньги в Париж. Quant à moi, je veux cinquante mille francs de rente et alors[86]...

- А генерал? - спросил я ее.

- А генерал, ты знаешь сам, каждый день в это время уходит мне за букетом. На этот раз я нарочно велела отыскать самых редких цветов. Бедняжка воротится, а птичка и улетела. Он полетит за нами, увидишь. Ха-ха-ха! Я очень буду рада. В Париже он мне пригодится; за него здесь заплатит мистер Астлей...

И вот таким-то образом я и уехал тогда в Париж.

Глава XVI

Что я скажу о Париже? Всё это было, конечно, и бред, и дурачество. Я прожил в Париже всего только три недели с небольшим, и в этот срок были совершенно покончены мои сто тысяч франков. Я говорю только про сто тысяч; остальные сто тысяч я отдал mademoiselle Blanche чистыми

---

[84] Может быть, только этого мне и надо было (франц.).

[85] но ты будешь счастлив, как маленький король (франц.).

[86] Что до меня, то я хочу пятьдесят тысяч франков ренты и тогда... (франц.)

деньгами, - пятьдесят тысяч во Франкфурте и чрез три дня в Париже, выдал ей же еще пятьдесят тысяч франков, векселем, за который, впрочем, чрез неделю она взяла с меня и деньги, "et les cent mille francs, qui nous restent, tu les mangeras avec moi, mon outchitel"[87]. Она меня постоянно звала учителем. Трудно представить себе что-нибудь на свете расчетливее, скупее и скалдырнее разряда существ, подобных mademoiselle Blanche. Но это относительно своих денег. Что же касается до моих ста тысяч франков, то она мне прямо объявила потом, что они ей нужны были для первой постановки себя в Париже. "Так что уж я теперь стала на приличную ногу раз навсегда, и теперь уж меня долго никто не собьет, по крайней мере я так распорядилась", - прибавила она. Впрочем, я почти и не видал этих ста тысяч; деньги во всё время держала она, а в моем кошельке, в который она сама каждый день наведывалась, никогда не скоплялось более ста франков, и всегда почти было менее.

"Ну к чему тебе деньги?" - говорила она иногда с самым простейшим видом, и я с нею не спорил. Зато она очень и очень недурно отделала на эти деньги свою квартиру, и когда потом перевела меня на новоселье, то, показывая мне комнаты, сказала: "Вот что с расчетом и со вкусом можно сделать с самыми мизерными средствами". Этот мизер стоил, однако, ровно пятьдесят тысяч франков. На остальные пятьдесят тысяч она завела экипаж, лошадей, кроме того, мы задали два бала, то есть две вечеринки, на которых были и Hortense и Lisette и Cléopâtre - женщины замечательные во многих и во многих отношениях и даже далеко не дурные. На этих двух вечеринках я принужден был играть преглупейшую роль хозяина, встречать и занимать разбогатевших и тупейших купчишек, невозможных по их невежеству и бесстыдству, разных военных поручиков и жалких авторишек и журнальных козявок, которые явились в модных фраках, в палевых перчатках и с самолюбием и чванством в таких размерах, о которых даже у нас в Петербурге немыслимо, - а уж это много значит сказать. Они даже вздумали надо мной смеяться, но я напился шампанского и провалялся в задней комнате. Всё это было для меня омерзительно в высшей степени. "C'est un outchitel, - говорила обо мне Blanche, - il a gagné deux cent mille francs[88] и который без меня не знал бы, как их истратить. А после он опять поступит в учителя; - не знает ли кто-нибудь места? Надобно что-нибудь для него сделать". К шампанскому я стал прибегать весьма часто, потому что мне было постоянно очень

---

[87] и сто тысяч франков, которые нам остались, ты их проешь со мной, мой учитель (франц.).

[88] и сто тысяч франков, которые нам остались, ты их проешь со мной, мой учитель (франц.).

грустно и до крайности скучно. Я жил в самой буржуазной, в самой меркантильной среде, где каждый су был рассчитан и вымерен. Blanche очень не любила меня в первые две недели, я это заметил; правда, она одела меня щегольски и сама ежедневно повязывала мне галстук, но в душе искренно презирала меня. Я на это не обращал ни малейшего внимания. Скучный и унылый, я стал уходить обыкновенно в "Château des Fleurs"[89], где регулярно, каждый вечер, напивался и учился канкану (который там прегадко танцуют) и впоследствии приобрел в этом роде даже знаменитость. Наконец Blanche раскусила меня: она как-то заранее составила себе идею, что я, во всё время нашего сожительства, буду ходить за нею с карандашом и бумажкой в руках и всё буду считать, сколько она истратила, сколько украла, сколько истратит и сколько еще украдет? И, уж конечно, была уверена, что у нас из-за каждых десяти франков будет баталия. На всякое нападение мое, предполагаемое ею заранее, она уже заблаговременно заготовила возражения; но, не видя от меня никаких нападений, сперва было пускалась сама возражать. Иной раз начнет горячо-горячо, но, увидя, что я молчу, - чаще всего валяясь на кушетке и неподвижно смотря в потолок, - даже, наконец, удивится. Сперва она думала, что я просто глуп, "un outchitel", и просто обрывала свои объяснения, вероятно, думая про себя: "Ведь он глуп; нечего его и наводить, коль сам не понимает". Уйдет, бывало, но минут через десять опять воротится (это случалось во время самых неистовых трат ее, трат совершенно нам не по средствам: например, она переменила лошадей и купила в шестнадцать тысяч франков пару).

- Ну, так ты, Bibi, не сердишься? - подходила она ко мне.

- Не-е-ет! Надо-е-е-ла! - говорил я, отстраняя ее от себя рукою, но это было для нее так любопытно, что она тотчас же села подле:

- Видишь, если я решилась столько заплатить, то это потому, что их продавали по случаю. Их можно опять продать за двадцать тысяч франков.

- Верю, верю; лошади прекрасные; и у тебя теперь славный выезд; пригодится; ну и довольно.

- Так ты не сердишься?

- За что же? Ты умно делаешь, что запасаешься некоторыми необходимыми для тебя вещами. Всё это потом тебе пригодится. Я вижу, что тебе действительно нужно поставить себя на такую ногу; иначе миллиона не наживешь. Тут наши сто тысяч франков только начало, капля в море.

Blanche, всего менее ожидавшая от меня таких рассуждений (вместо криков-то да попреков!), точно с неба упала.

___

[89] "Замок цветов" (франц.).

- Так ты... так ты вот какой! Mais tu as de l'esprit pour comprendre! Sais-tu, mon garçon[90], хоть ты и учитель, - но ты должен был родиться принцем! Так ты не жалеешь, что у нас деньги скоро идут?

- Ну их, поскорей бы уж!

- Mais... sais-tu... mais dis donc, разве ты богат? Mais sais-tu, ведь ты уж слишком презираешь деньги. Qu'est ce que tu feras après, dis donc?[91]

- Après поеду в Гомбург и еще выиграю сто тысяч франков.

- Oui, oui, c'est ça, c'est magnifique![92] И я знаю, что ты непременно выиграешь и привезешь сюда. Dis donc, да ты сделаешь, что я тебя и в самом деле полюблю! Eh bien, за то, что ты такой, я тебя буду всё это время любить и не сделаю тебе ни одной неверности. Видишь, в это время я хоть и не любила тебя, parce que je croyais, que tu n'est qu'un outchitel (quelque chose comme un laquais, n'est-ce pas?), но я все-таки была тебе верна, parce que je suis bonne fille[93].

- Ну, и врешь! А с Альбертом-то, с этим офицеришкой черномазым, разве я не видал прошлый раз?

- Oh, oh, mais tu es[94]...

- Ну, врешь, врешь; да ты что думаешь, что я сержусь? Да наплевать! il faut que jeunesse se passe[95]. Не прогнать же тебе его, коли он был прежде меня и ты его любишь. Только ты ему денег не давай, слышишь?

- Так ты и за это не сердишься? Mais tu es un vrai philosophe, sais-tu? Un vrai philosophe! - вскричала она в восторге. - Eh bien, je t'aimerai, je t'aimerai - tu verras, tu sera content![96]

И действительно, с этих пор она ко мне даже как будто и в самом деле привязалась, даже дружески, и так прошли наши последние десять дней. Обещанных "звезд" я не видал; но в некоторых отношениях она и в самом деле сдержала слово. Сверх того, она познакомила меня с Hortense, которая была слишком даже замечательная в своем роде женщина и в нашем кружке называлась Thérèse-philosophe...

Впрочем, нечего об этом распространяться; всё это могло бы составить

---

[90] Оказывается, ты достаточно умен, чтоб понимать! Знаешь, мой мальчик (франц.).

[91] Но... знаешь... скажи-ка... Но знаешь... Что же ты будешь делать потом, скажи? (франц.).

[92] Вот-вот, это великолепно (франц.).

[93] Потому что я думала, что ты только учитель (что-то вроде лакея, не правда ли?)... потому что я добрая девушка (франц.).

[94] О, но ты... (франц.).

[95] надо в молодости перебеситься (франц.).

[96] Но ты настоящий философ, знаешь? Настоящий философ!.. Ну я буду тебя любить, любить - увидишь, ты будешь доволен! (франц.).

особый рассказ, с особым колоритом, который я не хочу вставлять в эту повесть. Дело в том, что я всеми силами желал, чтоб всё это поскорее кончилось. Но наших ста тысяч франков хватило, как я уже сказал, почти на месяц, чему я искренно удивлялся: по крайней мере, на восемьдесят тысяч, из этих денег, Blanche накупила себе вещей, и мы прожили никак не более двадцати тысяч франков, и - все-таки достало. Blanche, которая под конец была уже почти откровенна со мной (по крайней мере кое в чем не врала мне), призналась, что по крайней мере на меня не падут долги, которые она принуждена была сделать. "Я тебе не давала подписывать счетов и векселей, - говорила она мне, - потому что жалела тебя; а другая бы непременно это сделала и уходила бы тебя в тюрьму. Видишь, видишь, как я тебя любила и какая я добрая! Одна эта чертова свадьба чего будет стоить!"

У нас действительно была свадьба. Случилась она уже в самом конце нашего месяца, и надо предположить, что на нее ушли самые последние подонки моих ста тысяч франков; тем дело и кончилось, то есть тем наш месяц и кончился, и я после этого формально вышел в отставку.

Случилось это так: неделю спустя после нашего водворения в Париже приехал генерал. Он прямо приехал к Blanche и с первого же визита почти у нас и остался. Квартирка где-то, правда, у него была своя. Blanche встретила его радостно, с визгами и хохотом и даже бросилась его обнимать; дело обошлось так, что уж она сама его не отпускала, и он всюду должен был следовать за нею: и на бульваре, и на катаньях, и в театре, и по знакомым. На это употребление генерал еще годился; он был довольно сановит и приличен - росту почти высокого, с крашеными бакенами и усищами (он прежде служил в кирасирах), с лицом видным, хотя несколько и обрюзглым. Манеры его были превосходные, фрак он носил очень ловко. В Париже он начал носить свои ордена. С эдаким пройтись по бульвару было не только возможно, но, если так можно выразиться, даже рекомендательно. Добрый и бестолковый генерал был всем этим ужасно доволен; он совсем не на это рассчитывал, когда к нам явился по приезде в Париж. Он явился тогда, чуть не дрожа от страха; он думал, что Blanche закричит и велит его прогнать; а потому, при таком обороте дела, он пришел в восторг и весь этот месяц пробыл в каком-то бессмысленно-восторженном состоянии; да таким я его и оставил. Уже здесь я узнал в подробности, что после тогдашнего внезапного отъезда нашего из Рулетенбурга с ним случилось, в то же утро, что-то вроде припадка. Он упал без чувств, а потом всю неделю был почти как сумасшедший и заговаривался. Его лечили, но вдруг он всё бросил, сел в вагон и прикатил в Париж. Разумеется, прием Blanche оказался самым лучшим для него лекарством; но признаки болезни оставались долго спустя, несмотря на радостное и восторженное его состояние. Рассуждать или даже только вести кой-как немного серьезный разговор он уж совершенно не мог; в таком случае он только приговаривал ко всякому слову "гм!" и кивал головой - тем и отделывался. Часто он смеялся, но каким-то нервным, болезненным смехом, точно закатывался; другой раз сидит по целым часам пасмурный, как ночь, нахмурив свои густые брови. Многого он совсем даже и не припоминал; стал до безобразия рассеян и взял привычку говорить сам с собой. Только одна Blanche могла оживлять его; да и припадки пасмурного, угрюмого состояния, когда он забивался в угол, означали только то, что он давно не видел Blanche, или что Blanche куда-нибудь уехала, а его с собой не взяла, или, уезжая, не приласкала его. При этом он сам не сказал бы, чего ему хочется, и сам не знал, что он пасмурен и грустен. Просидев час или два (я замечал это раза два, когда Blanche уезжала на целый день, вероятно, к Альберту), он вдруг начинает озираться, суетиться, оглядывается, припоминает и как будто хочет кого-то сыскать; но, не видя никого и так и не припомнив, о чем хотел спросить, он опять впадал в забытье до тех пор, пока вдруг не являлась Blanche, веселая, резвая, разодетая, с своим звонким хохотом; она подбегала к нему, начинала его тормошить и даже целовала, чем, впрочем, редко его жаловала. Раз генерал до того ей обрадовался, что даже заплакал, - я даже подивился.

Blanche, с самого его появления у нас, начала тотчас же за него предо мною адвокатствовать. Она пускалась даже в красноречие; напоминала, что она изменила генералу из-за меня, что она была почти уж его невестою, слово дала ему; что из-за нее он бросил семейство, и что, наконец, я служил у него и должен бы это чувствовать, и что - как мне не стыдно... Я всё молчал, а она ужасно тараторила. Наконец я рассмеялся, и тем дело и кончилось, то есть сперва она подумала, что я дурак, а под конец остановилась на мысли, что я очень хороший и складный человек. Одним словом, я имел счастие решительно заслужить под конец полное благорасположение этой достойной девицы. (Blanche, впрочем, была и в самом деле предобрейшая девушка, - в своем только роде, разумеется; я ее не так ценил сначала). "Ты умный и добрый человек, - говаривала она мне под конец, - и... и... жаль только, что ты такой дурак! Ты ничего, ничего не наживешь!"

"Un vrai russe, un calmouk!"[97] Она несколько раз посылала меня прогуливать по улицам генерала, точь-в-точь с лакеем свою левретку. Я, впрочем, водил его и в театр, и в Bal-Mabile, и в рестораны. На это Blanche

---

[97] Настоящий русский, калмык! (франц.).

выдавала и деньги, хотя у генерала были и свои, и он очень любил вынимать бумажник при людях. Однажды я почти должен был употребить силу, чтобы не дать ему купить брошку в семьсот франков, которою он прельстился в Палерояле и которую во что бы то ни стало хотел подарить Blanche. Ну, что ей была брошка в семьсот франков? У генерала и всех-то денег было не более тысячи франков. Я никогда не мог узнать, откуда они у него явились? Полагаю, что от мистера Астлея, тем более что тот в отеле за них заплатил. Что же касается до того, как генерал всё это время смотрел на меня, то мне кажется, он даже и не догадывался о моих отношениях к Blanche. Он хоть и слышал как-то смутно, что я выиграл капитал, но, наверное, полагал, что я у Blanche вроде какого-нибудь домашнего секретаря или даже, может быть, слуги. По крайней мере говорил он со мной постоянно свысока по-прежнему, по-начальнически, и даже пускался меня иной раз распекать. Однажды он ужасно насмешил меня и Blanche, у нас, утром, за утренним кофе. Человек он был не совсем обидчивый; а тут вдруг обиделся на меня, за что? - до сих пор не понимаю. Но, конечно, он и сам не понимал. Одним словом, он завел речь без начала и конца, à bâtons-rompus[98], кричал, что я мальчишка, что он научит... что он даст понять... и так далее, и так далее. Но никто ничего не мог понять. Blanche заливалась-хохотала; наконец его кое-как успокоили и увели гулять. Много раз я замечал, впрочем, что ему становилось грустно, кого-то и чего-то было жаль, кого-то недоставало ему, несмотря даже на присутствие Blanche. В эти минуты он сам пускался раза два со мною заговаривать, но никогда толком не мог объясниться, вспоминал про службу, про покойницу жену, про хозяйство, про имение. Нападет на какое-нибудь слово и обрадуется ему, и повторяет его сто раз на дню, хотя оно вовсе не выражает ни его чувств, ни его мыслей. Я пробовал заговаривать с ним о его детях; но он отделывался прежнею скороговоркою и переходил поскорее на другой предмет: "Да-да! дети-дети, вы правы, дети!" Однажды только он расчувствовался - мы шли с ним в театр: "Это несчастные дети! - заговорил он вдруг, - да, сударь, да, это не-с-счастные дети!" И потом несколько раз в этот вечер повторял слова: несчастные дети! Когда я раз заговорил о Полине, он пришел даже в ярость. "Это неблагодарная женщина, - воскликнул он, - она зла и неблагодарна! Она осрамила семью! Если б здесь были законы, я бы ее в бараний рог согнул! Да-с, да-с!" Что же касается до Де-Грие, то он даже и имени его слышать не мог. "Он погубил меня, - говорил он, - он обокрал меня, он меня зарезал! Это был мой кошмар в продолжение целых двух лет! Он по целым месяцам сряду мне во сне снился! Это - это, это... О, не говорите мне о нем никогда!"

---

[98] через пятое на десятое, бессвязно (франц.).

Я видел, что у них что-то идет на лад, но молчал, по обыкновению. Blanche объявила мне первая: это было ровно за неделю до того, как мы расстались.

- Il a de la chance[99], - тараторила она мне, - babouchka теперь действительно уж больна и непременно умрет. Мистер Астлей прислал телеграмму; согласись, что все-таки он наследник ее. А если б даже и нет, то он ничему не помешает. Во-первых, у него есть свой пенсион, а во-вторых, он будет жить в боковой комнате и будет совершенно счастлив. Я буду "madame la générale". Я войду в хороший круг (Blanche мечтала об этом постоянно), впоследствии буду русской помещицей, j'aurai un château, des moujiks, et puis j'aurai toujours mon million[100].

- Ну, а если он начнет ревновать, будет требовать... бог знает чего, - понимаешь?

- О нет, non, non, non! Как он смеет! Я взяла меры, не беспокойся. Я уж заставила его подписать несколько векселей на имя Альберта. Чуть что - и он тотчас же будет наказан; да и не посмеет!

- Ну, выходи...

Свадьбу сделали без особенного торжества, семейно и тихо. Приглашены были Альберт и еще кое-кто из близких. Hortense, Cléopâtre и прочие были решительно отстранены. Жених чрезвычайно интересовался своим положением. Blanche сама повязала ему галстук, сама его напомадила, и в своем фраке и в белом жилете он смотрел très comme il faut[101].

- Il est pourtant très comme il faut[102], - объявила мне сама Blanche, выходя из комнаты генерала, как будто идея о том, что генерал très comme il faut, даже ее самое поразила. Я так мало вникал в подробности, участвуя во всем в качестве такого ленивого зрителя, что многое и забыл, как это было. Помню только, что Blanche оказалась вовсе не de Cominges, ровно как и мать ее - вовсе не veuve Cominges, а - du-Placet. Почему они были обе de Cominges до сих пор - не знаю. Но генерал и этим остался очень доволен, и du-Placet ему даже больше понравилось, чем de Cominges. В утро свадьбы он, уже совсем одетый, всё ходил взад и вперед по зале и всё повторял про себя, с необыкновенно серьезным и важным видом:

"Mademoiselle Blanche du-Placet! Blanche du-Placet! Du-Placet! Девица Бланка Дю-Пласет!.." И некоторое самодовольствие сияло на его лице. В

---

[99] Ему везет (франц.).

[100] у меня будет замок, мужики, а потом у меня всё-таки будет мой миллион (франц.).

[101] очень прилично (франц.).

[102] Он, однако, очень приличен (франц.).

церкви, у мэра и дома за закуской он был не только радостен и доволен, но даже горд. С ними с обоими что-то случилось. Blanche стала смотреть тоже с каким-то особенным достоинством.

- Мне теперь нужно совершенно иначе держать себя, - сказала она мне чрезвычайно серьезно, - mais vois-tu, я не подумала об одной прегадкой вещи: вообрази, я до сих пор не могу заучить мою теперешнюю фамилию: Загорьянский, Загозианский, madame la générale de Sago-Sago, ces diables des noms russes, enfin madame la générale à quatorze consonnes! comme c'est agréable, n'est-ce pas?[103]

Наконец мы расстались, и Blanche, эта глупая Blanche, даже прослезилась, прощаясь со мною. "Tu étais bon enfant, - говорила она хныча. - Je te croyais bête es tu en avais l'air[104], но это к тебе идет". И, уж пожав мне руку окончательно, она вдруг воскликнула: "Attends!"[105], бросилась в свой будуар и чрез минуту вынесла мне два тысячефранковых билета. Этому я ни за что бы не поверил! "Это тебе пригодится, ты, может быть, очень ученый outchitel, но ты ужасно глупый человек. Больше двух тысяч я тебе ни за что не дам, потому что ты - всё равно проиграешь. Ну, прощай! Nous serons toujours bons amis, а если опять выиграешь, непременно приезжай ко мне, et tu seras heureux!"[106]

У меня у самого оставалось еще франков пятьсот; кроме того, есть великолепные часы в тысячу франков, бриллиантовые запонки и прочее, так что можно еще протянуть довольно долгое время, ни о чем не заботясь. Я нарочно засел в этом городишке, чтоб собраться, а главное, жду мистера Астлея. Я узнал наверное, что он будет здесь проезжать и остановится на сутки, по делу. Узнаю обо всем... а потом - потом прямо в Гомбург. В Рулетенбург не поеду, разве на будущий год. Действительно, говорят, дурная примета пробовать счастья два раза сряду за одним и тем же столом, а в Гомбурге самая настоящая-то игра и есть.

---

[103] но видишь ли... госпожа генеральша Заго-Заго, эти дьявольские русские имена, словом, госпожа генеральша с четырнадцатью согласными. Как это приятно, не правда ли? (франц.)

[104] Ты был добрым малым... Я считала тебя глупым, и ты выглядел дурачком (франц.).

[105] Подожди! (франц.).

[106] Мы всегда будем друзьями... и ты будешь счастлив! (франц.).

Глава XVII

Вот уже год и восемь месяцев, как я не заглядывал в эти записки, и теперь только, от тоски и горя, вздумал развлечь себя и случайно перечел их. Так на том и оставил тогда, что поеду в Гомбург. Боже! с каким, сравнительно говоря, легким сердцем я написал тогда эти последние строчки! То есть не то чтоб с легким сердцем, а с какою самоуверенностью, с какими непоколебимыми надеждами! Сомневался ли я хоть сколько-нибудь в себе? И вот полтора года с лишком прошли, и я, по-моему, гораздо хуже, чем нищий! Да что нищий! Наплевать на нищенство! Я просто сгубил себя! Впрочем, не с чем почти и сравнивать, да и нечего себе мораль читать! Ничего не может быть нелепее морали в такое время! О самодовольные люди: с каким гордым самодовольством готовы эти болтуны читать свои сентенции! Если б они знали, до какой степени я сам понимаю всю омерзительность теперешнего моего состояния, то, конечно, уж не повернулся бы у них язык учить меня. Ну что, что могут они мне сказать нового, чего я не знаю? И разве в этом дело? Тут дело в том, что - один оборот колеса и всё изменяется, и эти же самые моралисты первые (я в этом уверен) придут с дружескими шутками поздравлять меня. И не будут от меня все так отворачиваться, как теперь. Да наплевать на них на всех! Что я теперь? Zéro. Чем могу быть завтра? Я завтра могу из мертвых воскреснуть и вновь начать жить! Человека могу обрести в себе, пока еще он не пропал!

Я действительно тогда поехал в Гомбург, но... я был потом и опять в Рулетенбурге, был и в Спа, был даже и в Бадене, куда я ездил камердинером советника Гинце, мерзавца и бывшего моего здешнего барина. Да, я был и в лакеях, целых пять месяцев! Это случилось сейчас после тюрьмы. (Я ведь сидел и в тюрьме в Рулетенбурге за один здешний долг. Неизвестный человек меня выкупил, - кто такой? Мистер Астлей? Полина? Не знаю, но долг был заплачен, всего двести талеров, и я вышел на волю). Куда мне было деваться? Я и поступил к этому Гинце. Он человек молодой и ветреный, любит полениться, а я умею говорить и писать на трех языках. Я сначала поступил к нему чем-то вроде секретаря, за тридцать гульденов в месяц; но кончил у него настоящим лакейством: держать секретаря ему стало не по средствам, и он мне сбавил жалованье; мне же некуда было идти, я остался - и таким образом сам собою обратился в лакея. Я недоедал и недопивал на его службе, но зато накопил в пять месяцев семьдесят гульденов. Однажды вечером, в Бадене, я объявил ему, что желаю с ним расстаться; в тот же вечер я отправился на рулетку. О, как стучало мое сердце! Нет, не деньги мне были дороги! Тогда мне только хотелось, чтоб завтра же все эти Гинце, все эти обер-кельнеры, все эти великолепные баденские дамы, чтобы все они говорили обо мне, рассказывали мою историю, удивлялись мне, хвалили меня и преклонялись пред моим новым выигрышем. Всё это детские мечты и заботы, но... кто знает: может быть, я повстречался бы и с Полиной, я бы ей рассказал, и она бы увидела, что я выше всех этих нелепых толчков судьбы... О, не деньги мне дороги! Я уверен, что разбросал бы их опять какой-нибудь Blanche и опять ездил бы в Париже три недели на паре собственных лошадей в шестнадцать тысяч франков. Я ведь наверное знаю, что я не скуп; я даже думаю, что я расточителен, - а между тем, однако ж, с каким трепетом, с каким замиранием сердца я выслушиваю крик крупера: trente et un, rouge, impaire et passe или: quatre, noir, pair et manque! С какою алчностью смотрю я на игорный стол, по которому разбросаны луидоры, фридрихсдоры и талеры, на столбики золота, когда они от лопатки крупера рассыпаются в горящие, как жар, кучи, или на длинные в аршин столбы серебра, лежащие вокруг колеса. Еще подходя к игорной зале, за две комнаты, только что я заслышу дзеньканье пересыпающихся денег, - со мною почти делаются судороги.

О, тот вечер, когда я понес мои семьдесят гульденов на игорный стол, тоже был замечателен. Я начал с десяти гульденов и опять с passe. К passe я имею предрассудок. Я проиграл. Оставалось у меня шестьдесят гульденов серебряною монетою; я подумал - и предпочел zéro. Я стал разом ставить на zéro по пяти гульденов; с третьей ставки вдруг выходит zéro, я чуть не умер от радости, получив сто семьдесят пять гульденов; когда я выиграл сто тысяч гульденов, я не был так рад. Тотчас же я поставил сто гульденов на rouge - дала; все двести на rouge - дала; все четыреста на noir - дала; все восемьсот на manque - дала; считая с прежним, было тысяча семьсот гульденов, и это - менее чем в пять минут! Да, в эдакие-то мгновения забываешь и все прежние неудачи! Ведь я добыл это более чем жизнию рискуя, осмелился рискнуть и - вот я опять в числе человеков!

Я занял номер, заперся и часов до трех сидел и считал свои деньги. Наутро я проснулся уже не лакеем. Я решил в тот же день выехать в Гомбург: там я не служил в лакеях и в тюрьме не сидел. За полчаса до поезда я отправился поставить две ставки, не более, и проиграл полторы тысячи флоринов. Однако же все-таки переехал в Гомбург, и вот уже месяц, как я здесь...

Я, конечно, живу в постоянной тревоге, играю по самой маленькой и чего-то жду, рассчитываю, стою по целым дням у игорного стола и наблюдаю игру, даже во сне вижу игру, но при всем этом мне кажется, что я как будто одеревенел, точно загряз в какой-то тине. Заключаю это по впечатлению при встрече с мистером Астлеем. Мы не видались с того самого времени и встретились нечаянно; вот как это было. Я шел в саду и рассчитывал, что теперь я почти без денег, но что у меня есть пятьдесят гульденов, кроме того, в отеле, где я занимаю каморку, я третьего дня совсем расплатился. Итак, мне остается возможность один только раз пойти теперь на рулетку, - если выиграю хоть что-нибудь, можно будет продолжать игру; если проиграю - надо опять идти в лакеи, в случае если не найду сейчас русских, которым бы понадобился учитель. Занятый этой мыслью, я пошел, моею ежедневною прогулкою чрез парк и чрез лес, в соседнее княжество. Иногда я выхаживал таким образом часа по четыре и возвращался в Гомбург усталый и голодный. Только что вышел я из сада в парк, как вдруг на скамейке увидел мистера Астлея. Он первый меня заметил и окликнул меня. Я сел подле него. Заметив же в нем некоторую важность, я тотчас же умерил мою радость; а то я было ужасно обрадовался ему.

- Итак, вы здесь! Я так и думал, что вас повстречаю, - сказал он мне. - Не беспокойтесь рассказывать: я знаю, я всё знаю; вся ваша жизнь в эти год и восемь месяцев мне известна.

- Ба! вот как вы следите за старыми друзьями! - ответил я. - Это делает вам честь, что не забываете... Постойте, однако ж, вы даете мне мысль - не вы ли выкупили меня из рулетенбургской тюрьмы, где я сидел за долг в двести гульденов? Меня выкупил неизвестный.

- Нет, о нет; я не выкупал вас из рулетенбургской тюрьмы, где вы сидели за долг в двести гульденов, но я знал, что вы сидели в тюрьме за долг в двести гульденов.

- Значит, все-таки знаете, кто меня выкупил?

- О нет, не могу сказать, что знаю, кто вас выкупил.

- Странно; нашим русским я никому не известен, да русские здесь, пожалуй, и не выкупят; это у нас там, в России, православные выкупают православных. А я так и думал, что какой-нибудь чудак-англичанин, из странности.

Мистер Астлей слушал меня с некоторым удивлением. Он, кажется, думал найти меня унылым и убитым.

- Однако ж я очень радуюсь, видя вас совершенно сохранившим всю независимость вашего духа и даже веселость, - произнес он с довольно неприятным видом.

- То есть внутри себя вы скрыпите от досады, зачем я не убит и не унижен, - сказал я смеясь. Он не скоро понял, но, поняв, улыбнулся.

- Мне нравятся ваши замечания. Я узнаю в этих словах моего прежнего, умного, старого, восторженного и вместе с тем цинического друга; одни русские могут в себе совмещать, в одно и то же время, столько противоположностей. Действительно, человек любит видеть лучшего своего друга в унижении пред собою; на унижении основывается большею частью дружба; и это старая, известная всем умным людям истина. Но в настоящем случае, уверяю вас, я искренно рад, что вы не унываете. Скажите, вы не намерены бросить игру?

- О, черт с ней! Тотчас же брошу, только бы...

- Только бы теперь отыграться? Так я и думал; не договаривайте - знаю, - вы это сказали нечаянно, следственно, сказали правду. Скажите, кроме игры, вы ничем не занимаетесь?

- Да, ничем...

Он стал меня экзаменовать. Я ничего не знал, я почти не заглядывал в газеты и положительно во всё это время не развертывал ни одной книги.

- Вы одеревенели, - заметил он, - вы не только отказались от жизни, от интересов своих и общественных, от долга гражданина и человека, от друзей своих (а они все-таки у вас были), вы не только отказались от какой бы то ни было цели, кроме выигрыша, вы даже отказались от воспоминаний своих. Я помню вас в горячую и сильную минуту вашей жизни; но я уверен, что вы забыли все лучшие тогдашние впечатления ваши; ваши мечты, ваши теперешние, самые насущные желания не идут дальше pair и impair, rouge, noir, двенадцать средних и так далее, и так далее, я уверен!

- Довольно, мистер Астлей, пожалуйста, пожалуйста, не напоминайте, - вскричал я с досадой, чуть не со злобой, - знайте, что я ровно ничего не забыл; но я только на время выгнал всё это из головы, даже воспоминания, - до тех пор, покамест не поправлю радикально мои обстоятельства; тогда... тогда вы увидите, я воскресну из мертвых!

- Вы будете здесь еще чрез десять лет, - сказал он. - Предлагаю вам пари, что я напомню вам это, если буду жив, вот на этой же скамейке.

- Ну довольно, - прервал я с нетерпением, - и, чтоб вам доказать, что я не так-то забывчив на прошлое, позвольте узнать: где теперь мисс Полина? Если не вы меня выкупили, то уж, наверно, она. С самого того времени я не имел о ней никакого известия.

- Нет, о нет! Я не думаю, чтобы она вас выкупила. Она теперь в Швейцарии, и вы мне сделаете большое удовольствие, если перестанете меня спрашивать о мисс Полине, - сказал он решительно и даже сердито.

- Это значит, что и вас она уж очень поранила! - засмеялся я невольно.

- Мисс Полина - лучшее существо из всех наиболее достойных уважения существ, но, повторяю вам, вы сделаете мне великое удовольствие, если перестанете меня спрашивать о мисс Полине. Вы ее никогда не знали, и ее имя в устах ваших я считаю оскорблением нравственного моего чувства.

- Вот как! Впрочем, вы неправы; да о чем же мне и говорить с вами, кроме этого, рассудите? Ведь в этом и состоят все наши воспоминания. Не беспокойтесь, впрочем, мне не нужно никаких внутренних, секретных ваших дел... Я интересуюсь только, так сказать, внешним положением мисс Полины, одною только теперешнею наружною обстановкою ее. Это можно сообщить в двух словах.

- Извольте, с тем чтоб этими двумя словами было всё покончено. Мисс Полина была долго больна; она и теперь больна; некоторое время она жила с моими матерью и сестрой в северной Англии. Полгода назад ее бабка - помните, та самая сумасшедшая женщина - померла и оставила лично ей семь тысяч фунтов состояния. Теперь мисс Полина путешествует вместе с семейством моей сестры, вышедшей замуж. Маленький брат и сестра ее тоже обеспечены завещанием бабки и учатся в Лондоне. Генерал, ее отчим, месяц назад умер в Париже от удара. Mademoiselle Blanche обходилась с ним хорошо, но всё, что он получил от бабки, успела перевести на себя... вот, кажется, и всё.

- А Де-Грие? Не путешествует ли он тоже в Швейцарии?

- Нет, Де-Грие не путешествует в Швейцарии, и я не знаю, где Де-Грие; кроме того, раз навсегда предупреждаю вас избегать подобных намеков и неблагородных сопоставлений, иначе вы будете непременно иметь дело со мною.

- Как! несмотря на наши прежние дружеские отношения?

- Да, несмотря на наши прежние дружеские отношения.

- Тысячу раз прошу извинения, мистер Астлей. Но позвольте, однако ж: тут нет ничего обидного и неблагородного; я ведь ни в чем не виню мисс Полину. Кроме того, француз и русская барышня, говоря вообще, - это такое сопоставление, мистер Астлей, которое не нам с вами разрешить или понять окончательно.

- Если вы не будете упоминать имя Де-Грие вместе с другим именем, то я попросил бы вас объяснить мне, что вы подразумеваете под выражением: "француз и русская барышня"? Что это за "сопоставление"? Почему тут именно француз и непременно русская барышня?

- Видите, вы и заинтересовались. Но это длинная материя, мистер Астлей. Тут много надо бы знать предварительно. Впрочем, это вопрос важный - как ни смешно всё это с первого взгляда. Француз, мистер Астлей, это - законченная, красивая форма. Вы, как британец, можете с этим быть несогласны; я, как русский, тоже несогласен, ну, пожалуй, хоть из зависти; но наши барышни могут быть другого мнения. Вы можете находить Расина изломанным; исковерканным и парфюмированным; даже читать его, наверное, не станете. Я тоже нахожу его изломанным, исковерканным и парфюмированным, с одной даже точки зрения смешным; но он прелестен, мистер Астлей, и, главное, он великий поэт, хотим или не хотим мы этого с вами. Национальная форма француза, то есть парижанина, стала слагаться в изящную форму, когда мы еще были медведями. Революция наследовала дворянству. Теперь самый пошлейший французишка может иметь манеры, приемы, выражения и даже мысли вполне изящной формы, не участвуя в этой форме ни своею инициативою, ни душою, ни сердцем; всё это досталось ему по наследству. Сами собою, они могут быть пустее пустейшего и подлее подлейшего. Ну-с, мистер Астлей, сообщу вам теперь, что нет существа в мире доверчивее и откровеннее доброй, умненькой и не слишком изломанной русской барышни. Де-Грие, явясь в какой-нибудь роли, явясь замаскированным, может завоевать ее сердце с необыкновенною легкостью; у него есть изящная форма, мистер Астлей, и барышня принимает эту форму за его собственную душу, за натуральную форму его души и сердца, а не за одежду, доставшуюся ему по наследству. К величайшей вашей неприятности, я должен вам признаться, что англичане большею частью угловаты и неизящны, а русские довольно чутко умеют различать красоту и на нее падки. Но, чтобы различать красоту души и оригинальность личности, для этого нужно несравненно более самостоятельности и свободы, чем у наших женщин, тем более барышень, - и уж во всяком случае больше опыта. Мисс Полине же - простите, сказанного не воротишь - нужно очень, очень долгое время решаться, чтобы предпочесть вас мерзавцу Де-Грие. Она вас и оценит, станет вашим другом, откроет вам всё свое сердце; но в этом сердце все-таки будет царить ненавистный мерзавец, скверный и мелкий процентщик Де-Грие. Это даже останется, так сказать, из одного упрямства и самолюбия, потому что этот же самый Де-Грие явился ей когда-то в ореоле изящного маркиза, разочарованного либерала и разорившегося (будто бы?), помогая ее семейству и легкомысленному генералу. Все эти проделки открылись после. Но это ничего, что открылись: все-таки подавайте ей теперь прежнего Де-Грие - вот чего ей надо! И чем больше ненавидит она теперешнего Де-Грие, тем больше тоскует о прежнем, хоть прежний и существовал только в ее воображении. Вы сахаровар, мистер Астлей?

- Да, я участвую в компании известного сахарного завода Ловель и Комп.

- Ну, вот видите, мистер Астлей. С одной стороны - сахаровар, а с другой - Аполлон Бельведерский; всё это как-то не связывается. А я даже и не сахаровар; я просто мелкий игрок на рулетке, и даже в лакеях был, что, наверное, уже известно мисс Полине, потому что у ней, кажется, хорошая полиция.

- Вы озлоблены, а потому и говорите весь этот вздор, - хладнокровно и подумав сказал мистер Астлей. - Кроме того, в ваших словах нет оригинальности.

- Согласен! Но в том-то и ужас, благородный друг мой, что все эти мои обвинения, как ни устарели, как ни пошлы, как ни водевильны - все-таки истинны! Все-таки мы с вами ничего не добились!

- Это гнусный вздор... потому, потому... знайте же! - произнес мистер Астлей дрожащим голосом и сверкая глазами, - знайте же, неблагодарный и недостойный, мелкий и несчастный человек, что я прибыл в Гомбург нарочно по ее поручению, для того чтобы увидеть вас, говорить с вами долго и сердечно, и передать ей всё, - ваши чувства, мысли, надежды и... воспоминания!

- Неужели! Неужели? - вскричал я, и слезы градом потекли из глаз моих. Я не мог сдержать их, и это, кажется, было в первый раз в моей жизни.

- Да, несчастный человек, она любила вас, и я могу вам это открыть, потому что вы - погибший человек! Мало того, если я даже скажу вам, что она до сих пор вас любит, то - ведь вы всё равно здесь останетесь! Да, вы погубили себя. Вы имели некоторые способности, живой характер и были человек недурной; вы даже могли быть полезны вашему отечеству, которое так нуждается в людях, но - вы останетесь здесь, и ваша жизнь кончена. Я вас не виню. На мой взгляд, все русские таковы или склонны быть таковыми. Если не рулетка, так другое, подобное ей. Исключения слишком редки. Не первый вы не понимаете, что такое труд (я не о народе вашем говорю). Рулетка - это игра по преимуществу русская. До сих пор вы были честны и скорее захотели пойти в лакеи, чем воровать... но мне страшно подумать, что может быть в будущем. Довольно, прощайте! Вы, конечно, нуждаетесь в деньгах? Вот от меня вам десять луидоров, больше не дам, потому что вы их всё равно проиграете. Берите и прощайте! Берите же!

- Нет, мистер Астлей, после всего теперь сказанного...

- Бе-ри-те! - вскричал он. - Я убежден, что вы еще благородны, и даю вам, как может дать друг истинному другу. Если б я мог быть уверен, что вы сейчас же бросите игру, Гомбург и поедете в ваше отечество, - я бы готов был немедленно дать вам тысячу фунтов для начала новой карьеры. Но я потому именно не даю тысячи фунтов, а даю только десять луидоров, что тысяча ли фунтов, или десять луидоров - в настоящее время для вас совершенно одно и то же; всё одно - проиграете. Берите и прощайте.

- Возьму, если вы позволите себя обнять на прощанье.

- О, это с удовольствием!

Мы обнялись искренно, и мистер Астлей ушел.

Нет, он не прав! Если я был резок и глуп насчет Полины и Де-Грие, то он резок и скор насчет русских. Про себя я ничего не говорю. Впрочем... впрочем, всё это покамест не то. Всё это слова, слова и слова, а надо дела! Тут теперь главное Швейцария! Завтра же, - о, если б можно было завтра же отправиться! Вновь возродиться, воскреснуть. Надо им доказать... Пусть знает Полина, что я еще могу быть человеком. Стоит только... теперь уж, впрочем, поздно, - но завтра... О, у меня предчувствие, и это не может быть иначе! У меня теперь пятнадцать луидоров, а я начинал и с пятнадцатью гульденами! Если начать осторожно... - и неужели, неужели уж я такой малый ребенок! Неужели я не понимаю, что я сам погибший человек. Но - почему же я не могу воскреснуть. Да! стоит только хоть раз в жизни быть расчетливым и терпеливым и - вот и всё! Стоит только хоть раз выдержать характер, и я в один час могу всю судьбу изменить! Главное - характер. Вспомнить только, что было со мною в этом роде семь месяцев назад в Рулетенбурге, пред окончательным моим проигрышем. О, это был замечательный случай решимости: я проиграл тогда всё, всё... Выхожу из воксала, смотрю - в жилетном кармане шевелится у меня еще один гульден. "А, стало быть, будет на что пообедать!" - подумал я, но, пройдя шагов сто, я передумал и воротился. Я поставил этот гульден на manque (тот раз было на manque), и, право, есть что-то особенное в ощущении, когда один, на чужой стороне, далеко от родины, от друзей и не зная, что сегодня будешь есть, ставишь последний гульден, самый, самый последний! Я выиграл и через двадцать минут вышел из воксала, имея сто семьдесят гульденов в кармане. Это факт-с! Вот что может иногда значить последний гульден! А что, если б я тогда упал духом, если б я не посмел решиться?

Завтра, завтра всё кончится!

СПИСОК